한국 독립운동과 용인

한국 독립운동과 용인

2019년 12월 10일 초판 인쇄
2019년 12월 15일 초판 발행

기 획 _ 조길생
진 행 _ 김태근
행정지원 _ 김장환, 박명희
펴 낸 이 _ 김수복
제 작 _ 김남필
편 집 _ 성두현
마 케 팅 _ 김민배
엮 은 곳 _ 용인문화원
경기도 용인시 처인구 중부대로 1199 문화예술원 3층
전화 : 031-324-9600
펴 낸 곳 _ 단국대학교출판부
경기도 용인시 수지구 죽전로 152
전화 : 031-8005-2404

값 20,000원

ISBN 978-89-7092-734-3 03910
978-89-7092-733-6 (세트)

* 이 책은 용인문화재단 보조금으로 제작하였습니다.

용인의 역사문화총서 1

한국 독립운동과 용인

용인문화원 편

일찍이 용인사람들은 일제에 국권이 피탈되는 것을 좌시하지 않고 자결로서 항거하였는가 하면 민초들이 분연히 일어나 의병활동을 전개하였고, 잃어버린 조국을 되찾기 위해 수많은 인사들이 국내외에서 투쟁을 벌였다.

용인 독립운동의 역사를 바르게 정립하고 선열들의 정신을 선양하기 위해 독립운동 총서 발간 사업의 일환으로 이 책을 발행하게 되었다. 용인시민 모두가 한마음으로 선현들의 숭고한 독립정신을 기리고, 그 뜻을 이어받아 민족통일의 염원을 실현하는 토대가 될 수 있기를 기원한다.

nosvos

발간사

2019년은 3 · 1독립운동이 일어난 지 100주년 되는 해입니다. 일본의 압제에 항거하기 위해 불꽃처럼 일어난 3 · 1운동은 생존권 수호와 국민 주권 회복을 위한 거대한 민족운동이었습니다.

용인에서는 3월 21일 처인구 원삼면 좌찬고개에서 이 지역 주민들이 만세운동을 전개했고, 이어서 수여면, 포곡면, 기흥면, 수지면, 모현면 등 용인 전역으로 확산되었습니다.

일찍이 우리 용인에서는 일제에 국권이 피탈되는 것을 좌시하지 않고 자결로서 항거하였는가 하면 민초들이 분연히 일어나 의병활동을 전개하였고, 잃어버린 조국을 되찾기 위해 수많은 인사들이 국내외에서 투쟁을 벌였습니다.

1905년 영국 정부가 일본의 조선 지배를 보장하는 제2차 영 · 일 동맹을 체결하자 주영 서리공사로 있던 이한응은 강력한 항의 표시로 자결 순국하였고, 을사늑약이 체결되자 이에 대한 강한 항거 표시로 민영환도 자결하였습니다. 이어 1907년 대한제국의 군대가 해산되자 임옥여, 정주원, 이익삼 등은 의병을 일으켜 격렬한 투쟁을 벌였습니다.

1910년 일제가 국권을 피탈하자 용인 출신의 수많은 독립운동가들이 국내외에서 항일투쟁을 벌였습니다. 여준은 서간도로 망명하여 신흥무관학교 교장을 지내며 독립군을 양성하였고, 김혁은 청산리 전투에 참여하였으며 신민부를 결성하여 김좌진 등을 이끌고 독립투쟁을 벌였습니다. 또 의병장 오인수의 아들인 오광선은 광복군에서 항일투쟁을 전개했으며, 부인과 두 딸까지 3대에 걸쳐 독립운동에 투신하였습니다.

이외에도 의열단의 남정각, 남만주 항일유격대의 이홍광, 조선의용군의 정철수 등 수많은 용인 출신의 독립운동가들이 있습니다. 이와 같이 용인은 일제 강점기 활발한 독립운동이 전개되었고, 수많은 독립운동가들을 배출한 지역입니다.

3 · 1독립운동 100주년을 맞이하여 이러한 용인 독립운동의 역사를 정립하고 선열들의 희생정신을 선양하기 위한 독립운동 총서 발간 사업의 시작으로 『한국 독립운동과 용인』을 상재하게 되었습니다. 용인 시민 모두가 한마음으로 선열들의 숭고한 독립정신을 기리고, 그 뜻을 이어받아 민족통일의 염원을 실현하는 토대가 될 수 있기를 기원합니다.

용인문화원장 조 길 생

축 사

2019년은 대한민국의 출발점이자 근대 한국 민족주의운동의 뿌리인 3 · 1운동과 대한민국 임시정부 수립 100주년이 되는 해입니다.

용인은 고려의 처인성 승첩 이래 일제 시대까지 외세 침략을 물리치고자 싸웠던 역사적 유산이 많은 지역입니다.

그런 차원에서, 『한국 독립운동과 용인』 발간은 원삼면 좌찬고개에서 일어났던 항일독립만세운동을 비롯한 용인의 독립운동을 체계적으로 정리하고 애국선열들의 피와 땀, 정신을 소중하게 기억하고 기념하는 매우 의미 있는 작업이라 생각합니다.

또한, 과거의 기념과 회상에 끝나지 않고 그 역사적 가치와 위상을 제고할 수 있는 문화 콘텐츠로서 개발하여 애국선열들의 독립정신을 계승하고 선양하는 것이 현재를 살아가는 우리들의 올바른 자세라고 생각합니다.

『한국 독립운동과 용인』을 발간하기까지 노력해 주신 용인문화원 원장님을 비롯한 관계자분들에게 진심으로 감사를 드리며, 용인시는 앞으로도 우리 선열들의 숭고한 정신을 이어받아 그 역사적 가치와 정신을 현재적 관점에서 재조명하고 시민들이 공감할 수 있는 미래를 설계해 나갈 수 있도록 더욱 힘쓸 것을 약속드립니다.

용인시장 백 군 기

축사

『한국 독립운동과 용인』 발간을 축하드립니다. 용인은 일제의 가혹한 식민통치에 맞서 분연히 일어섰던 역사가 서려있는 고장입니다. 독립운동사 발간을 통해 용인의 독립운동을 체계적으로 정리하여 용인시민뿐 아니라 국민들이 용인의 독립운동의 역사를 되짚어보고, 선조의 숭고한 뜻을 기릴 수 있는 기회가 될 것을 기대합니다.

2019년은 우리 민족이 목숨을 걸고 '대한독립만세'를 외치며 항거한 지 100년째 되는 뜻깊은 해입니다. 남녀노소, 빈부귀천, 종교와 이념을 뛰어넘어 대한독립만세로 하나 되고, 그 많은 분들의 고통과 희생으로 마침내 조국광복을 이뤄내는 결정적 밑거름이 되었습니다. 한 순간도 잊어서는 안 될 자랑스러운 우리 민족의 역사입니다.

그 분들의 희생과 숭고한 정신을 되새기고, 그 애타던 독립에 대한 열망을 늘 가슴 깊이 새기며 오늘을 살아가겠습니다.

다시 한 번 『한국 독립 운동과 용인』 발간을 진심으로 축하하며, 이 책이 지역의 기록을 넘어 민족사의 한 페이지가 되어 많은 국민들에게 전해지길 바랍니다.

용인시의회 의장 이 건 한

차 례

제2장 1910년대 국내외 독립운동

제3장 3 · 1 운동

제4장 1920년대 국내외 독립운동

일러두기

내용구성

1. 『한국 독립운동과 용인』의 서술은 항일 구국운동이 시작된 동학농민운동에서 1945년 8월 15일 광복을 맞을 때까지를 시간적 대상으로 했다.
2. 이 책의 지역적 범위는 용인 출신이거나 용인과 관련이 있는 인사들이 활동한 국내외 지역으로 했다.
3. 서장에서는 한국독립운동과 용인의 구국독립운동을 개관하고, 본문은 시기와 지역 및 운동 방법에 따라 5장으로 나눠 서술하였으며 종장에서는 용인지역 독립운동의 특징과 의의를 정리하였다.
4. 부록에서는 용인의 독립운동가와 관련이 있는 국내외 유적지를 활동 시기 순으로 소개하였다.

표기방법

1. 한글 전용 원칙으로 하고 필요한 경우 한자나 원어 표기를 병기했다.
2. 표기는 한글맞춤법 통일안을 준용했으며 고유명사는 붙여 쓰는 것을 원칙으로 했다.
3. 사건의 주체 및 장소 등은 당시 명칭을 사용하는 것을 원칙으로 하되, 용인 지명은 1914년 이전 지명이 표기된 경우에는 현재 지명을 병기했다.
4. 외래어나 해외 지명은 원어 발음대로 표기하되 우리말식 발음으로 굳어진 경우는 예외로 했다.

서장 한국의 독립운동과 용인 사람들

1. 외세의 침략을 물리친 용인의 역사적 경험

한국 민족은 반만년 가까운 역사를 유지해 오는 동안 수많은 외세의 침략을 받았다. 그렇지만 이를 모두 물리쳤다. 한국 민족이 멸망하지 않고 반만년 역사를 유지할 수 있었던 것, 그리고 현재 우리가 한국 민족이란 이름으로 살 수 있게 된 것은 외세의 침략을 물리쳤기 때문이다. 외세의 침략을 물리칠 수 있었던 데에는 온 민족의 희생과 노력이 있었다. 그 중에서도 외세의 침략을 물리치는 데 커다란 공헌을 하고 앞장선 곳은 용인이었고, 용인 사람들이었다.

용인과 용인 사람들이 외세의 침략을 물리친 상징적인 곳이 있다. 처인구 남사면 아곡리에 있는 처인성이다. 처인성은 고려시대 몽골의 침략을 물리친 곳으로 잘 알려져 있다. 몽골은 여러 차례 고려를 침략하여 우리 강산을 유린하며 막대한 피해를 안겼다.

1차 침략은 1231년에 있었다. 몽골의 장군 살리타이撒禮塔가 대군을 이끌고 쳐들어 왔다. 고려는 몽골군에 대항하여 용감히 항전하였지만 수도인 개경을 점령당하였다. 고려는 몽골에 화의를 청하여 형제국의 의를 맺었고, 몽골군은 물러갔다. 2차 침략은 1232년에 있었다. 몽골과 화의를 맺었지만, 몽골의 무리한 조공 요구와 몽골인 관리들의 횡포로 인해 고려는 엄청난 시달림을 당하게 되었다. 이에 고려는 강화도로 도읍을 옮기고 몽골에 대한 항전을 전개하기로 하였다. 고려가 항전 의지를 표명하자, 몽골의 살리타이가 다시 대군을 이끌고 고려를 침략해 온 것이다. 살리타이는 개경을 지나 한강 남쪽까지 내려왔다.

이때 처인성에서 용인 사람들이 살리타이의 몽골군과 전투를 벌였고, 이 전투에서 살리타이는 김윤후가 쏜 화살을 맞고 죽었다. 살리타이가 사살된 후 몽골군은 철수하였다. 처인성은 몽골군과 싸워 승리를 거둔 곳이고, 용인 사람들이 몽골의 침략을 물리치는 데 결정적인 공헌

처인성 전투도

을 한 것이다.

용인과 용인 사람들에게는 외세의 침략에 맞서 나라를 지켜낸 역사적 경험이 있다. 이러한 역사적 경험은 용인과 용인 사람들에게 면면히 이어져 내려왔다. 조선시대 임진왜란과 병자호란 때도 용인 사람들은 이를 물리치고 나라를 지키는 데 앞장섰다. 그리고 근대에 들어와서도 일본제국주의의 침략을 받고 나라를 빼앗겼을 때 이를 되찾기 위한 독립운동에 적극적으로 나서서 활동하였다.

한국의 독립운동은 일본제국주의의 침략을 받으면서 시작되었다. 1876년 조선을 개항시킨 일제는 1894년에 경복궁을 점령하는 '갑오변란'과 1895년에 명성황후를 시해하는 만행을 저지르면서 한국에 대한 침략을 노골화하였다. 이에 일제의 침략을 막아내기 위해 백성들이 자발적으로 들고 일어났고, 전국 각지에서 의병을 결성하여 일본군과 항전을 벌였다. 의병들의 항전은 일제의 침략으로부터 국가를 지키기 위한 것이었다. 이를 '구국운동'이라고 한다.

의병항쟁과 계몽운동 등 다양한 방법으로 일제의 침략을 막아내기 위한 구국운동을 전개하였지만, 구국운동은 성과를 거두지 못했다. 일제의 침략을 막아내지 못하였고, 결국 1910년 8월 29일 일제에게 나라를 빼앗기고 말았다. 나라를 빼앗긴 이후 민족 구성원 대다수는 국토와 주권을 되찾기 위한 투쟁에 나섰다. 일제의 침략을 막아내기 위한 구국운동에 이어 빼앗긴 국토와 주권을 되찾기 위한 투쟁이 전개되었다. 이를 '독립운동'이라고 한다.

독립운동은 시기적으로 1895년부터 1945년 해방을 맞을 때까지 전개되었다. 50여 년 동안 독립운동이 계속된 것이다. 공간적으로는 국

독립기념관 소재 한국 독립운동 표상

내를 비롯하여 만주지역, 연해주지역, 중국대륙, 하와이와 미국 본토 및 멕시코 등을 포함하는 미주지역, 유럽지역 등 한국인들이 거주하는 곳이면 어디서든지 독립운동이 전개되었다. 이러한 한국의 독립운동 역사에서 용인지역에서도 적지 않은 독립운동이 전개되었고, 많은 용인 사람들이 독립운동에 참여하여 커다란 역할을 수행하기도 하였다.

2. 용인 사람들의 구국운동

한민족은 일제의 침략을 받게 되면서, 나라를 구하기 위한 구국운동에 나섰다. 일제의 침략은 1876년 병자수호조약을 체결하면서 시작되었지만, 일제가 침략한다는 사실을 깨닫고 이를 막아내기 위한 구국운동에 나선 것은 20년이 지나서였다.

1894년과 1895년에 일제의 침략을 깨닫게 한 사건이 연이어 일어났다. 청나라와 전쟁을 일으킨 일제가 한반도에 군대를 파견하였고, 그 일본군이 1894년 7월 경복궁을 점령한 것이다. 경복궁은 국왕이 거주하는 궁궐로, 조선의 심장부라고 할 수 있는 곳이다. 이어 1895년 10월에는 일본군과 낭인배들이 경복궁에 들어와 명성황후를 무참히 시해하였다. 뿐만 아니라 갑오개혁 정부를 내세워 근대를 위한 개혁이라고 하면서 침략의 발판을 마련하고, 단발령 · 변복령 등을 공포하여 백성들의 커다란 반발도 불러 일으켰다.

일제의 침략을 자각한 백성들은 나라를 구하기 위해 일어섰다. 방법은 의병을 일으키는 것으로 시작되었다. '을미사변'을 전후로 하여 전국 각지에서 의병들이 들고 일어났다. 의병은 국가가 위급존망에 처했을 때 이를 구하기 위해 백성들이 자발적으로 조직한 민군民軍을 말한다. 의병의 봉기는 충청도와 경상도를 시작으로 전국 각지에서 이어졌다. 유생들과 일반 백성들이 전국 각지에서 의병을 조직하고, 일제의 침략을 막아내고자 전투를 벌였다.

구국항쟁에 나선 의병들

13도 의병의 서울 진공작전(모형, 독립기념관)

의병항쟁은 구국운동의 큰 줄기를 이루었다. 1895년 명성황후 시해 사건을 계기로 봉기한 이래, 1910년 대한제국이 망할 때까지 전국 각지에서 의병들이 일본군과 항전을 벌인 것이다. 1896년 고종의 아관파천과 의병에 대한 해산회유 조칙으로 인해 해산하였던 의병들은 1905년 을사늑약을 계기로 다시 일어났다. 그리고 1907년 고종의 강제퇴위와 대한제국 군대의 해산을 계기로 기존에 활동하던 의병들과 대한제국 군인들이 함께 활동하며, 일본군과 치열한 전투를 벌였다.

용인 사람들도 의병을 일으켜 일본군과 항전을 전개하였다. 경기도 지역에서 의병이 일어난 것은 '을미의병' 때부터였다. 1895년 김하락이 이천을 중심으로 의병을 일으킨 것이다. 이들은 광주의 남한산성을 거점으로 삼아 일본군과 수많은 전투를 치렀다. 그리고 을사늑약과 고종의 강제 퇴위를 계기로 하여 다시 의병들이 일어났다. 이들을 '을사의병' '정미의병'이라고 한다. 이 때 용인 사람들도 의병을 조직하고 일본군과 항전을 벌인 것이다.

용인에서 의병들이 일어난 것은 1905년 을사늑약을 계기로해서였다. 임옥여 · 정주원 · 이익삼 · 정철화 · 오인수 등이 의병장이 되어 의병을 일으킨 것이다. 이들은 인근지역인 광주 · 안성 · 이천 등지에서 활동하고 있던 의병들과 서로 협력하면서, 일본군과 치열한 항전을 벌였다. 그리고 1908년 1월 양평에서 전국의 의병들이 모여 13도 연합의병부대를 결성하고 서울 진공작전을 전개할 때, 용인의 의병들도 이에 참여하였다.

용인 사람들의 구국운동은 의병에만 그치지 않았다. 구국운동의 한 형태로 자결순국이 있었다. 자신의 죽음을 통해 일제 침략에 대한 경각심과 민족적 분발을 촉구하고자 한 것이다. 자결순국을 선도한 이는 용

민영환 자결 순국 기록화

인 사람 이한응이었다. 이한응은 대한제국의 주영국공사관 대리공사로 있던 1905년 5월, 런던의 주영공사관에서 “나라가 무너지고 온 민족이 남의 노예가 되리라. 구차스럽게 산다는 것은 욕됨만 더할 뿐이다”라고 하면서 자결 순국하였다. 영국에서 외교관으로 활동하면서 국권이 상실되어가는 것을 막지 못함에 분개하여 자결한 것이다. 을사늑약 이후 영의정을 지낸 조병세를 비롯하여 민영환 · 홍만식 · 송병선 등의 자결이 이어지면서, 자결 순국이 구국운동의 한 방법이 되었다.

언론과 학교 설립, 그리고 국채보상운동도 구국운동의 중요한 형태였다. 용인 사람들도 이러한 형태의 구국운동에 앞장섰다. 용인 출신으로 언론인이었던 유근은 장지연이 을사늑약을 폭로하고 이에 찬성한 대신들을 규탄하는 ‘시일야방성대곡’이란 논설을 쓰면서 너무나 격분하여 글을 맺지 못하자, 나머지 뒷부분을 완성하여 황성신문에 실었다. 이 일로 인해 황성신문은 무기정간 당하였다. 이후에도 유근은 대한자강회 · 신민회 등에 참여하기도 하고 언론인으로서 구국운동을 이어갔다.

학교를 설립하는 것도 구국운동의 한 형태였고, 전국 각지에서 수많은 학교들이 설립되었다. 용인에서도 많은 학교들이 설립되었다. 맹보순이 용인향교에 명륜학교를 세웠고, 여준은 원삼면 죽릉리에 삼악학교를 설립하여 민족교육과 신교육을 통해 구국운동을 전개하였다. 그리고 1907년 전국적으로 일본에게 진 빚을 갚고자 국채보상운동이 일어났을 때, 용인에서도 3월부터 취지문을 발표하고 모금운동을 전개하며 국채보상운동에 앞장섰다. 다른 지역 못지않게 용인 사람들도 다양한 방법으로 구국운동을 전개한 것이다.

3. 용인 사람들의 독립운동

1910년 8월 29일 대한제국이 멸망했다. 일제의 침략을 막아내지 못하고 국토와 주권을 빼앗긴 것이다. 이후 한국 민족은 일제에게 빼앗긴 국토와 주권을 되찾기 위해, 그리고 식민지 지배로부터 벗어나기 위한 활동을 전개하였다. 이를 한마디로 독립운동이라고 한다. 독립운동은 1945년 8월 해방을 맞을 때까지, 서간도와 북간도를 비롯한 만주지역과 러시아의 연해주, 중국대륙, 하와이와 미국 본토, 영국을 비롯한 유럽 등 세계 각지에서 다양한 방법으로 전개되었다.

용인 사람들도 독립운동에 참여하여 크게 활동하였다. 일제의 침략을 막아내기 어려운 상황이 되면서, 또 일제에게 나라를 빼앗기게 되면서 독립운동의 한 방편으로 모색한 것이 있었다. 국외에 독립운동 기지를 건설하고, 그곳에서 독립군을 양성하여 독립전쟁을 벌인다는 것이었다. 만주지역에 독립운동 기지를 건설하는 데, 그리고 만주지역에서 독립군을 양성하고 독립군 부대를 조직하는 데 용인 사람의 역할이 적지 않았다. 여준 · 김혁 · 오광선 · 이홍광 등이 커다란 역할을 수행하였다.

여준은 만주지역에 독립운동 기지를 개척하고, 신흥무관학교를 통해 독립군을 양성하는 데 크게 공헌하였다. 초창기 국외의 독립운동 기지로 대두된 곳은 연해주의 블라디보스톡과 북간도의 용정이었다. 이곳에는 이미 1860년대 이래 적지 않은 한인들이 이주해 있었다. 이들을 기반으로 독립운동 기지를 건설하고 독립운동을 전개하고자 한 것이다.

북간도 용정에 독립운동 기지를 건설하는 데 여준의 역할이 적지 않

연해주 독립운동기지 신한촌 기념비(러시아 블라디보스톡)

았다. 용정이 독립운동 기지로 크게 부각된 것은 1905년 서전서숙이 설립되면서부터였다. 이상설과 함께 용정에 서전서숙을 설립하고, 이를 운영한 인물이 바로 여준이었다.

여준은 서간도지역에서 독립군을 양성하는 일에도 커다란 역할을 하였다. 북간도에 이어 서간도지역에도 독립운동기지가 건설되었다. 1910년 말부터 이회영·이석영 등 6형제를 비롯하여 이상룡·김대락 등 신민회 인사들이 류허현 삼원보로 이주하여 독립운동기지를 개척한 것이다. 그리고 독립군을 양성하기 위해 신흥무관학교를 설립하였다.

신흥무관학교는 독립군 간부를 양성하는 일종의 육군사관학교였으며, 여준이 그 곳에서 교장으로 활동한 것이다. 신흥무관학교는 1920년 폐교될 때까지 약 3,500명의 졸업생을 배출하였다. 이들이 독립군

이회영 6형제 독립운동 결의 모습

의 간부가 되어 청산리대첩을 비롯하여 일본군과 수많은 전투를 벌이면서, 만주지역 독립군의 주력이 되었다.

용인 출신으로 여준과 더불어 만주지역에서 무장 독립운동 지도자로 활동한 인물이 또 있다. 김혁이다. 김혁은 대한제국 육군무관학교를 졸업하고 대한제국 군대의 장교로 복무하였던 군사 간부였다. 육군무관학교 출신의 대한제국 장교들 중 상당수가 독립운동에 참여하였고, 이들은 신흥무관학교와 대한민국 임시정부에서 설립한 육군무관학교에서 교관으로, 또 만주에서 독립군을 조직하여 활동하였다.

김혁은 만주로 망명하여 독립군을 조직하는 데 앞장섰다. 백두산 근처에서 홍업단 · 대한군정서 등의 독립군을 조직하여 활동하였다.

1920년대 중반 김혁은 북만주 지역의 대표적 지도자가 되었다. 청산리대첩과 경신참변, 그리고 자유시참변을 겪은 이후 만주 지역의 독립군과 독립운동 진영이 크게 바뀌었다. 남만주 지역에 참의부와 정의부가, 그리고 북만주 지역에 신민부가 설립된 것이다. 참의부 · 정의부 ·

청산리전투 기록화

신민부는 만주지역을 3등분하여 설립된 한인들의 자치 기구이자 독립운동 기관이었다. 신민부는 1925년 북만주지역에서 활동하고 있던 대한군정서·대한독립군단을 비롯한 독립군 단체들이 통합하여 결성한 것으로, 하얼빈 이남과 북간도에 이르는 북만주지역을 관할하고 있었다. 김혁은 김좌진 등과 함께 신민부를 설립하였고, 그 대표자인 중앙집행위원회 위원장으로 활동하였다.

오광선도 만주 지역에서 독립군으로 활동하였다. 한말 의병장 오인수의 아들인 오광선은 서간도로 망명하여 신흥무관학교를 졸업하였다. 이후 서간도 지역의 대표적 독립군인 서로군정서에서 중대장으로, 그리고 1931년 북만주에서 이청천과 함께 한국독립군을 조직하고 일본군과 치열한 전투를 벌였다. 1933년 말에는 중국 관내로 이동하여 김구가 주도하여 설립한 낙양군관학교 한인특별반에서 이청천·이범석 등과 교관을 맡아 군사 간부를 양성하기도 하였다.

남만주에서 중국인들과 함께 항일무장투쟁을 전개하던 동북인민혁명군의 참모장 이홍광도 용인 사람이다. 이홍광은 부모를 따라 지린吉林성 판쓰磐石현으로 이주하였다. 처음에는 반석현에서 '일본군인' '개를 때려 잡는다'는 뜻의 타구대打狗隊를 조직하여 일본군과 맞서 싸웠다. 이후 타구대는 남만유격대로 확대되었고, 또 동북인민혁명군으로 발전하였다. 동북인민혁명군은 중국인들과 함께 조직한 것으로 중국인 양정우가 사령관, 이홍광이 참모장을 맡았다. 동북인민혁명군은 만주를 침략한 일본군과 치열한 전투를 벌이면서 중국의 항일전쟁사에 커다란 업적을 거두었다. 중국에서는 이홍광의 업적을 크게 기리고 있다. 판쓰현에 세운 중학교를 그의 이름을 따서 '홍광중학교'라고 하였다.

3 · 1운동에서도 용인은 다른 지역에 뒤지지 않았다. 1919년 3월 1일 독립선언이 발표된 후, 국내의 각지에서 만세시위운동이 일어났다. 서울과 평양에서 시작된 만세시위운동은 각지로 번져 나갔다. 3월 21일

3 · 1만세운동 기록화(독립기념관)

원삼면 좌찬고개에서 만세시위운동을 전개한 것을 시작으로, 용인읍내와 양지, 수지, 포곡, 기흥, 남사, 백암, 이동 등 용인의 전 지역에서 만세시위운동을 전개하였다. 4월까지 계속된 용인의 만세시위운동은 다른 어느 지역보다도 격렬하게 전개되었고, 희생도 적지 않았다. 용인의 3·1운동에는 13,200명 이상이 참여하였고, 35명이 일본군의 총격으로 사망하였다. 부상자도 140여 명에 이르렀고, 체포되어 고문과 감금을 당한 인원도 500명이 넘었다.

대한민국임시정부, 의열단, 한국광복군, 조선의용군 등 중국대륙에서 전개된 여러 형태의 독립운동에도 용인 사람들이 참여하여 활동하였다. 임시정부 재무부에서 활동하며 독립운동 자금을 모집하던 이영

용인독립항쟁기념탑
(처인구 김량장동 통일공원)

선, 의열단에 참가하여 폭탄을 국내로 반입하려다 체포당한 남정각, 여성으로 한국광복군 대원이 되었던 오희영과 오희옥, 학도병으로 징집되었다가 일본군을 탈출하여 조선의용군에 참여하였던 정철수 등도 모두 용인 사람이다.

한국 민족은 근대에 들어와 일제에게 국토와 주권을 빼앗기고 식민지배를 받았다. 반만년 역사를 유지해오면서 국토와 주권을 송두리째 빼앗긴 것은 처음 있는 일이었다. 그렇지만 한국 민족은 이를 극복해냈고, 현재 대한민국이란 국가에서 자주독립을 유지하며 살고 있다. 그것은 독립운동 덕분이었다. 독립운동에 용인 사람들의 역할이 적지 않았다. 우리가 대한민국이란 국가에서 그 국민으로 살 수 있게 된 데에는 용인 사람들의 역할과 공헌이 적지 않았다는 사실을 기억할 필요가 있다.

제1장 한말 구국 운동

1. 동학농민운동과 항일 의병 투쟁

1) 동학 농민운동

동학농민운동의 봉기

동학은 1860년 최제우에 의해 창시되었다. 동학의 교리는 봉건적 신분제를 부정하고 반서구적이며 반개화적인 주체적 성향을 띄었다. 특히 모든 사람이 한울님을 모시고 있다는 시천주侍天主 사상은 신분 차별에 불만을 품고 있던 농민층을 비롯한 피지배 계층으로 급속히 파고들었다.

민중들이 동학의 이념에 공감하며 교세가 확장되어 가자 정부는 1864년 최제우를 붙잡아 혹세무민*이란 죄목으로 처형하였다. 동학의

* 혹세무민(惑世誣民) : 세상 사람들을 속여 정신을 홀리고 세상을 어지럽힘

최시형

교세는 최제우가 사형을 당한 후 크게 위축되었다. 그러나 2세 교주가 된 최시형은 흐트러진 교단을 정비하여 1880년대 이르면 전국적으로 확산시켜 나갈 수 있었다.

동학이 용인 지역에 전래된 것도 이 시기인 1880년대 중반으로 짐작된다. 체포령이 내려졌던 최시형은 용인과 접경한 여주·이천 등지로 숨어다니며 동학의 교리와 조직체계를 완성했다. 이에 따라 1893년 3월에 열린 보은 집회에 동학의 용인접에서 약 200명, 죽산*접에서 400명 정도가 참가하였을 정도로 크게 확산되고 있었다.

1894년 전라도에서 동학농민운동이 일어나 농민군은 전주성까지 점

동학농민운동 기포지(전북 고창)

* 죽산군에 속했던 백암면과 원삼면은 1914년 행정구역 개편으로 용인군에 편입되었다.

령하였다. 이때 민씨 정권은 청에 파병을 요청하였고, 텐진 조약에 의해 일본도 조선에 파병하였다. 청일 양국이 조선에 파병하게 되자 정부와 농민군은 전주화약을 맺어 서로 개혁과 농민군 해산을 약속하였다. 그리고 청 · 일 양군의 철수를 요구하였다.

동학농민군 토벌에 앞장선 이두황

그러나 국내에 진주한 일본군은 오히려 정부에 근대적 개혁을 요구하며 무력으로 경복궁을 점령하는 '갑오변란'을 일으켰다. 이에 전봉준 등이 이끄는 전라도 지역의 동학 농민군은 일본군을 몰아내자는 '척왜양창의 斥倭揚倡義'*를 내세우며, 삼례에서 다시 봉기하여 서울을 향해 북상하였다.

용인의 동학농민운동

동학농민운동이 시작되었을 때 용인 지역 동학교도 및 농민들은 손병희가 주도하는 북접에 가담하였다. 9월에 전라도의 남접 농민군이 삼례에서 다시 봉기하자, 북접 농민군은 충청도 청산에 집결하여 남접과 함께 일본군과 싸우기로 하였다. 이때 용인의 동학 농민군은 양지 출신 고재당의 지휘 아래 청산으로 내려갔다

충청도와 전라도 지역의 농민군 활동이 확산되자 다급해진 정부는

---

* 척왜양창의(斥倭洋倡義) : 일본과 서양세력을 배척하여 의병을 일으킨다는 뜻으로 1983년 동학교도들이 보은집회에서 처음으로 부르짖었다.

이를 진압하기 위해 양호순무영兩湖巡撫營을 설치하였다. 아울러 장위영 영장 이두황에게 죽산부사와 함께 양호순무영 우선봉장이란 직책을 별도로 내려주었다.

이두황은 장위영 부대를 이끌고 충청도로 내려가다가 9월 21일 용인에 도착하였다. 이두황의 관군은 용인 직곡처인구 삼가동뿐아니라 김량 등지에 동학 접주가 있다는 정보를 들었다. 이두황은 바로 군사 100여 명을 동원하여 직곡 접주 이용익과 김량 접주 이삼준의 집을 포위하였다. 그리고 이 자리에서 동학 농민군 20명을 체포하여 양지현* 관아로 압송해갔다.

관군은 체포한 동학교도를 문초하여 적극적으로 가담한 4명을 현장에서 처형하였으며, 나머지 16명은 석방하였다. 이때 처형된 사람들을 보면, 이용익과 이삼준은 접주로서 오래전부터 동학에 몸담고 있었으며, 정용전은 충청도 지역 동학 조직 출신이었고, 이주영은 동학의 계문을 지니고 있었다.

이를 보면 당시 용인의 동학 세력은 지역 지도자인 접주와 접사가 있을 정도로 조직적으로 농민군 활동이 전개되고 있었다. 그러나 용인 지역은 이두황의 진압군이 남하하는 길목이었기 때문에 많은 농민군이 관군에게 붙잡혔다. 하지만 용인 농민 중에 충청도 청산으로 가서 북접과 합류한 동학교도도 많았다.

용인을 떠난 이두황의 관군은 10월 16일 충청도 회인으로 가서 농민

---

* 양지현은 1895년 양지군이 되었으며 1914년 일제의 행정구역 개편으로 용인군에 속하게 되었다. 이곳은 현재 양지면 전체, 처인구의 마평동과 해곡동, 원삼면의 목신리 학일리 문촌리, 백암면의 고안리 박곡리 백봉리 등이 해당된다.

군 7명을 붙잡아 모두 처형하였는데, 이 가운데는 용인 천곡에 사는 이청학도 포함되어 있었다. 이청학은 북접의 청산 대회에도 참여하였으며, 북접 간부들의 얼굴 모습뿐 아니라 화약이 숨겨진 장소도 알고 있다고 말할 정도로 동학에서 어느 정도 높은 위치에 있던 인물이었다.

2) 항일 의병 투쟁

전기 의병 항쟁

일본 낭인이 명성황후를 무참하게 시해한 을미사변은 우리 민족의 분노를 불러일으켜 한말 항일 의병의 기폭제 역할을 하였다. 전국의 유생들이 먼저 을미사변 직후 명성황후의 원수를 갚고자 의병을 일으켰다. 이 시기의 대표적 의병으로는 제천의병과 안동의병을 비롯하여 유성의병과 진주의병, 그리고 이천의병 등을 들 수 있다.

용인의병도 을미의병으로 부르는 이 항쟁에 참여하여 1896년 1월 이천에서 경기연합의병과 함께 봉기하였다.

이천의병은 의병장 김하락이 조성학, 구연영, 김태원, 신용희 등과 함께 경기 지역 의병들을 규합하여 이천에 수창의소를 설치하면서 시작되었다. 이 연합 의병부대에는 용인을 비롯해 광주 · 수원 · 안성 · 양평 등지에서 2천여 명이 모였다.

경기연합의병 부대는 1월 17일에 광주 광현*에서 일본군과 싸워 승

* 광현(廣峴)전투 : 김하락 의병장의 진중일기에는 백현(魄峴)으로 기록하였으나, 당시 광주군과 이천군 접경지에 있었으며 고개의 원래 이름은 광현으로 알려져 있다.

1896년 경기연합 의병이 저항한 남한산성(경기 광주시)

리하였다. 이후에는 이천과 광주 등지에서 훈련하며 전투에 대비하면서 이천의 원적산 및 양지의 금박산 일대까지 진출하였다. 경기연합의병은 이어 벌어진 이현 전투를 거치며 남한산성에 입성해 일본군과 여러 차례 전투를 벌였다.

경기연합의병의 이천 수창의소에서 활약한 용인의병의 모습은 김하락의 『진중일기陣中日記』에서 찾아볼 수 있다.

> 조성학은 광주에 들어가 별패진군관 김덕삼을 시켜 별패진포군 300여 명을 일으키게 하여 김순상, 이준성 두 사람으로 통솔하게 하였고, 구연영은 양근, 지평으로 가서 군사 300여 명을 일으켰으며, 신용희는 음죽, 죽산으로 가서 화포군 300여 명을 일으켰고, 또한 포군으로 자원해온 의병도 100여 명이었는데 본군 사람 심종우로 하여금 통솔케 하였다. 이

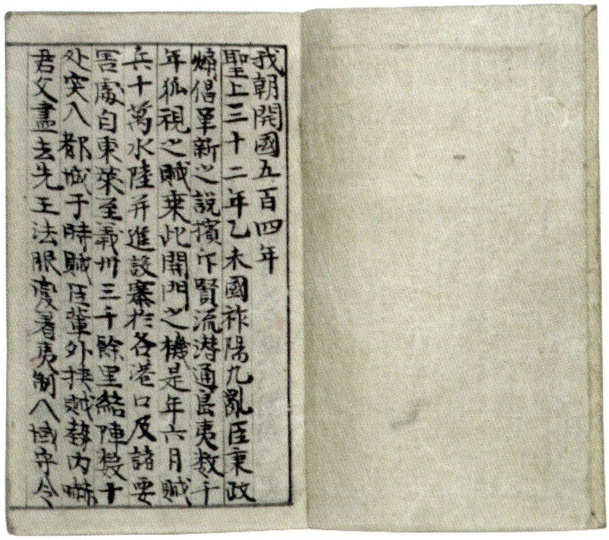

我朝開國五百四年
聖上三十二年乙未國祚陽九亂臣秉政
婦倡革新之說擯斥賢流潛通島夷數千
年狐視之賊乘此開門之機是年六月賊
兵十萬水陸并進設寨於各港口及諸要
害處自東萊至義州三千餘里結陣數十
處突入都城于時賊臣輩外挾賊勢內嚇
君父盡去先王法服變着夷制八域守令

김하락 『진중일기』

> 때에 창의하는 사람이 각처에서 벌떼처럼 일어나 용인, 안성, 포천, 시흥 수원, 안산 등 여러 고을에도 모두 의병대를 모집하여 일제히 이천 수창의소로 모여드니, 이로부터 기세가 크게 떨치어 드디어 대오를 편성하게 되었다.

당시 죽산군에는 현재 용인의 원삼면과 백암면이 속해 있었기 때문에 용인 지역 의병은 신용희의 권유로 합류하였다. 용인 지역의 화포군을 중심으로 독자적 의병부대가 결성되었는데, 이들도 이천 수창의소의 경기연합의병의 일원으로 참여하였다.

남한산성에 주둔한 경기연합의병은 3월 22일 벌어진 전투에서 관군과 일본군 연합부대에 크게 패하고 말았다. 이때 김하락은 100여 명도 되지 않는 소수 병력을 이끌고 충청도 제천을 거쳐 경상도 지역으로 이동하여 항쟁을 계속하였다. 용인 의병도 이때 해산되었을 것으로 추정

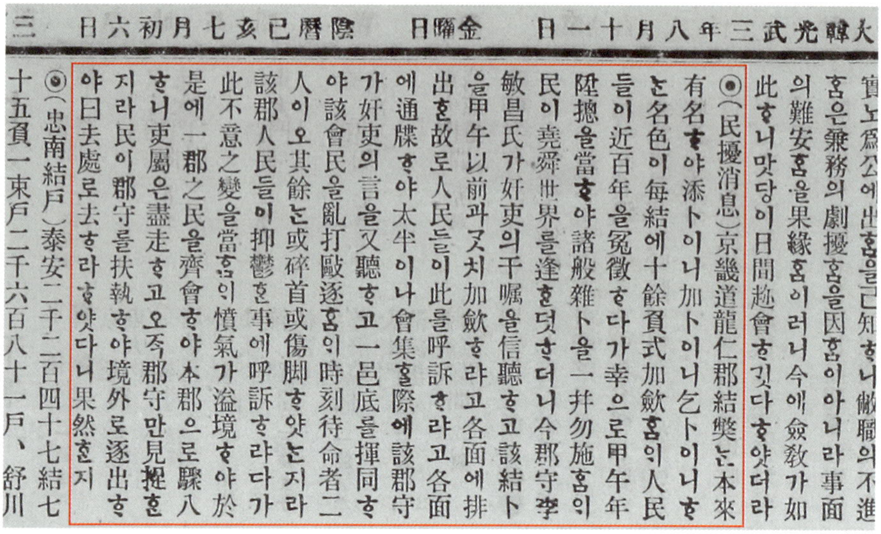

大韓光武三年八月十一日 金曜日 陰曆己亥七月初六日 三

實ᄂᆞ爲公에出홈을已知ᄒᆞ니曠職의不進홈은兼務의劇擾홈을因홈이아니라事面의難安홈을果緣홈이러니今에僉敎가如此ᄒᆞ니맛당이日間趂會ᄒᆞ깃다ᄒᆞ얏더라

◉(民擾消息)京畿道龍仁郡結獘ᄂᆞᆫ本來有名ᄒᆞ야添卜이니加卜이니乞卜이니ᄒᆞᄂᆞᆫ名色이每結에十餘負式加斂홈의人民들이近百年을冤徵ᄒᆞ다가幸으로甲午年陞摠을當ᄒᆞ야諸般雜卜을一并勿施홈의民이堯舜世界를逢ᄒᆞᆫ덧ᄒᆞ더니今郡守李敏昌氏가奸吏의干囑을信聽ᄒᆞ고該結卜을甲午以前과ᄀᆞᆺ치加斂ᄒᆞ라고各面에排出ᄒᆞᆫ故로人民들이此를呼訴ᄒᆞ라고各面에通牒ᄒᆞ야太半이나會集ᄒᆞᆯ際에該郡守가奸吏의言을又聽ᄒᆞ고一邑底를揮同ᄒᆞ야該會民을亂打毆逐홈의時刻待命者二人이오其餘ᄂᆞᆫ或碎首或傷脚ᄒᆞ얏ᄂᆞᆫ지라該郡人民들이抑鬱ᄒᆞᆫ事에呼訴ᄒᆞ라다가此不意之變을當홈의憤氣가溢境ᄒᆞ야於是에一郡之民을齊會ᄒᆞ야本郡으로驟八ᄒᆞ니吏屬은盡走ᄒᆞ고오족郡守만見捉ᄒᆞᆫ지라民이郡守를扶執ᄒᆞ야境外로逐出ᄒᆞ야曰去處로去ᄒᆞ라ᄒᆞ얏다니果然ᄒᆞᆫ지

◉(忠南結戶)泰安二千二百四十七結七十五負一束戶二千六百八十一戶、舒川

용인 민요 보도 기사(황성신문 1899년 8월 11일)

된다.

백암지역에서는 또 다른 의병 부대가 활동하였다. 백암리에 거주하는 박제우는 명성황후 시해사건이 일어났을 때 원주에 머물면서 백암장에서 거병할 것을 계획하고 통문을 돌렸다. 1896년 2월 1일 백암에 장이 서면 실행에 옮기려 하였으나 정보가 노출되어 장도 안서고 참여한 사람도 불과 20여 명에 지나지 않았다. 결국 박재우는 이들만 이끌고 잠적, 다른 의병과 합류하여 대일 항쟁을 계속하였다.

당시 죽산군수 심의국은 의병을 진압하지 못하면 자신이 책임지게 되어 도주하였다. 그는 결국 직무 이탈이 되어 면직되고 말았다.

의병은 이후에도 관군과 일본군의 무력 진압에도 불구하고 항쟁을 멈추지 않았다. 특히 군수와 관리들의 가혹한 세금 수탈에 맞서 조직적인 농민저항이 계속되었다. 1896년 5월 6일 용인 주민 100여 명은 군기고의 문을 부수고 군기와 재물을 탈취해 달아난 일이 발생하였다.

조선시대 말기 용인 관아의 조세 징수 폐단은 엄청났다. 특히 세도 정치 이후 100년 동안 여러 명목으로 세금을 마구 거둬갔다가 1894년 갑오개혁이 일어나서 겨우 바로잡혔다.

1899년 8월 이민창이 군수로 부임하자 관리들의 농간으로 조세를 갑오년 이전과 같이 부당하게 부과하였다. 그러자 용인 지역 농민이 집회를 열어 억울함을 호소하였지만 오히려 군수는 이들을 폭행하여 많은 사람이 다쳐 부상을 입었다. 여기에 분노한 농민들은 다시 모여 관아로 쳐들어가 군수를 묶어 군청 밖으로 쫓아버렸다. 또 수서기도 묶어 김량장으로 끌고 가다 관군들이 총을 쏘며 반격하여 여러 농민들이 붙잡히면서 끝이 났다.

중기 의병 항쟁

일제는 1904년 2월 러·일전쟁을 일으키고 한일의정서를 체결하여 일본군이 마음대로 한국에 주둔할 수 있게 하였다. 또한 군인과 물자를 실어 나르기 위한 철도 및 도로 부설 등을 강요하며 한국에 대한 침략 의도를 드러냈다.

특히 일제는 경의·경원선 철도 부설과 군용기지 설치를 위해 일반인이 소유한 토지를 마구 빼앗았다. 전쟁에 필요한 물자를 운반할 목적으로 농민을 역부로 강제 징집하였다.

강제 역부 징집은 경기도에서 집중적으로 벌어졌는데, 1904년 8월과 9월 사이 용인을 비롯한 경기 각 지역에서 이에 항의한 민요民擾 즉 농민의 저항이 계속 발생하였다.

당시 용인군에는 역부 80명을 동원하도록 배정받았으나 주민들이 나서지 않았다. 그러자 8월 20일 일본 헌병 2명이 군수와 서기를 대동하고 강제로 군민 4명을 끌고 갔다. 그 날 밤 수많은 군민들이 관아에 들이닥쳐 군수를 일제의 앞잡이로 간주하여 끌어내고 창문을 부수며 항의하였다. 시위대는 "백성을 죽을 곳으로 끌고 가려 한다"고 외치며 궐기하였지만, 재빨리 들이닥친 일본군이 총을 발사하여 해산시켰다.

양지군에는 왕실과 총융청에 속한 둔전이 많이 있었는데, 일본인들이 소유하면서 고율의 소작료를 부과하였다. 분노한 농민들이 사방에 통문을 돌려 1백여 명이 관아로 몰려가 항의하였다. 이처럼 토지 침탈과 역부 강제 모집 등으로 용인을 비롯한 경기 지역에서 일어난 민중의 봉기는 곧 의병 전쟁으로 이어졌다.

1905년 4월 말에서 5월 초 무렵 현재 용인 일대에서 의병 활동이 급증하였다. 죽산군에서는 의병들이 30명에서 40명, 또는 50명에서 60명

굴암 용덕사(이동읍 묵리)

이 무리를 지어 조총으로 무장하고 군자금을 징수하러 다녔다. 정부에서는 군대를 보내 체포하려하였지만 의병이 모두 총을 소지하고 있었고 숫자도 많아 체포하기가 힘들었다.

1905년 5월 초 농민인 이인응이 조직한 의병 부대의 포군과 농민 등 23명이 조총 11자루로 무장하고 용인 일대에서 활동하였다. 이인응은 "갑오년 이후로 외세의 수모가 날로 심해져 나라를 걱정하는 격한 마음에 신하로서 의를 펴고자 의병을 일으킨다"고 말하고 다녔다. 이들은 양성군 삭령리, 양지군 교곡, 용인군 굴암, 요산동 등지로 옮겨 다니며 세력을 확대하고 군량을 확보하였다.

이 의병 부대는 6월 초 죽산군에서 토벌에 나선 관군과 일본군에게 이인응을 비롯한 의병 13병이 체포되고 나머지는 달아나면서 해산되고 말았다. 이인응은 자신을 체포하러 온 군인들에게 창의의 뜻을 알리고 함께 술을 나누다 체포되었는데, 이 틈에 함께 체포된 부대원 중 5명은 도주할 수 있었다.

이와 비슷한 시기에 죽산군 출신인 박석여는 의병을 이끌고 죽산, 진천, 청안 등지를 이동하며 활동하였다. 박석여의 의병부대는 '척왜차창의斥倭次倡義'라고 쓴 깃발을 들고 200여 명의 무리를 이루어 부호에게 마필과 군자금과 거두고 관청을 습격하여 무기를 빼앗아 무장하였다. 이 부대는 속리산에 근거지를 만들어 무기를 비축하고 원주 의병과 합쳐 대규모 부대로 확대한다며 이동해 갔다.

용인과 죽산 지방을 중심으로 경기 남부지역에서 의병이 계속해서 일어나자, 1905년 5월 18일 일본 헌병사령부는 시찰 이강호 등을 보내어 지방 정세를 살피게 하였다. 5월 24일 의병 3백 여 명이 죽산군 원일면*에서 청주 소속 관군 4명과 죽산군 순교 11명을 거느린 이강호의 부대와 격돌하였다. 이 전투에서 사상자 3명의 피해를 입은 의병부대는 원삼면 야광 등지로 옮겨서 세력 규합에 나섰다.

이와 같이 경기도를 비롯해 강원도와 충청도 등지에서도 의병부대가 계속해서 나타나자, 일제는 1905년 10월부터 대한제국 군대의 무능을 구실로 일본 헌병대를 동원하여 직접적인 무력진압을 시도하였다.

한편 러・일전쟁에서 승리한 일본이 1905년 11월 을사늑약을 강제로 맺자 전국 각지에서 수많은 의병이 일어났다. '을사의병'으로 불리는 이 의병은 민종식, 최익현 등 양반 출신 의병장도 있었지만, 평민 출신 의병장인 신돌석 등의 활약이 컸다.

후기 의병 항쟁

1907년 일제가 강제로 고종을 퇴위시키고 대한제국 군대를 해산시키자 항일 의병이 거세게 일어났다. '정미의병'으로 불리는 이 의병은 해산 군인들이 의병에 합류하면서 조직과 전투력이 크게 강화되어 전국적인 규모의 의병 전쟁으로 확대되었다.

정미의병은 용인 지역에서도 1907년 7월에 일어나기 시작했는데 양지군과 죽산군 부근에 의병이 1천 명이 집결했다고 할 정도로 격렬하게 전개되었다. 이 시기에 활약했던 용인 출신 의병장은 임옥여, 정주원, 이익삼, 정철화 등을 들 수 있다.

* 죽산군 원일면은 1914년 행정구역 개편으로 용인군 원삼면의 북부지역에 편입되었다. 현재 맹리, 미평리, 사암리, 좌항리가 해당된다.

임옥여 의병 부대

용인 출신인 임옥여*는 1907년 8월 이천의 이근풍과 함께 의병 부대를 조직하여 좌익장을 맡았다. 임옥여의 의병 활동을 보면 먼저 의병 20명을 이끌고 이천우편취급소와 순사분파소를 파괴하였으며, 광주의 남한산성 부근에서 일본군과 교전하였다. 또 광주와 양근 등지에서 활동하다가 이천 읍내를 공격하여 일본군과 교전하였다.

광주군 실촌면에서 원주 의병대장 명의로 면장과 33개 동장에게 탄환과 화약을 제공하라는 격문을 띄우고 다시 포군 70명을 모아 부대를 정비하였다. 이어 용인 굴암에서 일본군과 싸우고 광주 도척면 상림동을 거쳐 죽산 읍내를 습격하여 순검 가옥을 불태웠다. 죽산군 근일이면**에서는 일진회원을 처단하고 집을 불태우고, 죽산의 백암시장에서 일본인 순사와 한국인 순사를 처단하였다.

임옥여 부대는 한때 용인에서 활동하던 정주원 부대와 연합하여 포군 1,800여 명으로 세력을 크게 늘리고 안성을 습격하였다. 이때 임옥여 부대는 행상인을 가장하여 안성읍내로 들어가 순사분파소와 우편취급소를 포위 공격하고 일본인 가옥과 점포를 파괴하였다.

그러나 임옥여 부대는 1907년 9월 용인 백암과 굴암 일대에서 일본 수비대를 만나 격전을 벌여 15명 넘게 전사하는 피해를 입었다. 또 원삼면 고초골에서도 일본군의 공격을 받아 큰 손실을 보고 결국 부대를 해산하고 말았다. 임옥여는 이 전투를 치르고 광주군 실촌면으로 도피

---

* 임옥여(任玉汝, 1872~1907) : 본명은 경재(景宰)이며, 현 용인 양지면 평창리에서 태어났다. 대한제국 농상공부 주사로 있다가 의병에 가담하였다.

** 죽산군 근일이면은 1914년 행정구역 개편으로 용인군 외사면(현 백암면)의 동부지역에 편입되었다. 현재 백암면의 석천리, 옥산리, 용천리, 장평리가 해당된다.

백암장(처인구 백암면)

했다가 11월 10일 일본 수비대에게 체포되어 순국하였다.

정주원 의병부대

정주원[*]은 1907년 8월 서용범의 의병부대에 투신하였다. 정주원은 용인 굴암에서 30여 명의 의병을 모으고 다시 양지와 양성 등지에서 150여 명으로 군사를 늘리고 의병대장이 되었다.

정주원 의병부대는 안성에서 일본군과 싸우고 죽산과 양지에서 임옥여 부대와 연합하여 병력을 확충하였다. 그는 의병에 대한 탄압이 심해지자, 조직을 셋으로 나누어 자신이 한 부대를 인솔하여 수원 방면에서 활동하고, 나머지 두 부대는 양지와 죽산 등지에 배치해 경기 남부지역에서의 의병항쟁을 이어나갔다. 1907년 11월에는 충청도 당진 · 풍

[*] 정주원(鄭周源, 1870~1925)은 용인 원삼면 사암리 거주 농민으로 의병에 가담하였다.

정주원 의병 교전지(처인구 원삼면 능골)

도 · 면천 · 서산 등지로 옮겨가 활동하기도 하였다.

1908년 3월 다시 안성 · 양지 · 죽산으로 와서 활동하였는데, 용인 원삼면 능촌에서 이천수비대와 경찰대를 기습 공격하였으며, 양지군 사동과 용인 요봉골에서 일본군과 전투를 벌였다. 정주원은 부대를 충남 당진으로 옮겨 일본군과 싸우다 7월 19일 해미군 적서촌에서 토벌대에 의해 체포되었다.

정주원의 의병부대에서 함께 활동한 용인 출신 의병은 다음과 같다.

- 김사근 金士根 : 양지군 주서면 어득운리처인구 운학동 거주, 농업, 1884년생 23세
- 박덕삼 朴德三 : 용인군 하동면 시묵동이동읍 묵리 거주, 농업, 1886년생 21세
- 신현구 申鉉九 : 죽산군 원삼면 분촌두창리, 농업, 1885년생 22세
- 최국만 崔國萬 : 양지군 남면 사동양지면 남곡리, 1858년생 49세
- 황명운 黃明云 : 죽산군 원삼면 능촌죽릉리

이익삼 의병부대

이익삼*은 대한제국 군대 하사관으로 있다가 정기인 등과 의병을 규합하여 용인과 광주 · 죽산 · 양성 일대에서 일본군과 전투를 벌이고 친일파를 처단하는 활동을 벌였다. 이익삼 의병부대는 "우리들은 의병을 모집하여 현재 친일 정부를 전복시키고 일본인을 국경 밖으로 몰아냄으로써 국권 회복과 선정을 베풀게 하고자 한다"고 의병을 일으킨 취지를 밝혔다.

이익삼 의병진의 부대원 일부는 군복을 입고 양총과 화승총으로 무장하고 나머진 백색 옷에 군도를 휴대하였다. 이를 보면 이 의병 부대

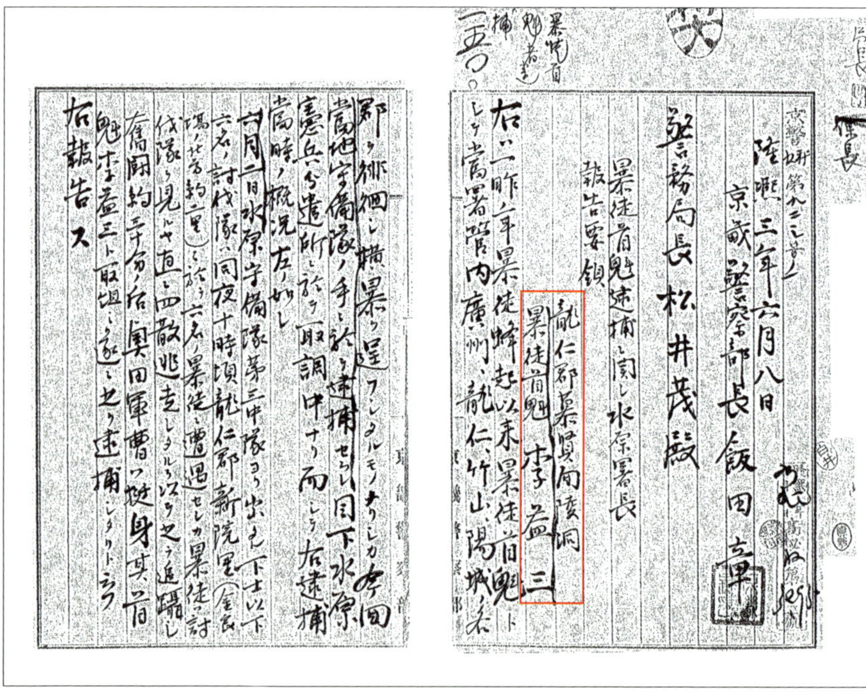

이익삼의 의병활동 관련 문서

* 이익삼(李益三, ? ~?)은 모현읍 능원리 출신으로 대한제국 군대의 하사관으로 있다가 의병에 가담하였다.

는 주로 해산 군인과 농민으로 구성된 것으로 짐작된다.

이익삼 의병 부대는 1908년 1월부터 11월까지 모현면 능동능원리, 포곡면 둔전리, 수여면 방축동처인구 유방동과 김량김량장, 하동면 삼배위이동읍 덕성리, 광주 오포면 상동막리, 포곡면 두계울삼계리 등지에서 군자금과 물품을 모집하였다. 또한 9월에는 광주 오포면 상삼리에서 의병 밀고자를 처단하였으며, 다음해 4월에는 상동면이동읍 덕성리에서 친일파를 납치하였다.

이익삼은 1909년 6월 2일 포곡면 신원리에서 부대원과 함께 수원 수비대와 전투를 벌이다 현장에서 체포되고 말았다. 후임으로 의병장을 맡은 정기인도 11월 25일 양지군 주북면 대대리에서 체포되면서 의병 활동이 끝났다.

또 이익삼 의병 부대에는 모현면과 인근에 거주한 사람들이 주로 참여하였는데 이 가운데 용인 출신은 다음과 같다.

○ 김명화 : 모현면 부계리초부리 거주, 농업, 미상

○ 김재천 : 포곡면 거주, 농업, 26세

○ 남현수 : 모현면 부곡리초부리 거주, 21세

○ 신순용 : 모현면 하밀동매산리 거주, 28세

○ 이윤빈 : 모현면 갈월리갈담리 거주, 27세

○ 이하경 : 모현면 부곡리초부리 거주, 41세

○ 정기인 : 모현면 쇠래초부리 거주, 농업, 26세

○ 정원경 : 모현면 고밀동매산리 거주, 농업, 34세

○ 김장옥 : 모현면 갈월리갈담리 거주, 농업, 33세

○ 조윤봉 : 광주군 돌마면 율리 거주, 용인군 덕미 출생, 농업, 27세

○ 남현수 : 이천군 장면 토곡리 거주, 용인군 출생, 21세

정철화 의병부대

정철화*는 1907년 8월경 의병장 방인관의 권유에 의해 의병이 되어 의병부대를 이끌고 음죽 이모산 등지에서 일본군과 싸웠다. 이후 죽산 칠장사를 근거지로 활동하다가 전병규 의병부대와 연합하여 30여 명의 의병을 이끌고 안성 등지에서 일본군과 전투를 벌이고 군자금을 징수하였다.

정철화는 계속해서 일본군과 전투를 벌이다 일본군의 강력한 토벌

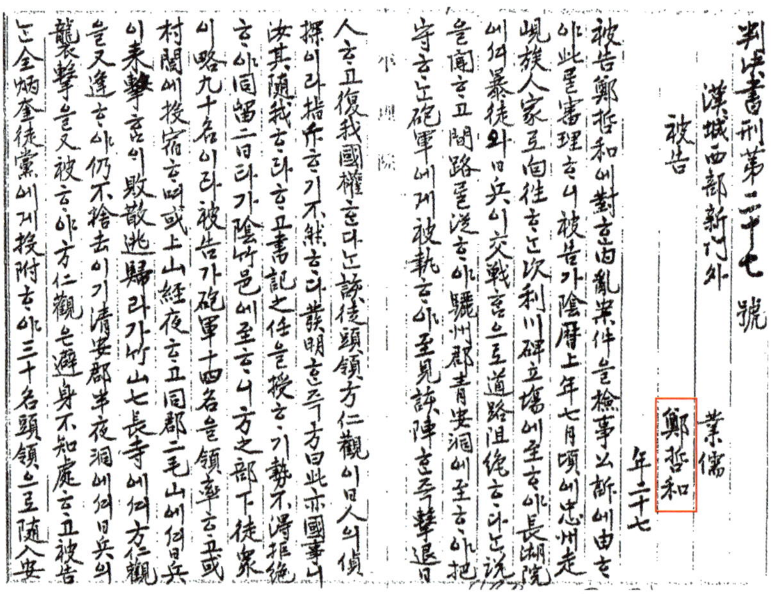
判決書刑第二十七號

漢城西部新門外

被告 業儒 鄭哲和 年三十七

정철화 의병활동 기록

---

* 정철화(鄭哲和, 1878 ~1943)는 용인군 모현면 능원리 출신이다. 향리에서 유학을 공부하다가 의병에 가담하였다.

작전으로 할 수 없이 의병부대를 해산하고 귀향하였다. 그 뒤 고향인 용인을 떠나 서울 새문서대문 밖으로 이주하여 거주하다가 1908년 9월 말에 체포되어 전라남도 고금도로 유배되었다. 그는 고금도 유배중에 있을 때도 인근 의병 세력과 연락이 되어 만나다 일본군의 습격을 받은 일도 있었다.

용인지역 의병활동 특징

용인 의병들은 이밖에도 크고 작은 다양한 의병부대에서 활약하였다. 이덕경 의병 부대에는 수여면 동진리처인구 남동 사는 김정석이, 남상목 의병 부대의 후군장으로 용인 용천곡백암면 용천리 출신 강춘선이, 김순일 의병 부대에는 수여면 어매실포곡읍 금어리의 농민인 우덕순과 우수안이 활동하였다. 또 윤성필 의병부대에는 용인 사는 이금만이, 정용대 의병부대에는 상동면이동읍 사는 이치옥이, 윤관문 의병부대에는 곽기동이동읍 어비리 출신인 임허옥 등이 활동하였다. 원삼면 죽릉리에서 포수로 활동하던 오인수도 의병활동을 벌이다 송종헌이 이끄는 토벌대에 체포되었다고 전해진다.

용인 지역에서 활동한 의병부대는 1907년 8월 하순부터 1909년 6월까지 다양한 형태로 활동하였다. 용인 의병들의 공격 대상을 보면 우선 헌병분견소, 순사분파소, 수비대 등을 공격하여 일제의 군사 및 치안 시설 기능을 마비시키려고 하였다. 1907년 8월 양지군의 우편취급소에 모여 있는 일본 순사와 일본인을 공격하였으며, 1908년 9월에는 헌병분견소를 습격하여 헌병과 한인 보조원을 처단하였다.

또 의병들은 지방 관아를 습격하거나, 군수나 구장들을 공격하고 일

송병준 별저를 옮겨 복원한 모습(남양주시 평내동 궁집)

본인이나 친일파를 응징하였다. 1907년 8월에 양지 추계리의 매국노 송병준 별저를 습격하였으며, 같은 달에 양지군과 죽산군 관아를 공격하였다. 10월에는 김량장리에서 일진회원을 처단하고 집을 불태웠다. 1908년 9월에는 용인군 사령을 붙잡아 총살하고, 마을 구장에게 군자금을 징수하였다. 10월에는 모현면의 친일파 집을 공격하였다. 1909년 4월에는 이익삼 의병부대가 상동면이동읍 덕성리에서 토지를 조사하던 측량수를 납치하였다.

특히 양지 추계리의 송병준의 별저가 의병의 잦은 공격 대상이 되었던 것은 그가 친일 단체인 일진회 회장을 지냈기 때문이었다. 그래서 1907년 8월에 일본 헌병 50여 명을 보내 상주하며 송병준의 별저를 지키게 하였으며, 의병 공격에 위협을 느낀 일진회 회원 7~8백 명이 이 별저로 피신한 일도 있었다.

당시 용인에서 활동한 의병들은 수십 명씩 무리를 지어 가난한 마을에는 들어가지 않고 조금이나마 잘사는 집에 들어가 음식과 돈을 요구하였다. 하지만 이들은 인명을 해치거나 재산을 늑탈하는 일은 없었다고 한다. 당시 신문에 양지와 양성은 의병의 소굴이 되었으며, 김량장에는 의병 수백 명이 있어서 낮에는 근거지를 삼고 밤에는 밖에 나가 활동한다고 전하고 있다.

용인 의병들은 때로는 서로 긴밀하게 연락하며 활동하기도 하였다. 1907년 11월 경 일본군 토벌대가 양성군 덕미에 잠복 중이던 의병장 안생인을 체포하여 죽산군으로 압송하자, 용인군 굴암이동읍 묵리에 있던 의병 280명과 죽산군 협곡리백암면에 있던 의병 65명, 음죽군 정자동에 있던 의병 30명이 서로 연락하여 대응책을 마련하려고 한 곳에 집결한 일도 있었다.

그러나 1907년 후반부터 일본군이 의병에 대한 토벌을 강화하면서 용인 의병에 대한 일제의 탄압도 극심해졌다. 일본군은 9월 30일에 양지군에서 의병 활동에 가담한 민가가 있거나 의병이 나타났던 마을을 습격하여 민가 15채를 불태우는 만행을 저질렀다.

일제는 의병을 진압하기 위해 이른바 '남한 대토벌작전'을 전개하여 무자비한 탄압을 자행하였다. 이에 따라 1909년 후반기에 이르면 용인 지역의 의병 활동이 급격히 줄어들었다. 토벌을 피한 의병부대들은 활동지역을 만주나 러시아 연해주 등 해외로 이전하였다. 또 국내에 남은 의병들은 부대를 해산하고 민가로 잠입하여 후일을 기약하였는데, 최삼현은 의병으로 활동하다가 부대가 해산되어 용인 백암에 정착하였다고 후손이 증언하고 있다.

2. 을사늑약 반대 투쟁

1) 이한응의 순국

이한응 열사

1901년 대한제국 정부는 유럽 지역으로는 처음으로 영국 런던에 공사관을 설치하고 상주 외교관을 파견하였다. 이 때 이한응*은 영국·벨지움 양국 주차 공사관의 3등 참서관으로 임명되어 공사인 민영돈과 함께 런던에 부임하였다.

당시 대한제국 주변의 국제 정세는 영국, 러시아, 일본을 중심으로 열강 사이에 복잡하게 전개되는 시기였다. 영국은 동아시아에서 일본을 이용하여 러시아의 남하를 저지할 필요가 있었다. 일본도 러시아의 남하를 막고 한반도를 장악해야만 대륙으로 진출할 수 있는 발판을 마련할 수 있었다. 따라서 영국과 일본 두 나라는 러시아를 견제하기 위해 1902년 1월 말 영·일동맹을 체결하였다.

이러한 엄중한 상황 속에서 공사 민영돈이 1904년 1월 귀국하였지만 후임 공사가 파견되지 않아 이한응은 홀로 런던에 남아 대리공사의 임무를 맡게 되었다. 이한응은 '대리공사' 직책을 맡은 직후인 1904년 1

* 이한응(李漢應, 1874~1905)은 용인 처인구 이동읍 화산리에서 태어났다. 1892년(고종 29) 관립 영어학교를 졸업하고, 1894년 진사시에 합격했다. 1897년(광무 1) 한성부주사, 1899년 관립 영어학교 교관을 지내다 영국 런던에 부임하였다.

월 13일 영국 외무성을 방문하여 한반도에 관한 자신의 견해를 담은 의견서를 전달하였다. 의견서에는 한국의 독립이 동아시아는 물론, 세계 평화를 유지하는데 필요 불가결하다는 주장을 담았다. 또한 여러 개의 도표를 제시하여 동아시아의 국제 정치를 범세계적 차원의 세력 균형

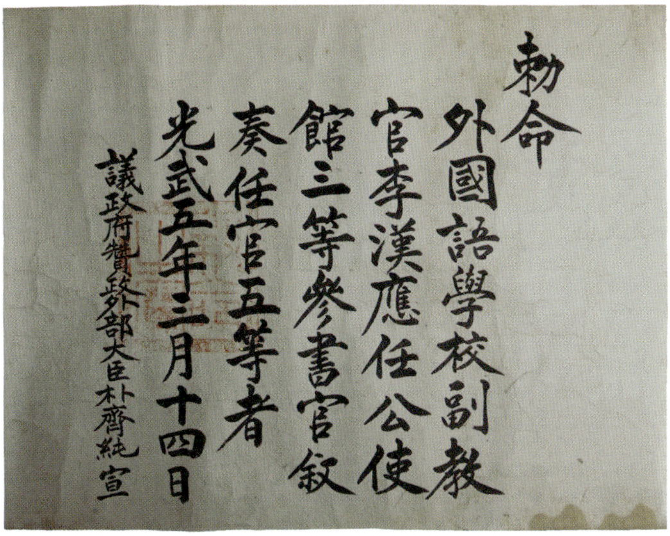

勅命
外國語學校副教
官李漢應任公使
館三等參書官叙
奏任官五等者
光武五年三月十四日
議政府贊政外部大臣朴齊純宣

이한응 참서관 임명 칙령

대한제국의 런던 주영 공사관이 있던 자리

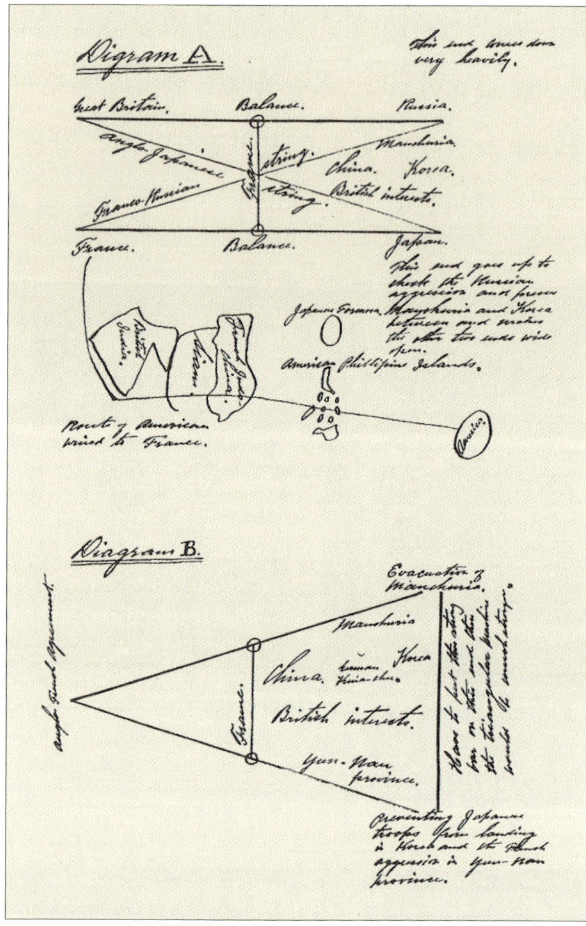

이한응이 1904년 영국 런던에서 작성한 한반도 중립화 의견서

체제와 연결하여 설명하였다.

이 도표에 따르면 이한응은 당시 세계 정치의 구조를 4각형으로 표시하였다. 그래서 왼쪽인 서유럽은 영국과 프랑스가 세력 균형의 축을 이루고 있으며, 오른쪽인 동아시아는 일본과 러시아가 세력 균형을 이루고 있다고 하였다. 서쪽의 영국 및 프랑스와 각각 동맹관계를 맺고 있기 때문에, 동쪽에서의 균형이 앞으로 무너지면 서쪽의 균형도 무너지게 된다는 것이다. 세력 균형이 무너지면 전 세계적인 균형 체제의

파괴로 이어질 것이다. 따라서 이한응은 영국과 프랑스는 심판자 역할을 하여 한반도에서 러·일 간의 분쟁을 조정해 달라는 주장을 한 것이다.

영국과 프랑스가 심판관의 자격을 얻는 구체적인 방법으로 양국이 일본-러시아와 함께 4개국 조약을 체결하여 한국, 중국, 만주를 보호하며, 가까운 장래에 전쟁의 위험을 제거하고 세계 평화와 동아시아 문제를 함께 해결해야 한다는 것이었다. 위와 같이 대리공사인 이한응은 영국 정부에 자신의 한반도 중립화안을 담은 문서를 전하는 한편, 적극적으로 영국 외교부와 접촉을 시도하였다.

1904년 2월 19일에도 이한응은 러시아와 일본 사이에 전쟁이 발발할 것이며, 전쟁의 결과와 상관없이 한국의 독립과 주권, 영토 및 특권의 안전을 새롭게 보장해 줄 것을 영국 정부에 요청하였다. 그러나 영국 정부는 이한응의 요청에 대해 한국에게 새로운 보장을 해 줄 수 없음을 통보하였다.

이한응은 힘든 노력을 기울였지만 영국 정부로부터 한국의 독립과 영토 보존을 위한 어떠한 도움을 얻을 수 없었다. 결국 이한응이 예상한 바와 같이 러·일전쟁으로 한국은 전쟁터로 변하고 말았다.

러시아와 일본은 한반도와 만주의 지배권을 놓고 티격태격하다, 1904년 2월 일본의 선제 공격으로 러·일전쟁이 시작되었다. 한국은 이미 '국외중립'을 선언하였지만 전쟁 직후 일본의 강요로 '한일의정서'에 서명하여 군사상 필요한 지역의 사용을 허락할 수밖에 없었다. 또 8월 22일에는 제1차 한·일협약을 맺어 일본은 한국에 재정과 외교 고문을 파견하여 내정을 간섭할 수 있게 되었다.

1904년 여름부터 한국과 연결되는 모든 통신망이 일제에 의해 통제되고 있어서 이한응은 할 수 없이 주한 영국공사관을 통해 본국과 통신을 하고 있었다. 이를 통해 본국에 공사 파견을 요청하는 한편 1904년 10월 영국 외교부를 통해 런던 주재 한국 공사 임명에 대해 협조를 부탁하였다. 그러나 당시 영국 정부는 영·일동맹을 맺고 있는 상태라, 일본의 한국에 대한 정책에 협조하기 위해 그의 요구는 받아들여 주지 않았다.

1905년 1월부터 전쟁에서 승기를 잡기 시작한 일본은 러시아와 강화조약을 서둘렀다. 이와 함께 일본이 한국과 만주 침략을 정당화시키기 위한 제2차 영·일동맹을 추진하였다.

이한응은 당시의 국제상황으로 보아 러·일전쟁에서 일본이 승리하면, 전후 한국의 독립이 유지되기 더욱 어려울 것이라고 보고, 영국을 상대로 외교활동을 전개하였다. 2월 26일에도 이한응은 영국 외무부 동아시아 고위 관리인 월터 랭리를 만나 영·일동맹을 통해 한국의 독립이 보존될 수 있도록 해달라고 요청하였다.

이한응 대리공사가 영국 외교부를 상대로 계속해서 한국의 독립 보장을 요청하였다. 그는 1905년 3월 3일자로 영국 외무대신에게 편지를 보냈다. 그 내용은 일본과 러시아 사이에 최종적으로 합의된 평화 협정의 조건 중 하나로 한국의 영토 보존과 독립을 보장한다는 것이었다. 이한응 대리공사의 영국 외교 당국에 대한 끈질긴 활동은 영국 외교관들을 매우 당혹스럽게 만들었다.

1905년 2월에서 3월 사이에 일본 정부는 영·일동맹의 기간과 범위를 확장하는 논의를 시작하였다. 이한응이 자결하기 전날인 5월 11일

조약의 초안이 교환되었다. 이 초안은 1902년의 조약 내용에 있었던 한국의 독립 보장 관련 내용이 삭제된 것이었다. 이한응은 영국 외교부를 상대로 끈질긴 활동을 벌였으나, 일본과 새로운 조약 협의를 진행하던 영국 외교부가 전혀 반응하지 않자 좌절감이 커져갔다. 기대한 영국 정부의 지원이 거부되고 오히려 새로운 영·일동맹을 통해 한국의 침략을 인정한다는 소식은 이한응을 더 좌절하게 만들었다.

당시 외교관으로서 이한응의 고민은 1905년 5월 그의 순국을 대한제국 정부에 통지한 런던 주재 명예총영사인 모건의 보고문에도 잘 나타나 있다.

이한응 열사의 순국 직전 모습
(1905. 4. 19)

> 5월 12일 상오, 런던 주재 한국공사서리 이한응이 자결했습니다. 그분은 지난 몇 달 동안 극동전쟁러일전쟁에 대한 일로 상심을 많이 했고, 또한 한국의 이익 관계로 더욱 노심초사 했습니다. 본국으로부터 반갑지 않은 소식을 들을 때마다 비분강개했습니다. 중략 이 선생은 가장 공정한 한국 대표인으로 그 습관은 학문에 가장 부지런한 품성을 보였습니다. 그가 영국에 주재해 있는 동안 여러 가지 불리한 환경에 처해 있으면서도 그 국제적 지위를 잘 보존하였습니다.

식민지 침탈의 야욕에 가득 찬 제국주의 열강은 약소국인 대한제국의 소리에 귀를 기울이지 않았다. 이러한 상황이 이한응에게 자결 순국을 생각하게 했다. 그가 남긴 유서에는 당시의 절박했던 상황이 잘 나타나 있다.

> 아아, 국가는 주권이 없고 인민은 평등이 못되니 모든 교섭에 망극한 치욕을 혈기있는 인간으로서 참을 수 없구나. 종사宗社가 빈 터만 남고 민족은 노예가 되고야 말 것이다. 구차히 살아본다 해도 치욕만 늘어 갈 것이니 차라리 한번 죽어 버리고 마는 것이 낫겠다.

1905년 5월 10일 일본 외무대신이 영국 외교부의 의사를 타진하기 위해 새롭게 작성된 영·일동맹 조약 초안을 보내왔다. 이 초안의 본문이 시작되기 전 그 서두를 다음과 같이 시작한다. "일본은 한국을 보호하여 한국 내에서의 필요한 정치적인 특권을 보장받는다는 이하의 동의된 조항에 주목할 것" 여기서 일본이 한국 내에서 이권을 누릴 지위를 확실히 했다는 것을 확인할 수 있다.

이한응이 자결한 뒤인 5월 26일 조약 초안은 '비밀 협약'으로 일본이 "필요하다고 인정되는 한국의 보호국화"를 "보장한다"는 내용을 포함하여 한국에서 일본의 지위를 강화하였다. 이한응이 이에 대해 얼마나 알고 있었는지는 알 수 없으나, 이 협약에 대한 대략적인 내용을 파악하고 있었을 것이며, 그것이 그가 자살하게 된 주요 동기가 되었을 것이다.

대한제국의 외교관으로서 국권이 상실되어 가는 것을 막지 못한다는 한계를 절감하고 비통한 심정에서 이한응은 1905년 5월 12일 런던의 주영공사관 침실에서 목을 매 순국하였다.

이한응 대리공사의 자결 소식은 영국 외무부가 주한 영국공사에게

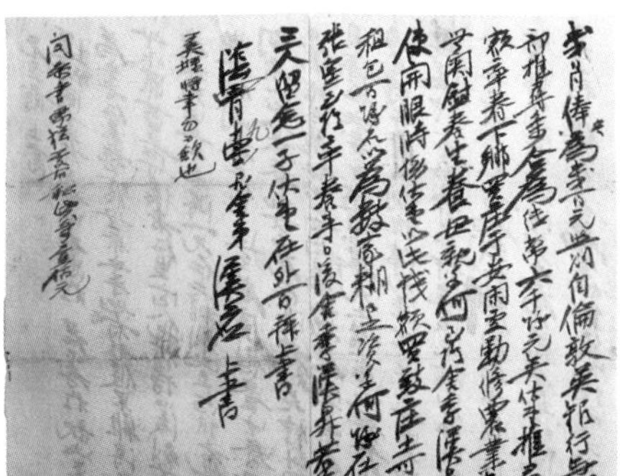

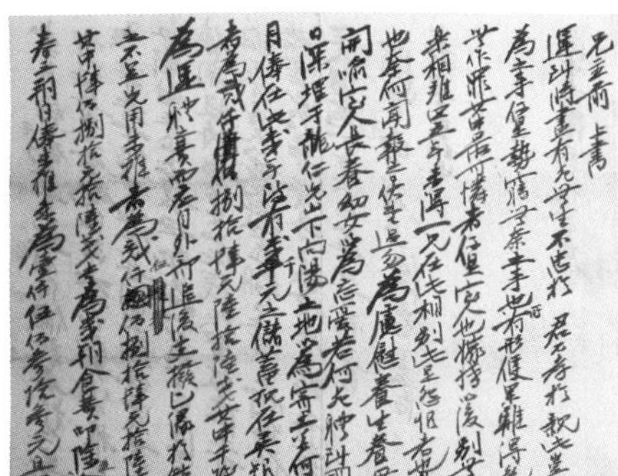

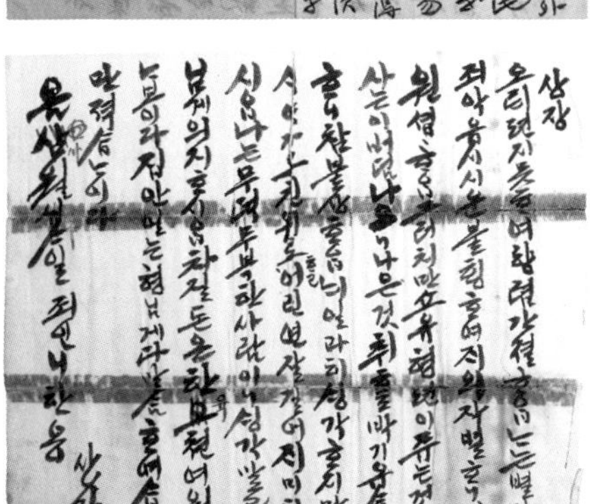

(위) 이한응이 형에게 남긴 유서
(아래) 부인에게 남긴 유서

철명판(이한응의 관 위에 붙인 이름표)

통보하였고, 주한 영국공사는 이 사실을 주한 일본공사에게 알렸다. 주한 일본공사는 이한응의 자결 순국 사실을 한국정부에 전하였고, 주영 한국공사관을 당분간 폐쇄하도록 한국정부를 압박하였다. 주한 일본공사관에서는 주영 한국공사관의 재산과 서류의 보관을 주영 한국명예총영사 모건에게 위임하고, 한국공사관을 당분간 폐쇄할 것을 지시하였다. 그리고 재불 한국공사관 참서관 1명을 장의葬儀를 위해 런던에 파견하였다.

이한응의 유해는 고종의 특별 지시로 당시 런던 주재 한국명예총영사 모건에 의해 그해 7월 고국에 옮겨져 고향인 용인 이동읍 덕성리 금현에 안장되었다.

이한응의 순국 이후 일제에 의한 국권 강탈이 진행되어 1905년 11월 17일 을사늑약이 체결되었고, 결국 대한제국은 외교권을 상실하게 되었다. 이한응의 장례식에 고종은 용인군수 현찬봉을 보내어 애도하였다. 그리고 종2품 가선대부 내부협판에 추서하고 장충단에 배향하였다.

2) 민영환의 순국

민영환

1905년 11월 을사늑약이 맺어지자 조약의 파기를 주장하고 을사 5적을 성토하며 죽음으로 항거한 사람들이 줄을 이었다.

민영환[*]도 을사늑약에 항거하여 순국하였다. 그의 묘소는 용인 마북동에 있다. 그는 과거에 급제하여 20세에 동부승지와 성균관 대사성이 되었다. 1895년 8월에는 주미 전권공사로 임명되었다. 그러나 임명 직후 명성황후가 일본 낭인에 무참히 시해된 을미사변이 일어나 부임하지 못했다.

1896년 아관파천으로 친러 내각이 들어서자 그해 4월 특명전권공사로 임명되어 러시아 황제 니콜라이 2세 대관식에 참석하게 되었다. 민영환은 윤치호, 김득련, 김도일 등을 대동하고 러시아로 길을 떠났다.

* 민영환(閔泳煥, 1861~1905)은 서울 출생이며 호는 계정(桂庭)이며 본관은 여흥이고 민겸호의 아들이다. 임오군란으로 아버지 민겸호가 피살되었으나, 그는 개화파 관료들과 뜻을 같이 하며 관직생활을 이어 갔다. 순국 후 그의 묘소는 용인 수지 토월에 평장으로 만들어졌다가 나중에 마북동으로 옮겼다.

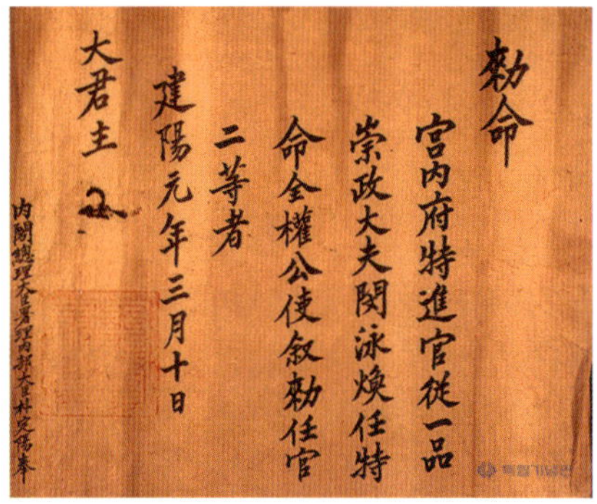

勅命
宮內府特進官從一品
崇政大夫閔泳煥任特
命全權公使敍勅任官
二等者
建陽元年三月十日
大君主
內閣總理大臣署理內部大臣朴定陽奉

민영환을 전권공사로 임명하는 칙명

러시아 니콜라이 2세 대관식 때 민영환 일행이 머물었던 숙소(러시아 모스크바)

인천에서 러시아 군함을 타고 상하이, 나가사키, 동경을 거쳐 캐나다 밴쿠버에 도착한 다음 거기서 기차편으로 북미 대륙을 횡단하여 뉴욕으로 갔다. 민영환 일행은 미국 뉴욕에 3일간 머물다가 상선을 타고 대서양을 건너 런던에 도착하였고, 유럽 대륙의 네덜란드, 독일, 폴란드를 거쳐 러시아로 들어갔다. 민영환 일행은 5월 26일 크레믈린궁에서 거행된 러시아 황제의 대관식을 참관한 뒤, 약 3개월 동안 러시아에 머물면서 선진문물과 제도 등을 견문하였다.

민영환은 러시아 방문 후 귀국한 뒤 1897년 1월 다시 영국, 독일, 러시아, 프랑스, 이탈리아, 오스트리아 등 6개국 특명 전권공사로 겸임 발령을 받았다. 같은 해 3월 1일에는 영국 빅토리아 여왕 즉위 60년 축하식에 참석하기 위해 다시 유럽으로 떠났다.

민영환은 1897년 3월 24일 서울을 출발하여 상해, 나가사키를 거쳐 마카오로 갔다. 여기서 다시 싱가포르, 인도를 거쳐 수에즈 운하를 통과하고 지중해를 건너 러시아에 도착한 것은 5월 14일이었다.

러시아에서 국서와 국왕의 친서를 러시아 황제 니콜라이 2세에게 전달하고 6월 5일 런던에 도착하였다. 빅토리아 여왕을 만나 국서와 국왕의 친서를 전달하였고, 6월 22일 열린 즉위 60주년 기념식에도 참석하였다.

민영환은 두 차례의 외유를 통하여 서구 여러 나라의 선진 문물을 보고 감명을 받고 서구의 근대식 제도를 모방하여 정치, 군사 제도 등을 개혁할 것을 주장하였다.

1898년부터 서재필, 이상재 등이 지도하는 독립협회가 본격적인 활동을 하며 자주 민권 자강 운동을 전개하였다. 민영환은 독립협회의 활

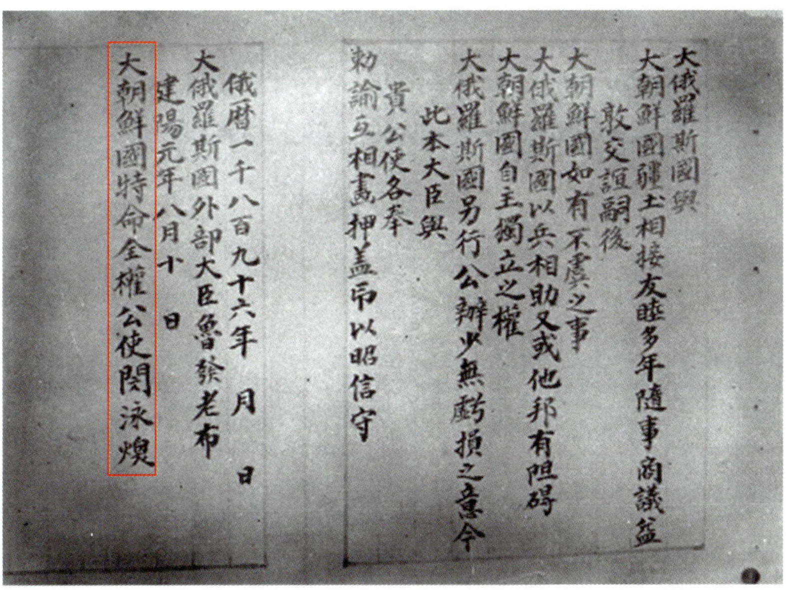
大俄羅斯國與
大朝鮮國疆土相接友睦多年隨事商議益
敦交誼嗣後
大朝鮮國如有不虞之事
大俄羅斯國以兵相助又或他邦有阻碍
大朝鮮國自主獨立之權
大俄羅斯國另行公辦必無虧損之意今
此本大臣與
貴公使各奉
勅諭互相畫押蓋印以昭信守
俄曆一千八百九十六年 月 日
大俄羅斯國外部大臣魯發老布
建陽元年八月十 日
大朝鮮國特命全權公使閔泳煥

조 · 러회담 문서

동을 적극적으로 지지하였을 뿐 아니라 국권을 지키기 위해서는 의회를 개설해야 한다고 역설하였다. 이렇듯 그는 이 시기 가장 자주적이고 진보적인 관료로서 정부의 적극적인 독립협회 후원자가 되었다.

독립협회는 1898년 10월 초부터 만민공동회를 개최하여 수구파 대신의 퇴진과 개혁파 정부의 수립을 요구하는 상소와 철야 시위를 연일 전개하였다. 그 결과 10월 12일 박정양을 수반으로 한 개혁파 내각이 수립되었고, 민영환은 군부대신 겸 내무대신에 임명되어 군사권과 경찰권을 장악하고 개혁파 정부의 실세로서 독립협회 운동을 지원하였다. 이러한 노력에 의해 정부에서는 즉각 독립협회의 의회 설립안을 받아들여 한국 역사상 최초의 의회를 개설하기로 결정하고, 11월 2일 중추원을 의회로 개편하는 의회설립법을 공포하였다.

그러나 위기를 느낀 수구파들은 독립협회가 군주제를 폐지하고 공화

관복을 착용한 민영환

군복을 착용한 민영환

정을 수립한다고 모함하였다. 이 때문에 독립협회는 해산되고 의회 설립운동이 좌절되어 민영환은 파면되고 말았다. 그러나 이후 황제의 절대적인 신임을 받고 있어 다시 참정대신, 탁지부 대신에 임명되었고, 그의 건의에 의해 설치된 원수부의 회계국장, 장례원경, 표훈원 총재, 헌병사령관을 역임하였다.

한편 일제는 1904년 2월 러・일전쟁을 도발하고 2월 23일 '한일의정서'를 강요하였으며, 8월에 한・일협약으로 본격적으로 내정을 간섭하기 시작하였다.

또한 일제는 1905년 7월 29일 미국과의 카쓰라-태프트 밀약을 맺고, 같은 해 8월 12일 영국과의 제2차 영・일동맹, 그리고 같은 해 9월 5일 러시아와의 강화조약인 포츠머스 조약 등 미국, 영국, 러시아 제국주의 국가들과 계속 조약을 맺어 대한제국에 대한 독점적 지배권을 공인받았다.

민영환은 일제의 침략으로 자주권을 빼앗기고 국제사회에서도 이를 인정하는 것에 대해 격렬하게 저항하였다. 이 때문에 일제 및 친일 각료들의 배척을 받아 외부대신, 참정대신 등 요직에 있다가 한직인 시종무관장으로 밀려나고 말았다.

1905년 11월 17일 일제는 정부 각료들을 총칼로 협박하여 '을사늑약'을 체결함으로써 대한제국의 외교권을 강탈하였다. 민영환은 전 부인의 산소를 이장하는 일로 용인 수지 토월에 내려가 있다가 늑약 소식을 듣고 바로 서울로 올라왔다.

민영환은 11월 27일 조병세와 함께 백관을 거느리고 어전에 나가 을사늑약에 서명한 이완용 등 5적을 처형하고 조약을 파기할 것을 상소

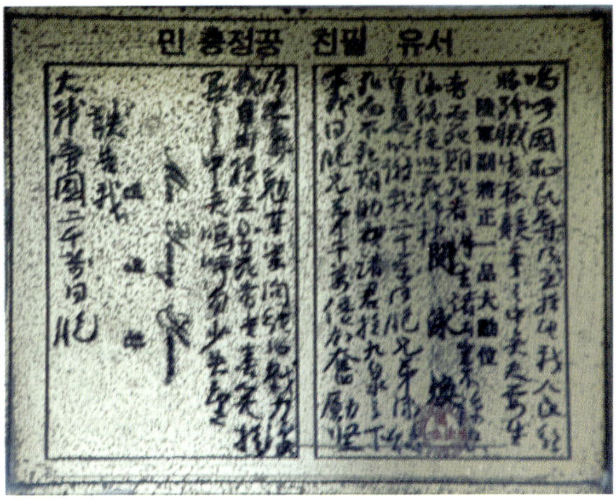

자결지 기념비에 영인되어 있는 민영환의 유서

하였다. 다음날에도 재차 상소를 올리고 대한문 밖에 엎드려 대답을 기다렸다. 그러나 일제는 일본 헌병을 출동시켜 백관들을 해산시키고 민영환과 조병세를 잡아 가두었다.

그는 평리원 감옥에 갇혀 있다가 석방되었으나 아무리 상소해도 이미 기울어진 대세를 바로잡을 길이 없음을 개탄하였다. 그는 스스로 목숨을 끊어 국민들을 깨우쳐 나라와 민족의 자유독립을 회복하는데 초석이 되겠다는 결심을 하였다. 11월 30일 오전 6시경, 의관 이완식의 집에서 45세의 한창 나이로 2천만 동포와 각국 공사에게 보내는 유서 2통을 남기고 품고 있던 단도로 목을 찔러 자결 순국하였다.

경고 대한 2천만동포 유서

오호! 나라의 치욕과 백성의 욕됨이 이에 이르렀으니 우리 인민은 장차 생존 경쟁 가운데서 진멸하리라. 대개 살기를 바라는 사람은 반드시 죽고, 죽기를 기약하는 사람은 도리어 삶을 얻나니 제공은 어찌 이것을 알지 못하는가. 단지 영환은 한번 죽음으로 황은에 보답하고 우리 2천

> 만 동포형제에게 사죄하려 하노라. 그러나 영환은 죽어도 죽지 않고 저승에서라도 제공을 기어이 도우리니 다행히 동포형제들은 천만 배 더욱 분려하여 지기志氣를 굳게 하고 학문에 힘쓰며 한 마음으로 힘을 다하여 우리의 자유 독립을 회복하면 죽어서라도 마땅히 저 세상에서 기뻐 웃으리라. 오호! 조금도 실망하지 말지어다. 대한제국 2천만 동포에게 죽음을 고하노라.

이 같은 민영환의 순국과 유서는 일제히 각 신문에 상세하게 보도되어 온 국민에게 큰 충격을 주었다. 곧이어 그를 따라 전 좌의정 조병세, 전 대사헌 송병선, 전 참판 홍만식, 학부주사 이상철 등도 자결로 순국하였다. 자결 순국은 일제 침략에 대한 강력한 투쟁 방략의 하나였다.

민영환의 순국은 국권회복을 위한 의병운동과 구국 계몽운동이 더욱 커지는 기폭제가 되었고, 죽음으로라도 조국과 민족의 독립을 지켜야

자결지의 혈죽 사진

자결지 기념비의 혈죽 모형

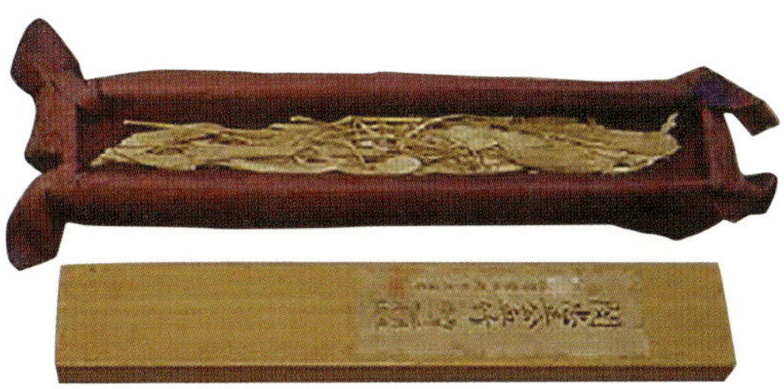

혈죽(고려대 박물관 소장)

한다는 교훈을 남겨주었다.

민영환이 순국한 후 피 묻은 옷이 보관된 마루에서 대나무가 돋아났다. 그래서 이 대나무는 혈죽 또는 절죽이라 불린다. 그가 순절할 때 나이가 45세였는데 대나무 잎도 45개였다.

조정에서는 충정공이라는 시호를 내리고 정1품 대광보국숭록대부 의정부대신으로 추증하였다. 대한민국 정부에서는 그의 공훈을 기려 1962년 건국훈장 대한민국장을 추서하였다.

3. 애국계몽운동

1) 유근의 애국계몽 운동

애국계몽운동은 을사늑약 전후 일제에 빼앗긴 국권을 회복하고자 개화지식인들이 중심이 되어 추진한 실력양성운동이라 할 수 있다. 아울러 독립협회 계열의 자강운동을 계승 발전시킨 민족운동이다. 애국계몽운동으로 펼쳐진 활동은 애국계몽단체활동, 구국교육운동, 언론활동, 국학 연구 등을 들 수 있다.

유근* 은 용인 출신으로 애국계몽 활동을 벌인 민족운동가였다. 그는 1896년 독립협회에 가입하여 사회 계몽을 위한 각종 토론회에 참여하였다. 특히 1898년 11월 만민공동회에서 간부로 활동하며 주권 수호와

* 유근(柳瑾, 1861~1921)은 용인시 처인구 마평동에서 태어났다. 본관은 전주(全州), 호는 석농(石儂)이다. 탁지부 주사로 일하다 독립협회에 가입하여 애국계몽운동을 시작했다.

大韓光武二年九月五日月曜日　陰曆戊戌七月二十日（一）

皇城新聞

論說

官報

황성신문 창간호
(1898. 9. 3)

민권 신장에 노력하다가 독립협회 해산 직후 체포되었다가 풀려났다.

1898년에는 남궁억 · 나수연 · 장지연 등과 함께 국한문 혼용의 황성신문皇城新聞을 창간하여 독립정신을 고취하며 민족계몽에 앞장섰다. 황성신문은 1898년 3월 2일 창간된 경성신문京城新聞이 제호를 바꾼 대한황성신문大韓皇城新聞을 계승한 것인데, 유근은 이때부터 주필을 맡았다. 이 신문은 1898년 9월 5일 '황성신문'으로 제호를 다시 바꾸면서 일

간으로 재창간되었는데, 유근은 계속해서 주필, 논설위원 등으로 활약하였다.

1905년 11월 일제는 을사늑약을 강제로 체결하여 대한제국의 국권을 강탈하였다. 이때 황성신문은 11월 20일, 을사늑약을 찬성한 매국대신 을사 5적과 일제 침략자들을 통렬히 비판하는 논설인 '시일야방성대곡是日也放聲大哭'을 실었다.

시일야방성대곡

지난 번 이등 후작이 내한했을 때에 어리석은 우리 인민들은 서로 말하기를, "후작은 평소 동양삼국의 정족 안녕을 주선하겠노라 자처하던 사람인지라 오늘 내한함이 필경은 우리나라의 독립을 공고히 부식케 할 방책을 권고키 위한 것이리라."하여 인천항에서 서울에 이르기까지 관민 상하가 환영하여 마지 않았다.

그러나 천하 일 가운데 예측키 어려운 일도 많도다.

천만 꿈밖에 5조약이 어찌하여 제출되었는가.

이 조약은 비단 우리 한국뿐만 아니라 동양삼국이 분열을 빚어낼 조짐인즉, 그렇다면 이등 후작의 본뜻이 어디에 있었던가?

그것은 그렇다 하더라도 우리 대황제 폐하의 성의가 강경하여 거절하기를 마다 하지 않았으니 조약이 성립되지 않은 것인 줄 이등 후작 스스로도 잘 알았을 것이다. 그러나 슬프도다.

저 개돼지만도 못한 소위 우리 정부의 대신이란 자들은 자기 일신의 영달과 이익이나 바라면서 위협에 겁먹어 머뭇대거나 벌벌 떨며 나라를 팔아먹는 도적이 되기를 감수했던 것이다.

아, 4천년의 강토와 5백년의 사직을 남에게 들어 바치고 2천만 생령들

(二) (第三種郵便物認可) 大韓光武九年十一月二十日 月曜 陰曆乙巳十月二十四日 癸亥

論說

是日也放聲大哭

◎曩日伊藤侯가韓國에來홈의愚我人民이逐逐相謂曰侯ᄂᆞᆫ平日東洋三國의鼎足安寧을自擔周旋ᄒᆞ던人이라今日來韓홈이必也我國獨立을鞏固히扶植홀方略을勸告ᄒᆞ리라ᄒᆞ야自港至京에官民上下가歡迎홈을不勝ᄒᆞ얏더니天下事가難測者ㅣ多ᄒᆞ도다 千萬夢外에 五條件이何로自ᄒᆞ야提出ᄒᆞ얏ᄂᆞᆫ고此條件은非但我韓이라東洋三國의分裂ᄒᆞᄂᆞᆫ兆漸을釀出홈인즉伊藤侯의原初主意가何에在ᄒᆞᆫ고雖然이나我大皇帝陛下의强硬ᄒᆞ신 聖意로拒絶홈을不已ᄒᆞ셧스니該約의不成立홈은想像컨ᄃᆡ伊藤侯의自知自破홀바어ᄂᆞᆯ噫彼豚犬不若ᄒᆞᆫ所謂我政府大臣者가榮利를希覬ᄒᆞ고假嚇를恇刦ᄒᆞ야逡巡然觳觫然賣國의賊을甘作ᄒᆞ야四千年疆土와五百年 宗社를他人에게奉獻ᄒᆞ고二千萬生靈으로他人의奴隸를敺作ᄒᆞ니彼等豚犬不若ᄒᆞᆫ外大朴齊純及各大臣은足히深責홀것이無ᄒᆞ거니와名爲參政大臣者ᄂᆞᆫ政府의首揆라但以否字로塞責ᄒᆞ야要名의資를圖ᄒᆞ얏던가 金淸陰의裂書哭도不能ᄒᆞ고鄭桐溪의刃劃腹도不能ᄒᆞ고偃然生存ᄒᆞ야世上에更立ᄒᆞ니何面目으로强硬ᄒᆞ신皇上陛下를更對ᄒᆞ며何面目으로二千萬同胞를更對ᄒᆞ리오嗚呼痛矣며嗚呼憤矣라 我二千萬爲人奴隸之同胞여生乎아死乎아檀箕以來四千年國民精神이一夜之間에猝然滅亡而止乎아痛哉痛哉라同胞아同胞아

雜報

◎五件條約請締顚末

本月十日下午七時에日本大使伊藤博文氏가京釜鐵道列車로搭乘入城ᄒᆞ야直時賓館(孫擇孃邸)으로入處ᄒᆞ얏ᄂᆞᆫᄃᆡ翌日上午十二時에皇上陛下ᄭᅴ 陛見ᄒᆞ고日皇陛下의親書를奉呈ᄒᆞ얏ᄂᆞᆫᄃᆡ其親書의槪意ᄂᆞᆫ如左하다하니

朕이東洋의平和를維持ᄒᆞ기爲하야大使를特派하노니大使의指揮를一從ᄒᆞ야措處하소셔ᄒᆞ고又曰國防의防禦ᄂᆞᆫ朕이鞏固케홀지오皇室의安寧도朕이保證ᄒᆞᆫ다ᄂᆞᆫ意味로하얏다더라

十四日에伊藤氏가仁港으로下往하얏다가翌十五日에歸來ᄒᆞ야下午三時에日館書記官國分象太郞과帝室審査局長朴鏞和氏로共히 陛見ᄒᆞ서伊藤氏가三大條件을提出하야上奏要請홈이如左ᄒᆞ다하니

一은外部를廢止ᄒᆞ고外交部를日本東京에

시일야방성대곡(황성신문 1905. 11. 20)

로 하여금 남의 노예되게 하였으니, 저 개돼지보다 못한 외무대신 박제순과 각 대신들이야 깊이 꾸짖을 것도 없다하지만 명색이 참정대신이란 자는 정부의 수석임에도 단지 부否자로써 책임을 면하여 이름거리나 장만하려 했더란 말이냐.

김청음*처럼 통곡하며 문서를 찢지도 못했고, 정동계**처럼 배를 가르지도 못해 그저 살아남고자 했으니 그 무슨 면목으로 강경하신 황제 폐하를 뵈올 것이며 그 무슨 면목으로 2천만 동포와 얼굴을 맞댈 것인가.

아! 원통한지고, 아! 분한지고. 우리 2천만 동포여,

노예된 동포여! 살았는가, 죽었는가?

---

* 김청음(金淸陰)은 병자호란 때 청나라와의 화친을 반대하며 심양으로 끌려간 김상헌(金尙憲, 1570~1652)을 말한다. 청음은 그의 호이다.

** 정동계(鄭桐溪)는 병자호란 때 청나라와의 화의를 반대하였고, 인조가 항복하자 자결을 꾀하였으나 목숨을 건져 덕유산에 들어가 칩거한 정온(鄭蘊, 1569~1641)을 말한다. 동계는 그의 호이다.

단군기자 이래 4천년 국민정신이 하룻밤 사이에 홀연 망하고 말 것인가. 원통하고 원통하다. 동포여! 동포여!

이 논설을 먼저 작성했던 장지연은 너무 격분한 나머지 끝을 맺지 못하였다고 한다. 이때 유근이 그 후반부를 끝내고 밤새껏 인쇄하여 배포하여 한국 언론사에서 가장 빛나는 논설이 탄생할 수 있었다. 그러나 장지연은 이 논설이 문제가 되어 일제에 체포되었고 황성신문은 무기한 정간을 당하고 말았다.

유근은 황성신문이 정간되어 잠시 언론계를 떠나 휘문의숙의 숙감과 숙장 등을 맡으며 교육 계몽운동을 펼쳤다. 그 후 정간이 풀려 황성신문으로 다시 돌아와 1907년 9월 17일 제5대 사장으로 추대되었다. 이후 경술국치로 폐간되기 직전인 1910년 6월 11일까지 약 3년간 황성신문 사장으로 재임하면서 언론을 통한 민족의식 고취와 독립정신 함양에 모든 노력을 쏟았다.

유근은 국가 존망의 위기 상황에서 청년 학생들을 비롯한 민족대중의 역사의식을 정립하고, 민족의식을 고취하기 위해 국사 편찬에도 힘썼다. 먼저 1906년 원영의와 함께 쓴 『신정동국역사新訂東國歷史』를 편찬하였다. 이 책은 "조선이라 함은 국國이 동방에 재在하야 조일朝日이 선명鮮明함을 취함이라"로 시작되는데, 국한문본으로 단군부터 고려까지 편년체로 엮어 당시 휘문의숙을 비롯한 여러 사립 학교의 역사 교과서로 활용되었다.

이와 함께 어린 학생들의 주체적 역사의식과 민족 의식을 기르기 위해 1908년에 『초등본국역사』를 펴냈으며, 이를 보완하여 1910년에 『신

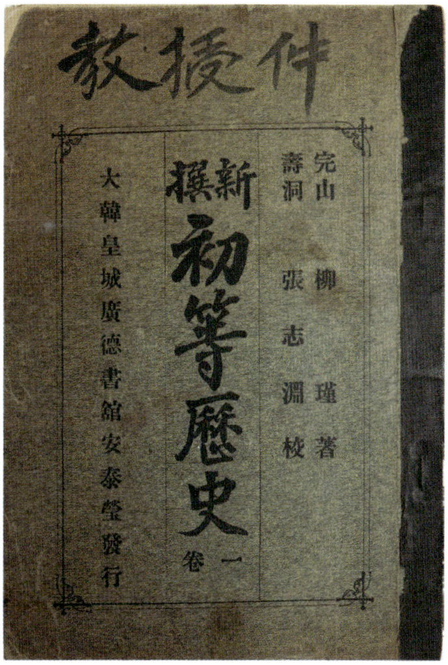

『신찬 초등역사』

『신정 동국역사』

찬초등역사』를 편찬하였다.

또한 유근은 이 시기 계몽운동단체에 참여하여 국권회복을 위한 민족 실력양성 운동을 전개하였다. 그는 을사늑약 강제 체결 직후 해산되었던 헌정연구회의 주도세력들이 1906년 4월 결성한 계몽운동 단체인 대한자강회에 가입하여 활동하였다. 대한자강회는 1907년 8월 일제에 의해 강제로 해산되었지만, 그 해 11월에 권동진, 남궁억, 장지연 등과 함께 대한협회를 결성하여 계몽활동을 계속하였다. 또 비밀결사인 신민회에도 가입하여 다양한 방법으로 국권회복 운동을 전개해 나갔다.

2) 여준의 민족 교육운동

서전서숙

한말 우리 민족의 애국계몽운동은 학교를 세우고 교육 활동을 통해 민족의 실력을 길러 국권을 회복하기 위한 방향으로 전개되었다. 특히 을사늑약을 계기로 민족교육이 더욱 강조되면서 전국적으로 수많은 사립학교가 세워졌다.

여준*은 이상설, 이회영 등과 더불어 민족교육을 통해 구국운동을 펼쳐 국권회복을 위해 노력하였다.

러·일전쟁이 일어나자 일제는 대한제국의 국권 침탈과 함께 땅을 빼앗기 위해 황무지 개척권의 양여를 요구하였다. 이때 여준은 보안회와 대한협동회에 가담하여 황무지 개척권 양여 반대 운동을 벌여나갔다.

여준은 이상설과 이회영 등 여러 민족 운동가들이 참여한 상동청년회를 통해 을사늑약 반대 운동을 전개했다. 그러나 이들은 일제의 탄압으로 목표로 했던 민중의 호응을 이끌어 내지 못했다고 판단하여 새로운 민족운동의 필요성을 절감하였다.

이상설, 여준, 이회영, 이동녕 등은 국권 회복을 위해 학교를 설립하여 민족의식을 고취시켜야 한다는 데 뜻을 모았다. 이들은 일제의 탄압이 심한 국내에서는 민족교육을 실시하기가 어렵다고 보고 해외로 망명하여 학교를 세우기로 했다.

---

* 여준(呂準, 1892~1932)은 용인 원삼면 죽릉리 능골 출신으로 본명은 여조현이고 호는 시당이다. 그는 이상설, 이회영 등과 함께 신학문을 공부하며 기울어가는 나라를 다시 세울 방도를 논의하였다.

서전서숙 개교 당시 모습

1906년 6월 이상설, 이동녕 등은 조국을 떠나 블라디보스톡으로 향했다. 이곳에서 황달영, 정순만 등을 만나 북간도로 가서 한인이 많이 거주하는 연길현 용정촌에 들어가 자리를 잡았다. 이들은 일본 관헌의 검문을 피하기 위하여 가명을 사용하기로 하고, 이상설은 이당, 이동녕은 이량, 여조현은 여준, 정순만은 왕창동으로 이름을 바꿨다. 이들은 용정에 도착하자마자 곧바로 학교로 쓸 건물을 사서 1906년 10월 서전서숙을 개교하였다. '서전瑞甸'은 이 학교가 세워진 지역의 지명이었다.

서전서숙은 처음 부근에 사는 한국인 청소년 22명을 모아 고등반인 갑반과 초등반인 을반으로 나누어 가르쳤다. 다음 해에는 학생수가 100명에 이를 정도로 늘어나 갑반, 을반, 병반으로 나누어 교육하였다. 이상설은 『산술신서』를 직접 지어 갑반의 산술을 가르쳤으며, 황달영은 역사와 지리, 김우용은 산술, 여준은 한문, 정치학, 법학 등의 과목

용정실험소학교 내 서전서숙 표석(중국 지린성 용정시)

을 담당하여 가르쳤다.

1907년 4월 서전서숙의 숙장인 이상설이 황제의 헤이그 특사로 임명되어 이동녕, 정순만 등과 함께 블라디보스톡으로 가면서 학교를 떠났다. 이에 따라 서전서숙의 숙장을 여준이 맡아 학교 운영을 전담하였다.

그런데 이상설이 헤이그 특사로 가면서 여비를 학교비에서 보탰기 때문에 학교 재정 상태는 더욱 곤란해졌다. 게다가 통감부가 설치한 간도파출소의 감시도 심해지고, 친일단체인 일진회의 방해도 겹쳐 정상적 학교 운영이 힘들게 되었다.

결국 숙장인 여준은 1907년 10월 경 서전서숙을 폐교할 수밖에 없었고, 교사와 학생들은 다른 곳으로 옮겨 교육 활동을 이어갔다. 폐교된 후에는 학교 시설을 간도파출소가 인수하고, 이름도 간도보통학교로 바

용정실험소학교 개교 100주년 기념행사(2006. 10)

꾸어 친일 학교로 만들었다. 이 학교는 이후에도 없어지지 않고 지금까지 명맥을 이어와 현재는 용정실험소학교로 불리고 있다.

서전서숙은 비록 1년 정도의 짧은 기간 동안 학교교육이 이루어졌지만, 이후 용정을 비롯한 간도 지역에서 민족교육의 선구가 되었다.

오산학교

1907년 일제는 헤이그 특사를 빌미로 고종을 강제 퇴위시키고 대한제국의 군대마저 해산시켰다. 또 각 부에 일본인 차관을 임명할 수 있게 하여 실권을 다 빼앗긴 대한제국은 나라 이름만으로 유지하는 신세가 되었다.

이 때 일제의 탄압은 날로 심해져 합법적인 민족운동도 어려워져서 신민회 같은 비밀결사 조직 형태로 국권회복운동에 나설 수밖에 없었

여준의 필체

오산학교 1회 졸업식

다. 신민회는 특히 민족자본을 육성하고 학교를 설립하여 민족의 실력을 양성하기 위해 노력하였다.

1907년 10월 서전서숙이 폐교되어 귀국한 여준은 상동청년회와 서북지방 기독교도가 주축이 되어 창립된 비밀결사인 신민회에서 활동하고 있었다. 신민회의 평안북도 총감이었던 이승훈은 민족교육에 관심을 갖고 강명의숙을 세워 학생을 모아 교육하고 있었다.

이승훈은 1907년 12월 정주에 중등학교인 오산학교를 개교하고 교사로 여준과 서진순을 초빙하였다. 특히 여준은 학교 교무를 전담하며 역사, 지리, 산술, 법학 등 다양한 과목을 가르칠 정도로 동서양 학문 모두에 정통하여 학생들의 존경을 받았다.

1909년 안중근이 이토오 히로부미伊藤博文를 하얼빈에서 사살하였을 때 여준은 전교생을 모아놓고 스스로 힘을 길러 일본 세력을 물리쳐야 한다는 취지로 연설하였다.

> 우리의 원수 이토오伊藤가 죽었다고 우리가 안심할 수는 없다. 이토오 대신 또 나올 놈이 얼마든지 있을 것이다. 우리는 안중근의 뒤를 이어 제2, 제3의 이토오를 몰아내지 않으면 안된다. 이토오가 우리나라를 빼앗으려 했던 증거로 말하면, 러·일전쟁이 끝난 다음에 배상금을 받지 못하였다고 동경 시민들이 소동을 일으켰을 때에 이토오는 정부를 대표하여 나서서 "우리가 배상을 못 받았지만 더 큰 것을 받지 않았는가? 한국을 마음대로 지배할 수 있게 되었고 한국 영토를 우리 일본 제국의 영토 안에 반드시 집어넣고야 말 것이니 여러분은 안심하고 돌아가라"는 연설을 하지 않았는가. 이토오가 무엇으로 한국을 위한다는 말인가? 그 자가 우리나라에 와 5조약, 7조약을 맺은 것은 모두 우리나라를 자기의 수중에 넣고자 하는 행동이었다. 그 자는 우리 몰래 슬며시 집어넣자는 계획이었다. 다시 말하면 구렁이 달걀을 훔쳐 먹듯이 남모르게 먹어버리겠다는 심사로 무슨 동양삼국이니 이웃나라끼리 도와야 한다는 등의 거짓말을 만들어 우리 국민을 속이려는 것이다. 우리는 깨어야 한다. 일어나야 한다. 속지 말고 우리나라, 우리 민족을 위하야 계속 매진하자.

여준은 1910년 7월 오산학교의 제1회 졸업식에서 연설을 통해 구국운동에 나설 것을 당부하였다.

나는 내가 생각한 바를 다 가르쳐 보내지 못하는 것이 큰 한이다. 그러나 배운 것만이라도 그대로 실행하여라. 천만 가지 재주를 배웠더라도 실행이 없으면 아무 소용이 없는 것이다. 여러분이 4년 동안에 나라를 사랑하라, 민족을 구하여라 하는 말은 남강 선생 이하 여러 사람이 귀가 아프도록 말하였는데, 그것만 실행하여 준다면 아무 근심이 없노라.

이승훈이 오산학교를 설립하였을 때 그 목적 중 하나가 교사를 양성하자는 것이었다. 따라서 여준이 1911년 오산학교를 그만두고 서간도로 망명할 때까지 가르쳤던 졸업생 가운데 민족교육 운동이나 독립투쟁에 뛰어든 경우가 많았다.

삼악학교

1907년 이후 전국에 민족의식을 가진 지식인들에 의해 사립학교 설립이 급증한 것은 신민회의 역할이 컸기 때문이다. 여준도 오산학교에 있으면서 신민회에 의해 상동청년학원에 파견되어 교육활동을 펼치기도 하였다.

여준은 이에 그치지 않고 1908년 자신의 고향인 원삼면 죽릉리에 이 마을에 사는 오태선, 오용근 등과 함께 삼악학교를 설립하였다. 이 학교 교사는 같은 마을에 사는 오항선의 집을 기부 받아 사용하였다.

여준은 학교 설립을 주도하였지만 실제 운영은 오태선과 오용근에 맡겼다. 나중에 오산학교 졸업생인 김도태와 김공집을 이 학교에 교사로 보내 학생들을 가르치게 했다. 이 두 사람은 삼악학교에서 근무하다가 나중에 서간도의 신흥무관학교로 옮겨갔다가 독립운동에 투신하였다.

삼악학교 터(용인 원삼면 죽릉리)

또한 오광선은 삼악학교를 졸업하고 서울로 올라가 상동청년학원에 진학하였다. 그 후 서간도로 망명하여 신흥무관학교를 마치고 독립군이 되어 항일 무장투쟁을 벌였다.

삼악학교는 여준이 서간도로 망명하고, 일제의 민족교육에 대한 탄압이 심해지면서 김도태와 김공집마저 학교를 떠나 신흥무관학교로 옮겨가며 폐교된 것으로 보인다.

3) 명륜학교의 민족교육 운동

명륜학교는 맹보순*이 1906년 용인향교에 세운 학교였다.

* 맹보순(孟輔淳, 1862~1932)은 충북 진천 출신이며 호는 동전(東田)이다. 한말 유학자 임헌회의 학맥으로 간재 전우와 야우 서정순의 제자가 되었다. 1894년 용인 기흥구 상갈동 금화에 생질인 김학조의 도움으로 학당을 열었으며, 이곳의 학생이 넘치자 1906년 용인향교로 옮겨 명륜학교를 개설하였다.

맹보순

명륜학교의 교육 상황은 1907년 음력 2월 1일부터 동년 7월 2일까지 만 5개월 2일 동안 이 학교 학생인 이용건李鎔建이 쓴 『명륜학교일기明倫學校日記』에 잘 나타나 있다. 이 학교 교장은 모현면 능곡 출신으로 한말에 학부대신을 지낸 이도재였으며 실제 학생을 가르치며 교육 활동을 한 교사는 맹보순이었다. 한편 이 학교 재정의 상당 부분은 맹보순의 생질인 김학조가 부담하였고, 3·1운동 당시 독립운동에 참가한 어대선도 강학 활동을 통해 교육에 참여하였다.

명륜학교의 학생들은 1907년 국채보상운동에 의연금을 납부하였으며

명륜학교가 있었던 용인향교(기흥구 언남동)

애국과 충효정신이 담긴 창가를 지어 보급하여 민족의식을 일깨웠다.

1908년 용인군수가 학생들에게 단발을 강요하자 맹보순은 명륜학교 학생들을 이끌고 수원향교로 명륜학교를 옮겼다. 이후 이 학교는 용인 군수에 의해 용인보통학교로 다시 개교하여 현재는 신갈초등학교로 이어지고 있다.

명륜학교 출신인 이영선은 국권피탈 후 스승인 맹보순과 함께 만주의 성신태를 통해 독립운동에 참여하였다. 만주의 무장 독립운동의 지도자인 김혁도 이 학교와 관련을 맺었다.

4) 홍재설의 동우회 활동

일제는 1907년 헤이그 특사 파견을 빌미로 고종을 강제로 퇴위시키고 정미7조약을 통해 각 부에 일본인 관료를 임용하여 한국에 대한 침략을 강화시켰다. 이어서 군대마저 해산시켜 대한제국은 일제에 의해 식민지와 다름없는 상태가 되었다.

일제에 의한 고종의 강제 퇴위와 군대 해산은 한민족의 분노를 일으켜 강력한 항일 의병전쟁의 계기가 되었다. 이와 함께 각종 단체를 결성하여 민중의 각성을 촉구하며 일제 침략정책에 항거하는 활동을 벌이기도 하였다,

이때 대한제국의 선전관으로 있었던 홍재설*은 관직을 그만두고 동

* 홍재설(洪在卨, 1873 ~1939)은 남양주 독정에서 태어났다. 동우회 사건으로 체포되어 유배를 갔다가 돌아와서 용인 포곡읍 금어리에 거주하였다. 1919년 3월 29일에는 두 아들 종욱과 종엽이 포곡 만세운동을 이끌었다. 2019년 8월 15일, 건국훈장 애족장이 추서되었다.

우회에 가입하여 활동하였다. 동우회는 1907년 6월 서울에서 창립되었으며, 처음 회장에는 이윤용, 부회장에는 윤이병 · 이범규 등이 취임하였다. 그 후 회장 이윤용과 이범규가 물러나고 윤이병이 회장으로, 김재풍이 부회장으로 취임하였으며, 홍재설은 회원 관리를 담당하는 인사과장을 맡았다. 이들은 조직을 새로 갖추고 회의 취지를 '황실존중 · 청년교육 · 동양평화'라고 표방하였다. 이때 회원은 수천 명이나 되었다.

1907년 7월 헤이그 특사로 일제가 친일 대신을 사주하여 고종을 양위시키고 일본으로 납치해간다는 소문이 돌았다. 이때 대한자강회와

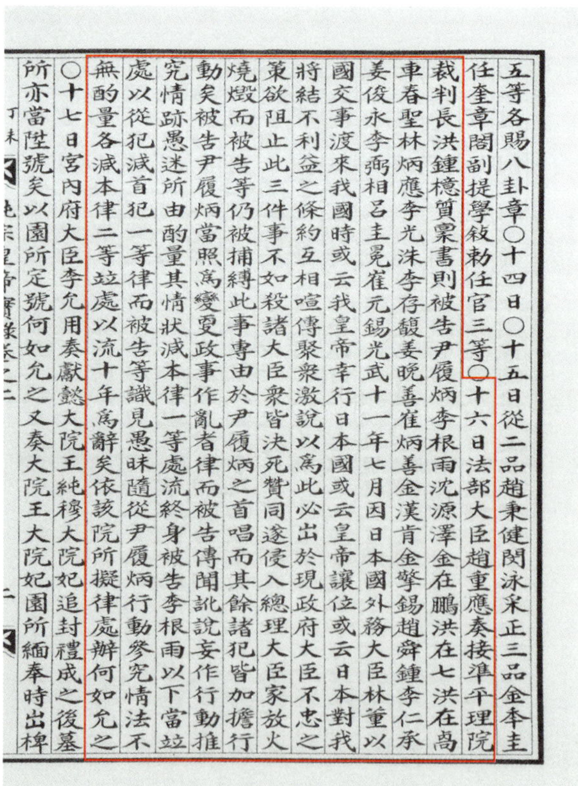
五等各賜八卦章○十四日○十五日從二品趙秉健閔泳采正三品金李圭
任奎章閣副提學敍勅任官三等○十六日法部大臣趙重應奏接準平理院
裁判長洪鍾檍質稟書則被告尹履炳李根雨沈源澤金在鵬洪在七洪在禹
車春聖林炳應李光洙李存馥姜晩善崔炳善金漢肯金擊錫趙舜鍾李仁承
姜俊永李弼相呂圭冕崔元錫光武十一年七月因日本國外務大臣林董以
國交事渡來我國時或云我皇帝幸行日本國或云皇帝讓位或云日本對我
將結不利益之條約互相喧傳聚衆激說以爲此必出於現政府大臣不忠之
策欲阻止此三件事不如殺諸大臣衆皆決死贊同遂侵入總理大臣家放火
燒燬而被告等仍被捕縛此事專由於尹履炳之首唱而其餘諸犯皆加擔行
動矣被告尹履炳當照爲變更政事作亂者律而被告傳聞訛說妄作行動推
究情跡愚迷所由酌量其情狀減本律一等處流終身被告李根雨以下當竝
處以從犯減首犯一等律而被告等識見愚昧隨從尹履炳行動參究情法不
無酌量各減本律二等竝處以流十年爲辭矣依該院所擬律處辦何如允之
○十七日宮內府大臣李允用奏獻懿大院王純穆大院妃追封禮成之後墓
所亦當陞號矣以園所定號何如允之又奏大院王大院妃園所緬奉時出棹
丁未 純宗皇帝實錄卷之二 二

동우회 관련 『순종실록』 기록

동우회 등 각 애국 계몽단체가 나서서 양위 반대와 고종 납치를 저지하기 위한 행동에 나섰다.

동우회는 종로에서 만민공동회를 열고 고종을 일본으로 데려간다면 철로에 누워 죽을 각오로 막자고 주장하였다. 이들은 일진회 기관지 국민신문사를 습격하여 가옥과 기계를 파괴하였으며, 일진회원과 그 가옥을 공격하여 매국행위를 규탄하였다. 동우회원은 다시 석고단에 모여 일제의 고종 납치를 저지하자는 선언서를 발표하고 이완용의 집으로 몰려가 집을 태워버렸다. 또 경찰분서를 파괴하고 군부대신 이병무의 집으로 가려다 일본 경찰의 무차별 사격으로 해산하였다.

이 일로 동우회원들이 체포되어 윤이병은 종신 유배형, 이근우 · 홍재칠 · 이광수 · 심원택 · 여규면 · 김재봉 · 홍재설 · 차춘성 등은 10년 유배형을 받았다.

4. 국채보상운동의 전개

대한제국이 일본에 진 국채를 갚자는 국채보상운동은 1907년 2월 대구에서 조직적 운동으로 시작되어 전국으로 확산되었다. 특히 언론기관과 애국계몽 단체가 중심이 되어 거족적인 모금 활동을 벌였다. 국채보상운동은 경제적 구국운동을 넘어 거족적인 반일운동으로 확대되었다.

용인 지역에서 가장 먼저 국채보상운동을 전개한 사람들은 맹보순이 설립한 명륜학교의 학생들이었다. 이용건의 『명륜학교일기』에 따르면

1907년 2월 11일에 나라에서 채무 보상의 일로 통보가 와서 재학생 모두 각각 의연금을 내기로 하면서 국채보상운동이 시작되었다.

모든 학생들이 각자 담당하는 구역을 맡아 통첩을 지참하고 군 내를

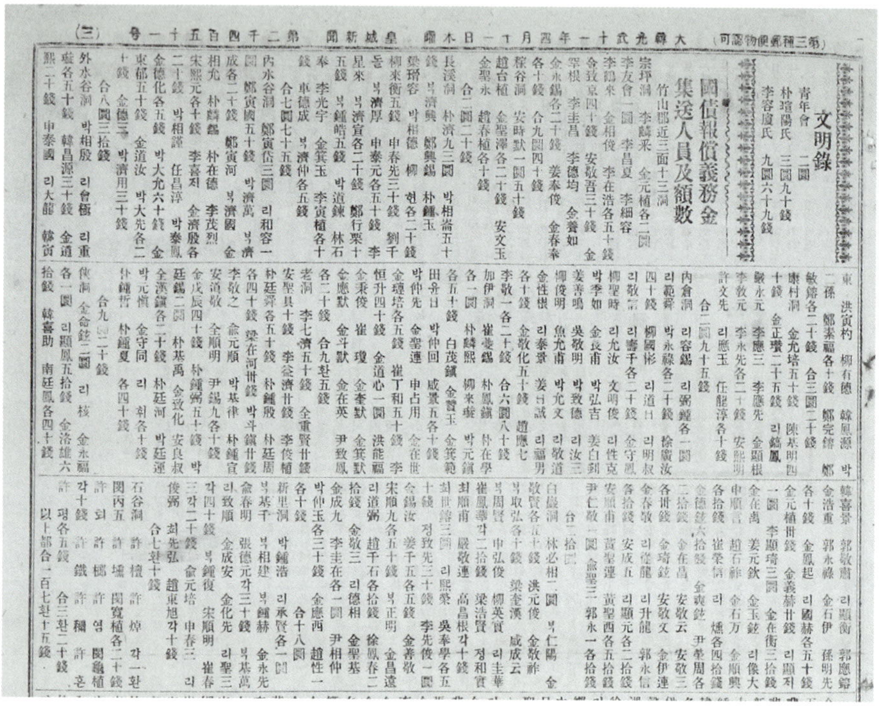

文明錄

國債報償義務金集送人員及額數

竹山郡近三面十三洞

죽산군 근삼면(현 백암면) 13동 국채보상 모금액(황성신문 1907.4.11)

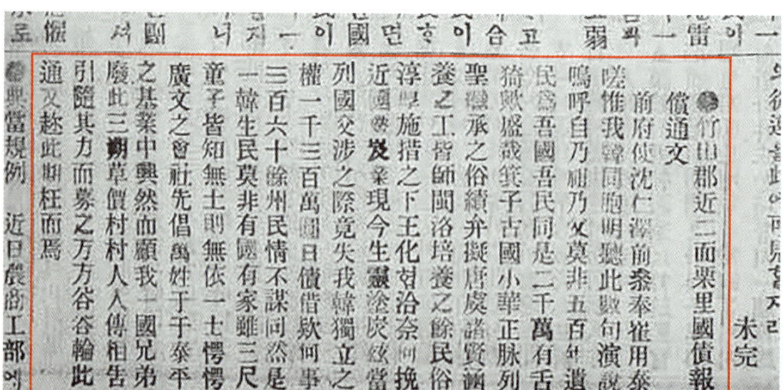

竹山郡近二面栗里國債報償通文

前府使沈仁澤 前叅奉崔用泰

嗟惟我韓同胞明聽此數句演說 嗚呼自乃祖乃父莫非五百年遺民爲吾國吾民同是二千萬有舌 猗歟盛哉箕子古國小華正脉列聖繼承之俗續弁擬唐虞諸賢涵養之工皆師閩洛培養之餘民俗淳厚施措之下王化洽奈何挽近國勢衰現今生靈塗炭玆當列國交涉之際竟失我韓獨立之權一千三百萬圜日債借款何事三百六十餘州民情不謀同然是一韓生民莫非有國有家雖三尺童子皆知無土則無依一切愕愕廣文之會社先倡爲姓于于黍平之基業中興然而願我一國兄弟廢此三朔草價村村人人傳相告引隨其力而募之方方谷谷輸此通又趁此期枉而焉

죽산군 근이면 율리(현 백암면 용천리) 국채보상 통문(대한매일신보 1907.05.24)

다니며 군민을 상대로 홍보와 모금도 하였다. 이용건은 2월 12일에 같은 학교 학생인 송시순과 함께 학교 통문을 갖고 현재 보정동인 이현 독정리 이의관, 죽전 김봉필과 그의 선생인 주사의 박상익, 현암의 최영보 등으로부터 10전에서 많게는 1원 정도 출연금을 기부 받았다.

2월 13일에는 광주 방면인 동막골 오위장 남창원과 월촌 윤생원 또 태정리 안종우 등에게서 10전을 모금했다. 또 현재 고기동과 신봉동, 그리고 성복동에서 수십 전을 모금했다. 모금은 기부자가 직접 학교에 와서 납부하는 경우도 있었다. 2월 17일에 현암 거주 최영보는 35냥을 가지고 학교에 와서 납부하였으며, 2월 21일에는 포곡 유운리의 소운동 사숙의 학도 박승연이 학도들에게 거출한 의연금 105냥을 학교에 납부하였다. 2월 23일에는 현재 동백동인 동변의 백현서숙에서 의연금 30냥을 학교에 납부하였다.

용인 지역에서 4월 이후 전개된 국채보상운동은, 황성신문과 대한매일신보에 따르면 8월에 이르기까지 전개되었다고 한다.

용인지역 국채보상운동 모금 현황

(황성신문 · 대한매일신보)

<table>
<tr><th>신문명</th><th>월,일</th><th>지 역 명</th><th>마을명</th><th>인원</th><th>금 액</th><th>현재 지명</th></tr>
<tr><td rowspan="9">황성
신문</td><td>4. 8</td><td>용인군 수진면</td><td>손기동</td><td>12</td><td>당오 450량</td><td>고기동</td></tr>
<tr><td rowspan="8">4.11</td><td rowspan="8">죽산군 근삼면</td><td>종평동</td><td>17</td><td>9원 40전</td><td rowspan="8">백암면</td></tr>
<tr><td>가곡동</td><td>6</td><td>2원 20전</td></tr>
<tr><td>장계</td><td>24</td><td>7원 75전</td></tr>
<tr><td>내수곡</td><td>24</td><td>8원 30전</td></tr>
<tr><td>외수곡</td><td>14</td><td>3원 20전</td></tr>
<tr><td>강촌동</td><td>14</td><td>2원 95전</td></tr>
<tr><td>내창동</td><td>33</td><td>6원 80전</td></tr>
<tr><td>가이동</td><td>30</td><td>9원 5전</td></tr>
</table>

신문명	월,일	지 역 명	마을명	인원	금 액	현재 지명
황성신문	4.11	죽산군 근삼면	노동	31	9원 20전	백암면
			협동	56	20원	
			백암동	40	18원	
			신리동	22	7원 10전	
			석곡동	13	3원 20전	
			계		107원 15전	
	4.15	용인군 수진면	평동	59	12원	동천동
			동막동	주민	9원 30전	
	4.18	용인군 읍내면		부인 14	9원 10전	언남동, 마북동
	4.23	용인군 남촌면	신리	32	10원 70전	남사면
		죽산군 근일면	상산리	25	13원 10전	백암면
	4.25	용인군 남촌면	전궁동	53	新貨 3원 50전 舊貨 46元	남사면
	5.11	용인군 포곡면	당곡	8	2원	포곡읍
	5.11	양지군 주서면	반정	23	6원 70전	양지면
			신평	18	3원 45전	마평동
			마남리	23	3원 50전	
			정문	18	3원 30전	양지면
			해곡리	30	3원 60전	해곡동
			마북리	16	3원 35전	마평동
			광곡	26	4원 80전	운학동
			어득운리	34	6원 90전	
			계		35원 64전	
	5.13	양지군 주서면	송동	39	當五 585兩	양지면
	5.23	용인군 동변면	백현	36	當五 327兩	동백동
	5.25	죽산군 원일면	좌찬	37	舊貨 29元 40전 新貨 14원 70전	원삼면
			미평	5	舊貨 2元 80전 新貨 1원 40전	
			항곡동	36	11원 10전	
			계		27원 20전	
	6.22	용인군 하동면	모산동	43	31원	이동읍
	7. 1	용인군 수진면	상동신리	30	13원 60전	신봉동

신문명	월,일	지 역 명	마을명	인원	금 액	현재 지명
대한 매일 신보	4.16	용인군 수여면	북동	48	19원 45전	역북동
				신점	5원 50전	
			서동	41	9원	
			역동	36	8원 40전	
			예직리	33	10원 80전	운학동
			동진리	27	5원 39전 5리	남동
			임원리	주민	6원	고림동
			해곡	17	4원	호동
			길업	20	4원 50전	
			호동	주민	6원 30전	
			대촌리	주민	14원	남동
			기타		8원 90전	
			계		97원 81전 5리	
	4.18	용인동아개진교육회		126	13원 6전	
	4.25	죽산군 근이면	율리	15	60원 60전	백암면
	5.12	양지군 주동면	공서동	아녀자 3	50전	양지면
			추계리	고용인 4	40전	
	5.14	죽산군 원일면	용암리	빈민 1	3원 78전	원삼면
	5.24		맹리	5	25원	
			행군리	27	4원 90전	
			순당리	25	9원 20전	
			계		39원 10전	
	7. 9	양지군 박곡면	청계	미상	18원 2전 5리	백암면
	7.27	죽산군 원일면	미평	27	6원 20전	원삼면
	8. 1	용인군 상동면	서동	76	22원 6전	이동읍
	8. 3	용인군 수여면	김량장	상인 48	10원	김량장동
총 계			1,530명 이상		신화 532원 77전 구화 67원 50전 당오 1,462량	

용인지역의 국채보상운동은 주로 마을 단위로 납부가 되었는데, 이 마을들은 대개 용인을 관통하는 영남대로 주변에 있었다. 모금은 마을 내에서는 동족 문중이 공동으로 납부하였고, 전직 관리나 마을의 지식

인층, 또는 학교나 서당의 학동들이 주도하기도 하였다.

죽산군 근이면 율리에서는 전직 부사와 참봉이 국채보상운동 취지서를 만들어 배포하였다. 그들은 우리나라가 일본에 진 국채 1,300만 원으로 인해 우리의 자주권을 상실하게 되었기 때문에, 광문회에서 제기한 대로 국민 모두가 3개월 동안 담배를 끊고 그 돈을 모아 국채를 갚고, 또 이와 같은 사실을 모든 사람에게 알릴 것을 부탁하였다.

국채보상운동에 참여하여 성금을 납부한 사람이 근대학교 설립에 참여하는 경우도 있었다. 양지군 주서면 반정에서 국채보상운동에 참여한 유벽과 유장근은 추양학교 설립에 참여하였으며, 원일면 항곡동에서 모금에 참여한 이필은 명신학교 설립을 주도하였다.

국채보상운동에는 남녀노소가 따로 없이 참여하였는데, 특히 양지군 공서동과 용인군 읍내면에서는 부녀자와 어린이들의 참여가 눈에 띈다. 또 고용인과 빈민 및 상인의 참여도 있었다. 특히 수여면 김량장은 도로가 교차하면서 교통이 발달하여 상업이 번성한 곳이기 때문에 상인들과 동아개진교육회에서 많이 참여하였다.

용인지역의 국채보상운동은 빈부귀천과 남녀노소를 불문하고 1,530명이 넘는 인원이 참여했고, 700원이 훨씬 넘는 액수를 모금하였다.

1910년대 국내외 독립운동

제2장

1. 국내 독립운동

1) 김석진의 순국

1910년 8월, 한국은 일제의 식민지로 전락하였다. 일제는 헌병과 경찰을 앞세워 무단통치를 실시하고 작위와 은사금을 주며 회유정책을 펼치는 등 강온 양면전략으로 한국민을 통치하려 하였다. 국가 멸망 소식에 몸서리치며 어찌할 바를 모르던 한국민은 다양하게 항일운동을 벌였다. 이 가운데 국가의 멸망이 분통한 일이며 외세의 통치를 받는 것이 부끄러운 일이라며 깨끗이 자결하기도 하였다. 자결 순국은 일제에 항거하는 여러 방략 가운데 가장 강경한 것이었다. 경술국치 전후에 수십 명에 달하는 인사들이 자결 순국의 길을 택하였다.

1910년대의 자결 순국자들은 무엇보다도 국망의 비통함을 이기지 못하여 자결의 길을 택하였다. 고종의 절대 충신인 이범진, 최익현의

매천 황현

제자이자 왕실 지친인 이재윤, 항일 대신 김석진처럼 문과 출신으로 고관을 역임한 인물도 있었다. 이 가운데 이범진은 1896년 한국을 떠나 구미에 계속 머물며 고종의 국권수호 외교를 충실히 보좌하다가 국망 후에 분통함을 이기지 못하고 자결하였다.

구례의 황현은 '절명시'를 남기고 음독 자결하였으며, 홍범식은 금산 군수 재직 중에 국망의 소식을 듣고 목매 자결하였다. 홍주의병에 참여했던 이근주는 부모 묘에 가서 제사를 지내고 자결하였다. 전라도 옥과의 유생 정재건은 망국의 신하로 남을 수 없다며 자결하였다.

한말 의병장으로 영춘 출신의 김상태, 영양 의병장 김도현, 산남의진 3대 의병장 최세윤, 호남창의회맹소 통령 김용구 등은 일제에 굴복하지 않고 장렬한 죽음의 길을 택하였다. 을사늑약 후 순절한 송병선의 아우 송병순도 내 뜻을 빼앗을 수는 없다며 자결하였다. 예안의 이만도와 재야의 척사유림 박세화도 단식 자결로 지조를 지키려 하였다. 익산의 김근배, 고부의 김영상, 연산의 김지수, 금구의 유생 장태수, 고성의 최우순 등은 일제의 소위 은사금을 거부하며 자결하였다.

김석진*은 1910년 일제의 국권 피탈에 항거하여 자결로 순국하였다.

* 김석진(金奭鎭, 1843~1910)은 본관이 안동(安東)이며 호는 오천(梧泉)이다. 1860년(철종 11) 정시문과에 병과로 급제하였다.

그는 안동김씨 세도가 출신이었지만 흥선대원군 집권기임에도 20대에 이미 정3품인 형조참의, 우부승지까지 오를 정도로 실력을 갖추고 오직 정도만을 추구했던 선비였다.

김석진은 1876년에 성균관 대사성에 제수되었는데 그 때 강화도조약이 체결되면서 사직소를 내어 정부의 원칙이 없는 개항에 반대하였다. 1894년 6월에는 일본군이 경복궁을 점령하자 그는 통분을 이기지 못하고 향리로 내려갔다. 1895년 명성황후 시해사건이 일어났을 때 다음과 같이 자신의 뜻을 밝히며 관직을 거부하였다.

> 을미년의 변고는 만고에 없는 일이니 우리나라 삼천리에 무릇 혈기 있는 자 와신상담하여 복수할 것을 생각하지 않겠습니까? 하물며 신처럼 임금의 은혜를 많이 입은 자로서 비록 먼저 하찮은 목숨을 버리지 못하였지만 어찌 차마 사모를 쓰고 다시 벼슬길을 찾겠습니까?

1905년 을사늑약이 체결되었을 때 김석진은 상경하여 늑약 반대 투쟁을 전개하였다. 그는 '토역소'[*]를 올려 지사들의 자정·순국이 을사

김석진의 글씨체

---

[*] 토역소(討逆疏) : 역적을 토벌시켜달라는 상소이다. 당시는 을사늑약을 찬성한 5대신을 처벌해 달라는 것이었다.

순국지인 북서울 꿈의 숲 내 창녕위궁재사(서울시 강북구 번동)

김석진 위패가 모셔진 충현서원의 충절사(기흥구 보라동 용인 민속촌)

늑약을 찬성한 대신 다섯 명을 역적으로 판명하는 중요한 근거임을 제시하고, 오적 처형과 늑약 파기를 주장하였다.

1907년 고종이 강제 퇴위되고 정미7조약과 군대 강제해산 등으로 일제의 침략정책이 강화되자 김석진은 남양주 덕소에 머물며 죽음을 결심하였다.

1910년 8월 29일 일제는 강제로 대한제국을 병합하고 소위 '조선귀족령'을 발표하고 76명의 관료 및 유학자들에게 작위를 수여하고 은사금을 주는 포섭책을 펼쳤다. 이때 김석진을 비롯한 윤용구, 홍순형, 한규설, 민영달, 조정구, 조경호 등은 작위를 거부하였다. 김석진은 일제가 남작의 작위와 은사금 25,000원 준다고 통보하자 9월 8일 미리 구입해 둔 아편을 먹고 오후 6시경 서울시 강북구 번동의 오현梧峴에서 숨을 거두었다.

김석진의 묘는 본래 서울시 강북구 번동에 있었으나 1993년 5월 용인시 처인구 원삼면 죽릉리로 이장하였다. 그의 위패는 용인 민속촌에 있는 충현서원의 충절사에 모셔져 있다. 1962년 정부는 그의 공적을 기려 건국훈장 독립장을 추서하였다.

2) 정철화와 대한독립의군부

대한독립의군부는 임병찬이 전라남북도의 유생과 의병을 중심으로 조직한 독립운동단체로, 여기에는 용인 출신으로 의병항쟁을 벌였던 정철화도 가담하여 활동하였다.

최익현과 함께 의병활동을 펼쳤던 임병찬은 국권을 빼앗긴 이후 의

임병찬

병활동을 준비하며 고향인 순창에서 은거하고 있었다. 1912년 9월 임병찬은 공주 유생 이칙으로부터 독립의군부 전라남도 순무대장으로 임명한다는 고종의 밀명을 받고 비밀리에 동지를 모으기 시작하였다.

먼저 호남지방의 의병과 유생을 끌어들였으며, 아들인 임응철을 서울로 보내 이인순 · 곽한일 · 전용규 등과 함께 독립의군부의 전국적인 조직 확대를 논의하게 하였다. 이를 통해 호남지방을 중심으로 조직된 독립의군부를 전국적인 규모로 확대하기 위해 노력하였다.

1913년 2월 임병찬은 전 참판 이인순을 통해 고종으로부터 다시 받은 밀명에 의해 전라남북도 순무총장 겸 사령장관에 임명되었다. 1914년에는 전국적으로 확대하여 대한독립의군부를 조직하고 중앙원수부에 병마도총장과 참모총약장을 두었으며, 서울 · 강화 · 개성 · 수원 · 광주에 5영을 두었다.

전국의 각 도 · 부 · 군단위의 조직을 완성하고 그 대표를 선정하였는데 임병찬, 민정식, 이명상 등 13명을 총 대표로 하고, 각 도 대표 14명과 각 군 대표 302명을 합쳐 총 329명에 이르렀다.

독립의군부의 활동 목표는 일본의 내각 총리대신과 조선 총독 및 주요 관리들에게 국권 반환 요구서를 보내 한국 강점의 부당함을 일깨우고 대규모 의병전쟁을 준비하는 것이었다. 이에 따라 1914년 5월 국권 반환 요구서를 전국의 조직을 통해 일제히 발송하고, 360여 개 처에서 동시에 총독부로 국권 반환과 일본군의 철병을 요구하는 전화를 걸기로 하였다.

그러나 대한독립의군부 조직원인 김창식이 붙잡힘으로써 조직이 발각되어 독립의군부의 계획은 수포로 돌아갔다. 이와 함께 이기영 · 이기주 · 강봉주 · 이용철 · 정철화 · 조중구 · 김현각 · 유병심 · 윤호 · 신규선 · 윤이병 등이 피체되었던 이 사건은 국권 회복을 목적으로 한 독립의군부의 군자금 모집사건이었다.

임병찬은 독립의군부의 계획이 드러나면 조직마저 와해될 것을 염려하여 단독으로 총독 데라우치 마사다케와 일본 정부 총리대신과 직접 면담을 요구하며 국권 반환 요구서를 보냈다. 이것은 독립의군부의 조직을 보호하기 위해 돌파구를 모색한 것이었지만, 일제는 임병찬의 면담 요청을 받아들이지 않았다. 하지만 임병찬은 데라우치가 대리로 보낸 경무총감에게 국권 침탈의 부당성을 지적하고 국권 반환 및 일군의 철병을 요구하였으며, 한국의 독립만이 동양 평화를 유지하는 유일한 방법이라고 주장하였다.

1914년 6월 1일 임병찬은 데라우치 총독과 일본 총리대신 오쿠마에게 두 차례에 걸쳐 투서를 하였지만, 6월 3일 경시청에 체포되었다. 임병찬은 보안법 위반으로 재판에 넘겨져 거문도로 유배되었으며 몇 차례 자결을 시도했으나 실패하여 1916년 병으로 순국하였다.

일제 기록인 『고등경찰요사』에 의하면, 독립의군부사건과 관계있는 경상북도 출신은 "폭도의 수괴로서 당시 한국 제일의 활동가로 불리던 유자 허위의 일족, 부하 또는 교우가 많고, 또 상당히 저명한 유자가 참여하고 있다"고 파악하고 있다. 의병장 허위와 관련 있는 인물은 이기상 · 이기영 · 정철화 · 이은영 · 여영조 · 김창식 등이었다.

정철화는 용인 출신으로 원래 의병장으로 활동하다가 붙잡혀 전남 고금도에 유배되었다가 석방되었다. 1913년부터 대한독립의군부의 일원이 되어 동지들과 함께 친일 부호에게 군자금을 징수하여 해외에 송금하려 하였다. 같은 해 12월에는 전라북도 군산에서 비밀결사 조직인 대한교민광선회를 조직하여 국권 회복을 목표로 활동하였다. 또한 광제회를 조직하여 서간도의 독립운동 단체와 연락하며 서간도의 여준이 준 격문과 신한민보를 국내에 전달하였다. 또한 국내외의 독립운동 세력을 연결시키고 동지의 규합과 군자금의 모집에 착수함으로써 해외독립운동기지 건설에 참여하였다. 그러나 임병찬 등과 함께 체포되어 재판에 넘겨져 징역 13년을 언도받았다.

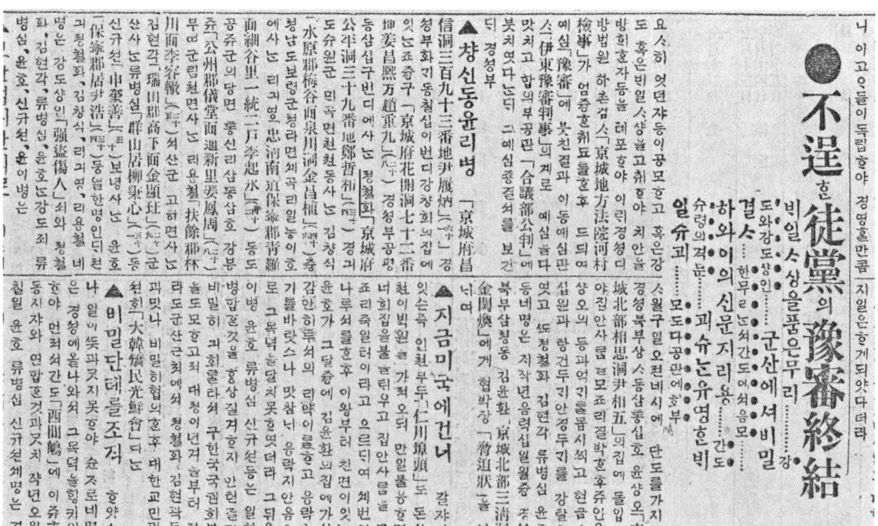
不逞한 徒黨의 豫審終結
비일스상을품은무리
도와강도상인……군산에셔비밀
하와이의신문지리용……간도
슈령의격문……괴슈는유영환
일슈괴……모도다공판에부
창신동윤리병
지금미국에건너
비밀단톄를조직

정철화 활동 관련기사(매일신보 1915. 4. 6)

3) 유근의 교육 문화 운동

국권피탈 이후에도 전통문화의 계승과 보존에 큰 관심을 두었던 유근은 1910년 우리 전래의 고전 보존과 반포, 그리고 전통문화의 선양을 목적으로 최남선이 설립한 조선광문회에 참여하였다.

대한제국의 국권을 빼앗은 일제는 해마다 진귀한 서적과 국보급 문화재를 반출해 갔다.

이때 최남선 등은 문화운동의 한 방법으로 우리 고전의 수집 · 간행과 보급 운동의 필요성에 주목하였다. 1910년 10월 29일 최남선은 광문회 설립을 계획하고 총독부 경무총감부에 간행물 예약금 모집 허가를 제출했으며, 12월 초 신문관 2층에 조선광문회를 발족했다.

1969년 헐리기 전 청계천 변의 조선광문회 건물(서울역사문화포럼 카페)

이 단체의 주요 참여 인사는 장지연 · 유근 · 이인승 · 김교헌 등이며, 이들은 '수사修史 · 이언理言 · 입학立學'을 3대 기치로 내세웠다. 또 귀중 문서의 수집 · 편찬 · 개간을 통한 보존, 전파를 목적으로 활동하며, 고문헌을 최단시일에 저렴한 가격으로 구입하여 인쇄하고, 가입 회원에게는 실비로 배포하였다.

조선광문회에서는 제1차로 역사책인 『동국통감』·『동사강목』·『삼국사기』·『삼국유사』·『발해고』, 지리책으로서 『택리지』·『산수경』을, 민속학으로 『동국세시기』를 발간하였다. 국어학으로는 『훈몽자회』·『아언각비』, 고전으로 『용비어천가』·『산림경제』·『지봉유설』·『성호사설』·『열하일기』를, 문집류로는 『율곡전서』·『이충무공전서』 등을 간행하여 일제침략기 한민족의 의식을 고취하였다.

다음으로는 1915년 12월 5일 유근 · 이인승 편집으로 옥편 『신자전』

조선광문회 터(서울 중구 청계천 1가 장통교 인근)

을 간행하였다. 이 책은 근대적 출판 형태를 갖춘 최초의 한자자전이라 할 수 있는데 광문회 출범과 함께 유근이 주관하여 편찬작업을 시작하여 만 5년의 시간이 걸린 방대한 작업이었다. 유근을 비롯한 『신자전』 편집 동인들은 국어사전 편찬준비도 했으며, 이 작업은 훗날 조선어학회의 『우리말 큰사전』 편찬의 모태가 된다. 이어 주시경 · 권덕규 · 김두봉 등이 조선어 사전인 『말모이』의 편찬을 준비했지만 주시경의 죽음으로 중단되었다.

조선광문회는 처음에 "본회의 계획이 성취된 후에는 조선에 진서는 절무할 것이요, 본회 간행물이 발포된 후에는 조선학계의 면목을 위하여 일변하리라"라고 할 만큼 180여 종의 고전을 중간할 계획이었으나, 실제로 20여 종밖에 간행하지 못했다. 하지만 일제의 문화 말살정책에 대해 '조선정신'의 발견과 전통문화의 보존 · 계승으로 저항했다는데 의의가 있다.

유근은 조선광문회와 대종교에서 활동하면서 1915년 5월 김성수에 발탁되어 중앙학교장에 취임하였다.

1915년 경성고등보통학교 부설 교원양성소 재학생들이 나서서 일제에 탈취 당한 경제권을 탈환하기 위해서는 실업 진흥을 통해 민족의 실력을 양성해야 한다는 데 의견을 모으고, 민족경제의 자립을 목적으로 조선산직장려계를 조직하였다. 이들은 해외에서 발행되는 독립운동 관련 신문들을 들여와 읽고 토론을 하면서 민족의식을 키워나갔다.

이들은 지도위원 성격의 협의원으로 유근을 비롯하여 김두봉 · 백남운 · 남형우 · 박중화 등 유력인사들을 추대하여 이들의 지도를 받으며 본격적인 활동을 준비하고 있었다. 그러던 중 1917년 조직이 탄로나 관련자 모두가 체포되었다. 이때 유근도 이들을 배후에서 지도했다는 혐의로 체포되어 1달 동안 곤욕을 치렀고, 그로 말미암아 중앙학교장을 사임하였다.

유근의 민족과 역사에 대한 관심은 민족종교인 대종교로 확대되었다. 유근은 이미 1909년 나철, 오기호 등이 대종교를 창립하자 바로 입교하였다. 대종사에서 1911년 참교와 지교를 거쳐 1914년 상교, 1918년 최고위인 정교에 올라 교무 발전에 노력하였다.

유근은 김교헌과도 친분이 두터워 친형제처럼 지냈다. 대종교에서 낸 『단조사고』나 『신단실기』는 이 두 사람에 의해 반포되었다. 1917년 제2대 교주 김교헌이 일제의 탄압을 피하고 포교와 독립운동을 위해 대종교 본사를 만주로 옮겼다. 이 때 유근은 김교헌을 대신하여 서울에 대종교 남도본사를 설치하고 강우 등 남은 간부들과 교무를 전담하며 해외의 독립운동을 지원하였다.

1920년 4월 동아일보가 창간되었을 때 유근은 편집감독을 맡으며 대종교계를 대표하여 각 종교 사회단체와 연락을 주고받았다. 또한 동아일보 창간 당시부터 신문에 대종교에 대한 선전활동이 적극적으로 이루어질 수 있도록 지원하였다. 실제로 창간 직후 "단군은 우리민족의 종조이시오. 숭고하신 단군존상을 구하여 독자와 공히 배하겠다"라고 하여 일반 독자로부터 단군의 초상화를 현상 모집하는 활동을 전개하였다.

동아일보의 창간 초기부터 지면을 통해 단군사상 선전을 주도한 사람은 유근의 제자인 권덕규였다. 그는 스승이며 편집감독인 유근의 지원에 힘입어 창간 당시에 「동아해東亞解」라는 기사에서 "우리 민족을 배

대종교 남도본사 터(서울 종로구 가회동)

달족이라 하는 것은 시조 단군의 단檀의 우리말을 따른 것이라"라고 하듯이 '배달민족'을 논하면서 '홍익인간弘益人間'의 이상을 주장하였다.

1921년에는 동아일보 지상에 백두산을 한민족의 성산으로 삼는 대대적인 캠페인을 전개하였다. 신문에서는 백두산을 "조선민족의 시조 단군이 탄강하고 조선 안에서는 제일 높은 산으로 (중략) 백두산은 실로 조선민족의 옛 역사와 발원지"라고 하였다.

또 창간 당시 남도본사의 활동에 관한 기사도 많이 게재하였다. 그 대부분이 남도본사에서 거행된 각종 경축행사였다. 예를 들면 1920년 5월 5일자의 기사에서는 가회동에 있는 대종교 남도본사에서 '어천절' 행사가 거행되었으며 수백 명의 참가자가 모였다고 보도하였다. 1921년에도 대종교 행사 기사나 홍보가 계속 실렸지만, 유근이 별세한 후에는 급격히 줄어들었다.

2. 해외 독립운동

1) 만주 독립 운동 지원 활동

이영선

국권 피탈 후 많은 독립운동가들이 해외로 망명하여 독립운동에 나섰다. 그 가운데 용인에서 건너간 맹보순과 김학조, 이영선*은 신백우, 서세충과 더불어 1911년 4월 경 만주 독립운동의 연락기관으로 성신태誠信泰를 설립하였다.

을사늑약과 정미조약으로 일제의 침략 정책이 더욱 노골화되고 국권이 풍전등화의 위기에 다다르고 말았다. 이때 맹보순은 국권이 무너졌을 때 독립운동을 위한 근거지를 마련하기 위해 명륜학교의 제자인 이영선을 만주로 보냈다. 맹보순은 만주 시찰 후 귀국한 이영선의 보고를 받고 자신도 직접 만주를 돌아보고 돌아왔다.

맹보순은 귀국한 즉시 누님의 아들인 김학조를 설득하여 천여 석 재산을 급히 처분하고, 만주 안동현현 중국 단둥시에 가서 성신태 상점을 열었

* 이영선(李英善, 1889~1955)의 호는 백농(白儂)이며 용인 기흥구 영덕동에서 태어났다. 명륜학교를 마치고 만주로 망명하여 독립운동에 나섰다.

다. 또 환런桓仁현 파저강가 자피거우에는 성신태의 지점인 성신복 상점을 열었다. 이 성신태에는 충북 청원 출신으로 계몽운동을 펼쳤던 신백우와 경기도 고양 출신의 서세충 등 다른 독립운동가들도 합세했다.

맹보순을 비롯한 이들은 성신태를 만주 일대 독립운동의 연락기관으로 만들고 장차 남만주 독립운동의 거점으로 활용할 계획이었다. 성신태 세력은 류허柳河현 합니하의 신흥무관학교와 연락을 취하며 자금을 제공하였다. 1913년 맹보순은 신흥무관학교에 일제 경찰이 이회영·이동녕·이시영·장유순·김형선 등을 체포하거나 암살하기 위해 형사대를 파견했으니 속히 피신하라는 비밀 연락을 보낸 일도 있었다.

한편 이영선은 환런현의 성신태 지점인 성신복 상점을 운영하며 활동하였다. 이와 함께 의병 출신인 이진룡과 조맹선이 주도하고 김학소김혁가 고문으로 참여하여 조직한 독립군 부대에서 활동했다. 이영선은 보부상으로 활동하며 압록강 일대에서 정찰과 연락을 맡았다.

용인 출신인 김혁*도 만주로 망명하여 성신태를 통해 독립군으로 항일투쟁을 벌였다. 그러나 1914년 당시는 성신태의 자금도 거의 바닥이나 더 이상 지원 받기 어려운 상태가 되고 말았다. 따라서 김혁은 다른 방법으로 군자금을 마련하고자 시도하였다. 김혁은 예대희와 함께 퉁코우通溝 근방에서 위조 화폐를 만드는 일에 가담하였다. 지안集安·회인현현재 환런현 일대에서 관련자들이 100여 명에 이를 정도로 규모가 컸던 일이었다.

---

* 김혁(金爀, 1875~1936)은 용인 기흥구 농서동에서 출생하였다. 본명은 학소이며 호는 오석(吾石)이다. 1898년 6월 대한제국 무관학교에 입학하여 1900년 1월에 졸업하였다. 1907년 군대 해산으로 고향으로 돌아왔다가 국권을 빼앗긴 후 만주로 망명하였다.

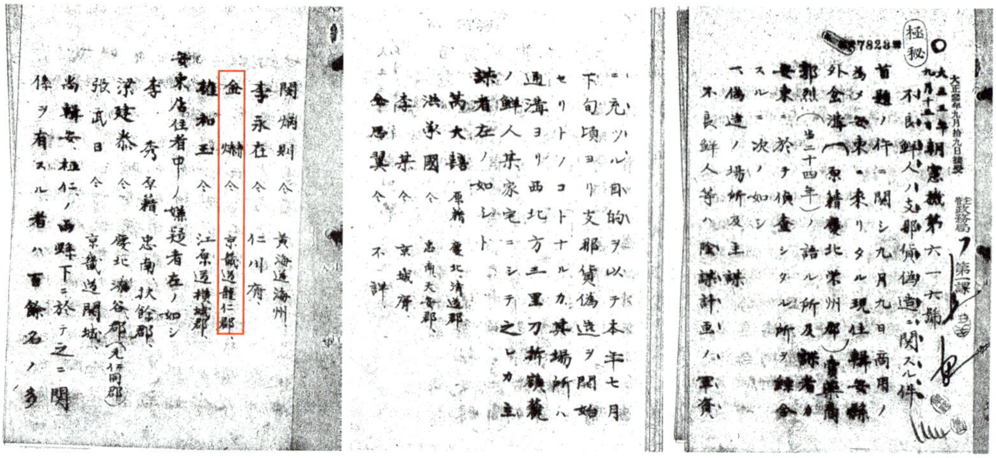

김혁의 위조화폐 제조 관계 문서

성신태는 여러 자구적 노력에도 불구하고 1910년대 중반 이후 점차 쇠퇴하기 시작했다. 계속된 독립운동 자금 지원으로 재정상황이 어려워졌으며, 일본이 남만주 일대에서 세력을 강화하기 시작한 것도 원인이었다.

성신태가 쇠퇴해지자 맹보순은 안동을 떠나 만주 동포들의 생계 안정을 위한 활동을 시작했다. 김혁은 귀국하여 대종교 남도본사에서 활동하였으며, 이영선은 만주에서 독립군 활동을 계속하다가 3·1운동 후 신흥무관학교에 들어가 군사 교육을 받았다.

2) 신흥무관학교에서 활동

1909년 대한제국의 국권이 일제에 빼앗기게 되자 신민회는 만주에 독립군 기지를 건설하기로 결의하였다. 1910년 7월경 이회영의 6형제와 이동녕 등이 남만주의 류허현 삼원보 추가가 지역을 사들여 경학사

경학사 본부 터(중국 지린성 류허현 삼원보)

를 조직, 독립운동 근거지로 삼았다.

1910년 8월 일제가 대한제국의 국권을 강탈하자 신민회 간부뿐 아니라 많은 애국지사들이 국경을 넘어 류허현 삼원보 추가가로 이주하였다. 이들은 1911년 여름 삼원보 추가가의 대고산에서 이주민들의 자치기관인 경학사를 조직하였다. 경학사耕學社의 목적은 명칭에서 보이듯이 농업을 장려하고 학교를 설립하여 교육시키자는 것이다.

경학사를 조직한 직후 이주민 청년들의 교육기관으로 신흥강습소를 개소하였다. 이를 통해 학생들을 모집하여 민족교육과 함께 군사훈련을 시켜 문무쌍전교육文武雙全教育을 이루고자 한 것이다. 또 이 학교 이름을 신흥新興이라 붙인 것은 신민회의 '新'자와 다시 일어나는 구국 투쟁이라는 의미의 '興'자를 합한 것이었는데, 나라를 새로 일어나게 하겠다는 의미도 포함되어 있다.

그러나 경학사와 신흥강습소는 순탄한 발전만을 거듭한 것은 아니었다. 이주민들이 독립운동 기지를 건설하겠다는 열의만큼이나 수많은 역경을 겪으면서 추진되었다. 우선 전국에 걸친 국민들의 국외 이주계획이 일제에게 발각되어 큰 탄압을 받게 되었다. 일제는 데라우치 총독 암살을 모의했다고 조작한 105인 사건 등을 통해 국내의 수많은 신민회 회원을 체포하였다. 이에 따라 독립운동기지 건설을 위한 자금의 공급에도 큰 차질을 가져왔다.

다음으로는 1911년 농업의 대흉과 풍토병의 만연으로 인해 경학사와 신흥강습소를 유지하는 일조차 어려워졌다는 점이다. 병농일치에 의한 독립운동 기지 건설 방략은 이주 첫해의 농사가 유례없는 흉작을 만나 이주민들의 식량마저 부족한 실정이었다. 또한 국내와 다른 환경과 혹독한 추위가 가져온 풍토병은 많은 노약자와 부녀자들의 목숨을 앗아갔다.

또한 토착 중국인들이 급속히 진출하는 한인 이주민들을 보고 일제의 앞잡이거나 자기들을 해치려는 집단으로 의심을 하고 한인배척운동을 벌이기 시작하였다는 점을 들 수 있다. 특히 신흥강습소의 민족교육을 침략의 한 수단으로 오해하여 토착 중국인들은 집단적으로 토지 매매와 조차는 물론 물물교환까지 거부하는 소동을 벌였다.

경학사를 중심으로 한 한국인들은 중국인들의 이러한 한인배척운동을 극복하기 위해 방안으로 그들과 친할 수 있는 '변장운동'을 전개하는 한편, 밖으로는 중국 관청에 적극적인 외교활동을 전개하였다.

변장운동이란 의복과 모자, 신발 등을 중국인과 똑같이 하여 친하게 지내자는 운동이었다. 이주민들은 이를 위해 "나의 동포 잃었으니 이웃

동포 내 동포요, 나의 형제 잃었으니 이웃 형제 내 형제"라는 슬로건을 내걸고 대의를 위해 일치단결하자고 주장하였다. 그 결과 성과가 좋아 중국인들의 극단적인 한인 배척 기운이 사라지기 시작하였다.

한편 이상룡·이시영·이동녕 등이 앞장서서 북경의 원세개 대총통과 직접 교섭을 벌인 결과, 원세개의 비서 호명신이 이동녕·이회영과 함께 봉천의 장작림과 류허현 지사를 설득하여 이주 한인에 대한 법적 보호를 받게 되었다. 임오군란 당시 원세개가 조선에 왔을 때 이회영 형제의 아버지 이유승이 판서를 지내며 그와 친교가 있었던 인맥이 작용한 것이다.

서간도에는 1912년 이후에도 국치 직후 못지않게 망명 이주가 계속되었다. 이에 따라 이주민들은 무엇보다도 한인 사회의 자치와 경제력 향상을 절실한 당면 과제로 삼았다. 이에 민족운동가들은 그해 가을에 경학사를 바탕으로 부민단扶民團을 조직하였다. 부민단의 뜻은 "부여扶餘의 옛 강토에 유민遺民이 부흥결사를 세운다"는 것이었다. 부민단은 그 본부를 삼원보에서 남쪽으로 90리 가량 떨어진 통화현 합니하에 두어 이곳을 삼원보에 이어 서간도 제2의 독립운동기지가 되게 하였다.

부민단 본부에는 서무·법무·검무檢務·학무·재무 등의 부서를 두고 총장이 이를 관장하게 하였으며, 지방조직은 천가千家, 즉 큰 마을에는 천가장을, 백가百家 촌락에는 구단을 설치하여 백가장을, 십가十家 촌락에는 패장 혹은 십가장을 두는 조직으로 전체 한인사회를 효과적으로 통할하였다.

부민단이 겉으로 표방한 사업은, 첫째 한인의 자치를 담당하고 각급 지방조직의 한인사회에서 발생하는 일체의 분쟁을 재결하는 것이었다.

부민단 본부 터(중국 지린성 통화시)

따라서 한인의 민·형사는 거의 부민단에 의해서 체결되었다. 둘째 중국인 또는 중국관청과의 분쟁사건을 맡아서 처리해 주는 일이었고, 셋째 신흥학교 등 한인학교의 설립과 운영을 맡아 민족교육을 실시하는 일이었다.

한편 부민단이 실제로 추구하던 최고 사업은 모든 조직을 효과적으로 운영하여 '독립전쟁론'에 바탕을 둔 각종 항일 독립운동을 추진하는 것이었다. 그래서 부민단의 여러 사업 중 가장 중요한 것은 신흥강습소의 개편을 통해 문무인재를 양성하고 인근 각 한국인 거주지에도 학교를 세워 민족교육을 실시하는 일이었다.

부민단의 본부가 있던 합니하는, 동남쪽으로 태산준령인 고뢰산이 30리 거리에 솟아 있고, 북쪽으로 청하자의 심산유곡이 펼쳐져 있으며, 남서쪽으로 뇨가동의 장산 밀림과 혼강이 흐르는 곳으로, 천하 절경인

합니하의 신흥학교 터(중국 지린성 통화시)

동시에 난공불락의 요새인 곳이다.

신흥강습소도 학생들이 늘어나고 일제의 감시가 심해지자 이전을 결정하고 합니하에 넓은 토지를 사들여 큰 교사를 신축하였다. 이에 따라 신흥강습소는 1기생 40명 내외를 속성 졸업시키고, 새 교실을 짓고 확장하여 이전하였다. 혼강 북쪽 언덕 위에 자리를 잡은 이 교사는 이석영의 재정 후원과 교직원 및 학생들의 피땀 어린 노력으로 1913년 5월에 낙성되었으며, 명칭도 신흥학교로 개칭하였다.

이와 같이 개편된 신흥학교는 4년제 본과에다 6개월 또는 3개월 과정의 속성 별과를 두어 국내외에서 계속 찾아오던 젊은 인재들을 교육시켰다. 아직 무관학교라는 교명을 붙이지는 않았으나 교과 내용은 무관을 양성하기 위한 군사교육에 역점을 두었다. 특히 본과에서는 일반 중학교의 수준을 능가하는 문무쌍전의 신교육을 철저히 시행하였다.

이 무렵의 교직원으로는, 교장은 용인 출신의 여준이 맡게 되었고, 교감은 윤기섭, 학감에 이광조, 교사에 이규봉 · 서웅 · 관화국 등이었다. 군사교관으로는 한말의 무관 출신인 김창환 · 성준용 · 김홍 · 이극 등이었다. 학교에는 본과인 중학교 과정과 속성 과정인 군사반을 두었기 때문에 비로소 신흥무관학교로 불릴 수 있게 되었다.

신흥학교는 비교적 높은 수준의 근대적 중학과정의 신교육을 시행하였다. 본과에서 가르친 중요 교과목은 다음과 같다.

> 『중등교과산술』, 『국어문전』, 『고등소학독본』, 『신정산술』, 『최신고등학이과서』, 『교육학』, 『대한신지지』, 『초등윤리』, 『신선박물학』, 『중등산술』, 『신선이화학』, 『유년필독』, 『보통경제학』, 『윤리학교과서』, 『대한국사』, 『사범교육학』, 『신편화학』, 『중등생리학』

특별과인 속성과에서는 무관 양성 위주의 교육을 시행하였는데, 필수과목은 다음과 같다.

신흥학교 군사교육의 주요 편성과목

보병	기병	공병
치중의 각 병과	내무령	축성학
육군형법	징벌령	구급의료
편제학	훈련교범	전략

한편 신흥학교 학생들은 다음과 같은 교가를 만들어 합창하며 민족의식을 드높이면서 조국 광복을 굳게 다짐하였다.

1절　서북으로 흑룡 태원 남에 영절에
여러 만만 헌원 자손 업어 기르고
동해 섬중 어린것들 품에다 품어
젖먹여 준 이 뉘뇨
우리 우리 배달 나라의
우리 우리 조상들이라
그네 가슴 끓는 피가 우리 핏줄에
좔좔좔 걸치며 돈다.

2절　장백산밑 비단같은 만리낙원은
반만년래 피로 지킨 옛집이거늘
남의 자식 놀이터로 내어맡기고
종설움 받는이 뉘뇨
우리 우리 배달 나라의
우리 우리 자손들이라.
가슴치고 눈물 뿌려 통곡하여라
지옥의 쇳문이 온다

3절　칼춤추고 말을 달려 몸을단련코
새론 지식 높은 인격 정신을 길러
썩어지는 우리 민족 이끌어내어
새나라 세울이 뉘뇨
우리 우리 배달나라의
우리 우리 청년들이라
두팔 들고 고함쳐서 노래하여라
자유의 깃발이 떴다.

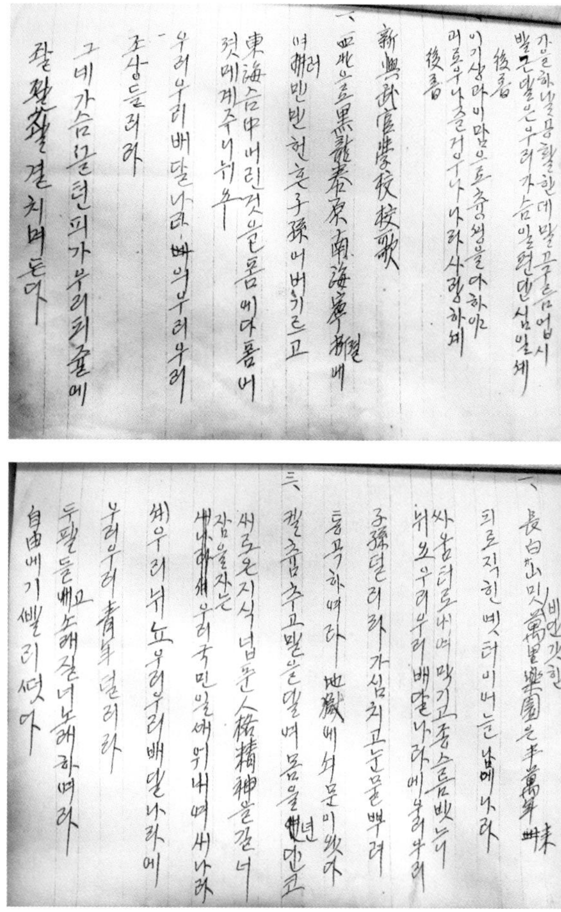

신흥무관학교를 졸업한 이영선이 기록한 교가
(백농일지 1947)

또 신흥학교는 교육의 목표를, 첫째 불의에 대한 반항정신, 둘째 임무에 대한 희생정신, 셋째 체력에 필승정신, 넷째 난고에 인내정신, 다섯째 사물에 염결정신, 여섯째 건설에 창의정신 등 6개 덕목을 체득시키는 데 두었다.

당시 신흥학교 교육 광경에 대해 본과 3기 입학생으로 생도반장을 지낸 원의상은 「신흥무관학교」라는 글에서 다음과 같이 기록하여 그 열정적인 민족교육의 일단을 보여주고 있다.

> 새벽 6시 도-또-따 기상나팔 소리가 잠든 학생들의 귓전을 때리면 각 기숙사의 학생들은 일제히 일어나 내무반을 정리한 다음 복장을 단정히 하고 각반을 차고 검사장에 뛰어나가 인원검사를 받은 다음 보건체조를 한다. 눈바람이 살을 도리는 듯한 혹한에 아침마다 윤기섭 교감이 초모자를 쓰고 홑옷 입고 나와서 점검하고 체조시키던 그 뜨거운 정성이 지금도 생각난다.
>
> 이 체조가 끝나고 청소와 세면을 마치면 각 내무반별로 식탁에 앉는다. 주식물이라고는 부유층 인사들이 2, 3년씩 창고에 저장해 두어 열에 뜨고 좀먹은 좁쌀이었는데, 솥뚜껑을 열면 코를 찌르는 그 퀘퀘한 냄새는 누구나 낯을 찌푸리지 않을 수 없었다.
>
> 이 같은 박의악식薄衣惡食과 삭풍한설에 보수도 없는 교직원은 단의초모單衣草帽로, 생도들은 주린 허리를 졸라매고 매일 맹훈련을 계속했다. 여기에는 영예도 공명도 없고 불평불만도 있을 수 없었다. 다만 희생정신으로 일사보국의 일념에 불탈 뿐이었다.
>
> 식사가 끝나면 집합나팔 소리에 조례가 시작된다. 이상과 같은 애국

> 가나 교가를 앞산 뒷산이 마주 울리도록 우렁차게 부르는 젊은 생도들 앞에 여준 교장은 양눈에 망국한의 뜨거운 눈물을 흘리곤 했다. 윤 교감은 생도를 지도함에 있어 만일 누가 한쪽 눈이 없는 단점이 있다면 그 사람을 지적해 말할 때 한쪽 눈이 있는 사람이라고 그 장점을 들어 말해야 한다고 했다. 그 분의 성격이 짐작되는 말이다. 이와 같은 교장 이하 교직원 모두의 일거일동 일언행은 다만 애국 일념에서 나온 것이었고 그때의 감명은 아직도 모교의 정신에 아로새겨 있다.

신흥학교는 이와 같이 중학 이상의 일반교육을 기초로 한 무관 양성교육을 실시하였다. 따라서 졸업생은 적어도 2년 동안은 의무적으로 민족 독립운동에 직접 복무할 의무가 있었다. 이들의 의무 복무는 독립군으로 근무하는 것이 원칙이었으나, 그 밖에도 각지 한인 소학교의 교원이 되는 경우도 적지 않았다. 그리하여 한인학교에 배치된 졸업생들은 지정된 학교의 학생 교육뿐만 아니라 지역 청년에 대한 애국 계몽활동까지 담당하였으며, 부민회 등의 조직에서 중핵으로 활동하였다.

신흥학교 출신자는 이와 같이 졸업과 동시에 민족운동의 일선에서 활동하였다. 1913년 3월 교장 여준과 교감 윤기섭을 비롯하여 제1기 졸업생들인 김석 · 강일수 · 이근호 등이 중심이 되어, 이들 졸업생의 결속과 건학정신의 구현을 위해 신흥학우단을 조직하였다. 초기에는 이 결사의 명칭을 '복구강토'라는 의미의 '다물'이라는 고어에서 이름을 따 '다물단'이라 하였다가 학우단으로 고쳤다. 교장 이하 교직원과 졸업생을 정회원으로, 재학생을 준회원으로 하면서 단장 아래에 편집 · 총무 · 운동 · 조사 · 토론 · 재무 등의 6부를 두었다. 그리하여 초대 단장에는 김석이 선임되고, 편집부는 강일수, 총무부는 이근호 등이 각각 담당하여, "혁명대열에 참여하여 대의를 생명으로 삼아 조국광복을 위해 모교의 정신을 그대로 살려 최후의 일각까지 투쟁한다" 는 단의 이념을 실천에 옮겼다.

신흥학우단은 본부를 삼원보의 대화사에 두고 "① 군사 학술을 연구하여 실력을 배양하고, ② 각종 간행물을 통하여 혁명이념의 선전과 독립사상을 고취하고, ③ 한인마을 각지에 노동강습소를 개소하여 농촌 청년들에게 초보적 군사훈련과 계몽교육을 실시하고, ④ 민중의 자위체를 조직하여 적구인 일제 및 부일배의 침입을 방지하고, ⑤ 한인 농촌 마을에 소학교를 설립하여 아동교육을 담당한다"는 등의 사업을 전개해 갔다. 또한 신흥학우단은 이와 같은 사업을 추진하고자 다음과 같은 강령을 정하여 실천에 힘썼다.

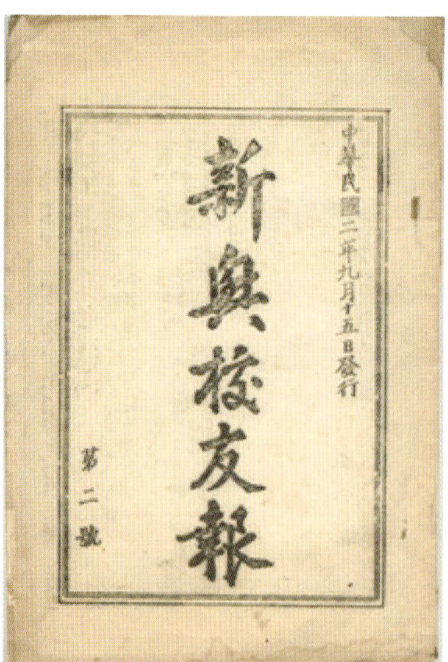

『신흥교우보』

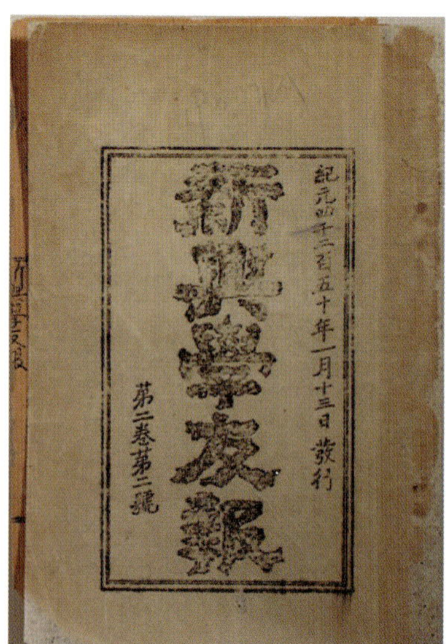

『신흥학우보』

첫째, '다물'의 원동력인 모교의 정신을 후인에게 전수하자.

둘째, 겨레의 활력소인 모교의 정신을 올바르게 만대에 전하자.

셋째, 선열 단우의 최후 유촉을 정중히 받들어 힘써 실행하자.

이와 같은 이념과 조직을 가지고 결성된 신흥학우단은 그후 서간도 지방에서는 물론, 남북 만주에까지 항일독립운동의 핵심조직으로 활동하였다.

신흥학우단의 일반적인 활동을 보면, 우선 편집부에서는 연 2회 이상 『신흥학우보』와 그 밖에 월보 · 주보까지 간행하여 항일독립운동의 이념개발과 학습연구에 기여하였다. 특히 1913년 7월에 간행된 『신흥학우보』 창간호에는 군사 · 시사 · 문예 · 농사 등에 관한 기사가 실려 단원뿐만 아니라 일반 한인들로부터도 큰 환영을 받았다. 그리고 토론부에서는 매주 토요일 단의 발전을 위해 각종 토론회를 개최하여 항일투쟁의식을 고취하고 군사이론과 일반학습 연마에 기여하였다.

부민단과 신흥학우단은 1914년에 들어와 신흥학교와 각 분 · 지교에 설치한 노동강습소 등에서 양성한 독립군 약 400명을 근간으로 백서농장을 건설하고 서간도독립군을 편성 · 훈련시키기 시작하였다. 백서농장은 통화현 제8구 관할 팔리초구 소관 하의 쏘베차小北岔라는 백두산 서쪽편 산록의 사방 200리에 달하는 무인지경의 고원 평야에 건설한 독립군 군영의 이름이다. 백서농장은 이와 같이 서간도 독립운동단체에서 건설한 독립군의 군영이었지만, 내외적인 이목을 고려하여 일반인이 쉽게 알 수 없도록 '농장'이란 이름을 붙였던 것이다.

신흥학교 교장인 여준은 합니하로 오기 전에 평안북도 정주의 오산

백서농장

학교에서 교사로 있었다. 하지만 일제가 날조한 소위 105인 사건으로 국내에서 교육활동을 계속하기가 어려워졌다. 마침 신흥학교가 세워지면서 교육 경험이 풍부하고 민족의식이 투철한 교사를 필요로 하자 여준은 망명을 결심하고 가족과 함께 합니하로 이주하였다.

여준은 합니하에 도착하여 교육활동을 시작하였으며 1912년에는 이탁 등과 함께 신흥학교유지회를 만들어 재정상태가 어려워진 학교의 운영비를 모금하였다. 또 부족한 교원을 충원하기 위해 오산학교의 제자 가운데 민족의식과 교육경험이 있는 사람들을 교사로 불러들였다. 이때 오산학교를 졸업하고 삼악학교의 교사로 있던 김도태와 김공집을 신흥학교로 불러들였다.

여준은 영어 등을 가르치다가 1913년에는 이상룡의 뒤를 이어 교장에 취임하여 실제 학교 운영을 담당하였다. 여준은 신흥학교 운영에 혼신을 다하였다. 이상룡의 손부인 허은은 당시 여준을 다음과 같이 회상하고 있다.

여준 씨는 이 학교의 영어 선생이었다. 그는 체구는 작으마하나 다부지게 생겼다. 추위를 안타서 다른 이들은 털모자를 쓰고 다녀도 그는 안 썼다. 큰오빠 말로는 신흥무관학교 다닐 때 여준 선생이 그렇게 모질다고 했다. 벌을 세워도 매섭게 세운다고 했다.

김공집

여준은 부민단에서도 활약하였는데, 의병장 허위의 형인 허혁이 총장으로 있었으며 여준은 교육회장이었다. 여준은 1917년경 신흥학교의 교장을 그만둔 것으로 보이며, 지린吉林으로 옮겨 독립운동을 계속하였다.

한편 용인 출신의 오광선*은 중국으로 망명하여 천신만고 끝에 합니하를 찾아갔다. 그는 삼악학교의 은사였던 여준이 신흥학교의 교장을 맡고 있어 이 학교에 입교를 허락받을 수 있었다. 오광선은 신흥학교를 졸업하고 허룽海龍현 동흥학교로 가서 군사교관과 체육교사로 재직하였다.

신흥학교는 1919년 3 · 1운동 후 국내에서 밀려오는 수많은 청년들을 수용하기 위하여 5월 '신흥무관학교'로 확대 개편하였다. 신흥무관학교는 본교를 류허현 고산자에 두었고, 통화현 합니하와 쾌대모자 두

* 오광선(吳光鮮, 1896~1967)은 용인 원삼면 죽릉리 출신이며 본명은 성묵이다. 고향의 삼악학교를 졸업하고 1915년 서울로 가서 상동청년학원에서 공부하였다. 그는 청년학원이 문을 닫자 민족독립운동에 뛰어들겠다고 결심하고 중국으로 망명하였다. 이때 이름도 조선의 광복을 기원하는 의미로 '광선'으로 바꿨다.

지역에 분교를 만들었다. 신흥무관학교의 초대 교장에는 이세영, 연성대장은 이청천, 교관은 오광선, 신팔균, 김경천 등이 맡았다.

오광선은 신흥무관학교가 고산자 대두자로 옮겼을 때 군사교관으로 있었다. 이때 그는 일본군 장교로 있다가 탈출하여 이 학교에 연성대장으로 취임한 이청천을 만나 평생 동지가 되었다.

1919년 3・1운동 직후에 독립운동에 뜻을 둔 수많은 국내 청년들이 망명하여 합니하로 와서 입교를 요청하였는데 용인 출신인 이영선도 이중 하나였다.

이영선은『백농일지』를 통해 1919년 3월 독립만세를 부른 후에 군사적 전술전략을 전적으로 배우지 않고는 일제와 싸울 수 없다고 생각하고 신흥무관학교에 입학하여 이청천과 이범석 등 여러 선생에게 군사학을 전문으로 배웠다고 회고하였다.

고산자 신흥무관학교 터(중국 지린성 류허현)

3) 동성한족생계회의 활동

동성한족생계회東省韓族生計會는 1917년 12월 지린에서 정안립이 주도하여 국내에서 만주로 이주한 동포에 대한 구제활동을 위해 조직되었다. 이 단체의 활동은 실업을 장려하며 가난의 고통을 없애는 것을 중심 목표로 정하였고, 사업은 ① 노동, 상업, 광업, 삼림업을 권장하며, ② 논을 개척하며, ③ 억울한 일을 풀어주며, ④ 은행을 세워 저축을 장려하며, ⑤ 교육을 발전하며, ⑥ 신문과 서적을 발간한다고 하였다.

동성한족생계회의 회장은 만주독립운동의 지도자로 신망이 두터웠던 용인 출신 여준이 추대되었고, 부회장은 북간도의 독립운동가 김약연이었다가 나중에 서상용이 되었다. 교육과 서적 발간을 담당하는 문사부장은 맹간孟幹이 임명되었다. 맹간은 맹보순의 바꾼 이름으로 그가 문사부장이 된 것은 명망있는 유학자이기도 하지만 명륜학교를 통해 교육 활동에 참여하였던 경력이 작용하였을 것이다.

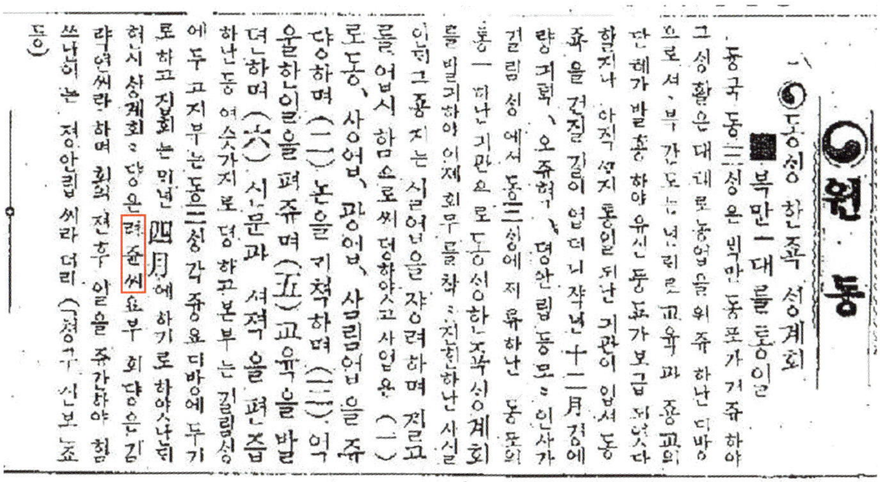
원동
동셩 한족 셩계회
북만一대를 통일
동국 동三셩은 북만 동포가 거쥬 하야
그 싱활은 대개 농업을 위쥬 하난 디방
으로서、부 간도는 ... 교육과 종교의
은혜가 발흥 하야 유신 동포가 보급 되얏다
할지나 아직 셩지 통일 되난 긔관이 입서 동
족을 건질 길이 업더니 작년 十二月 경에
량긔탁、오쥬혁、뎡안립 동모ᄂ 인사가
길림 셩 에서 동三셩에 지류하난 동포의
통一 되난 긔관으로 동셩한족셩계회
를 발긔하야 이제 회무를 착〻진힝하난 사실
인데 그 종지는 실업을 쟝려하며 졀료
를 업시 함으로써 뎡하얏고 사업은 (一)
로동、상업、광업、삼림업을 쥬
댱하며 (二) 논을 기쳑하며 (三) 억
울한 일을 펴쥬며 (五) 교육을 발
뎐하며 (六) 신문과 셔젹을 편즙
하난 등 여슷가지로 뎡하고 본부는 길림셩
에 두고 지부는 동三셩 각 중요 디방에 두기
로 하고 지회는 미년 四月에 하기로 하얏나니
현시 셩계회ᄂ 당은 려쥰씨요 부 회댱은 김
략연씨라 하며 회의 젼후 일을 쥬간하야 힘
쓰난이는 뎡안립 씨라 더라 (졍구 신보 노죠
동)

동성한족생계회 기사(신한민보, 1918. 6. 20)

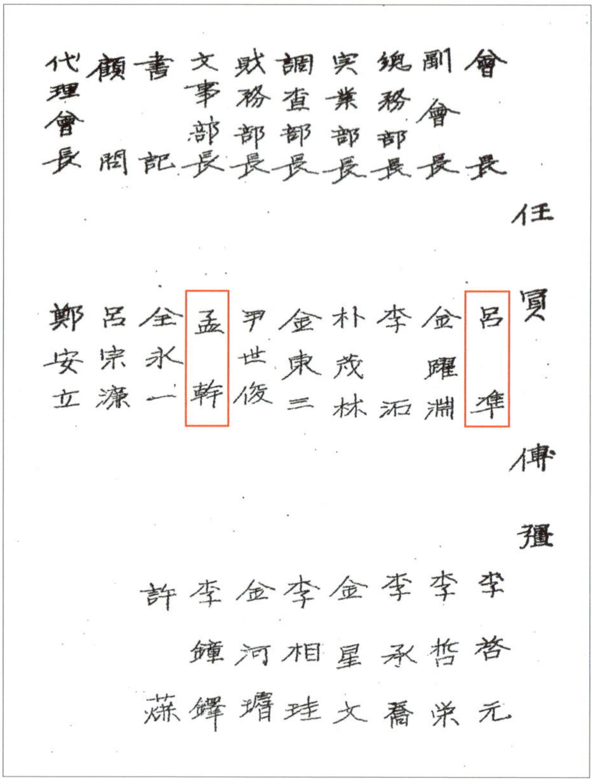

동성한족생계회 초대 임원

동성한족생계회는 1918년 말까지 활동하다 해산하였지만, 1919년 1월 부민단이 파리 강화회의에 대표를 파견할 때 남은 돈을 경비로 지원하였다.

제3장 3·1 운동

1. 독립선언과 3·1 만세운동

1918년 11월 제1차 세계대전이 4년 4개월 만에 막을 내리자, 열강의 식민지 상태에 놓였던 많은 민족들이 독립운동을 본격화했다. 일제의 가혹한 식민통치로 해외로 망명한 한인 독립운동가들도 제1차 세계대전을 독립의 기회로 받아들였다.

한인독립운동가들은 제1차 세계대전 이전부터 공화제 정부 수립에 대한 관심을 가지고 있었다. 미주의 대한인국민회는 미국 정치체제의 영향을 받아 공화정부 수립 노선을 표방하였다. 국내 최대 비밀결사인 대한광복회도 신해혁명과 같은 혁명을 목표로 내세웠다.

1911년 신해혁명 이후 중국에 거주하던 한인들 사이에 공화주의가 급속도로 확산되었다. 한인 독립운동가들 사이에 공화주의 확산의 결정적 계기를 이룬 사건은 1917년 러시아 제정을 붕괴시킨 러시아혁명이었다. 특히 러시아 한인들은 전로한족대표회를 개최하여 러시아 임시정부에 대한 지지를 결의하였다.

1917년 7월 상하이에서 신규식 · 박은식 · 신채호 · 김규식 · 조소앙 · 윤세복 등 14명의 독립운동가가 모여 「대동단결선언大同團結宣言」을 발표하였다. 「대동단결선언」은 공화정체의 임시정부를 건설하자는 내용을 담고 있다. "민족의 자주독립과 평등 복리를 실현하는 공화정체를 만들고자 헌법을 제정하고 민정에 부합하는 법치를 실행하자"는 것이다.

제1차 세계대전이 끝나고 전후문제 처리를 위해 파리강화회의가 열려 미국 대통령 윌슨이 발표한 민족자결주의가 논의된다는 소식이 알려졌다. 중국 상하이의 신한청년당은 이에 따라 김규식을 파리강화회의에 민족대표로 파견하였으며 국내와 러시아 만주 일본 등지에도 이 소식을 알렸다.

1919년 2월 8일 일본 도쿄 조선기독교청년회관에서는 200여 명의 유학생들이 모여 조선청년독립단의 이름으로 「2 · 8독립선언서」를 발

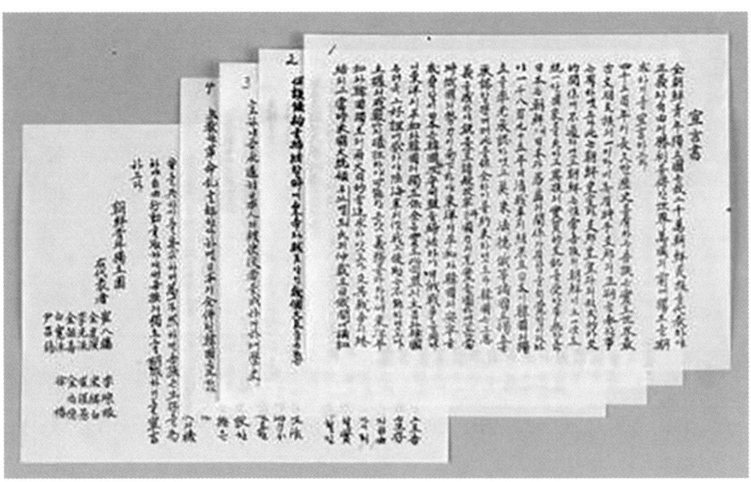

2 · 8독립선언서

표했다.

이 독립선언서 선포에는 용인 출신 유학생 오의선*도 참여한 것으로 알려졌다. 그는 당시 메이지明治학원에 재학하고 있었다.

오의선을 비롯한 도쿄 유학생들은 독립선언서를 준비하면서 이를 국내에 알리고자 송계백을 서울에 몰래 파견하였다. 그는 1919년 1월 하순경에 서울에 도착해 최린·현상윤·송진우·최남선 등을 만나 독립선언 준비 소식과 함께 「독립선언서」 초안을 보여주었다. 「2·8독립선언서」가 발표되면서 국내에서 독립운동을 준비하는 종교계와 학생들에게 큰 자극을 주었다.

한편 만주 지린吉林에서도 용인 출신인 여준이 주도하여 대한독립의군부를 결성하고 「대한독립선언서」를 발표하였다. 이 선언서는 여준을 비롯하여 김좌진金佐鎭·박찬익朴贊翊 등 39명의 대표자 명의로 발표되었는데, 그야말로 해외로 망명한 민족대표들의 공동 선언서라 할 수 있다.

조소앙이 작성한 것으로 알려진 이 선언문은 일제의 무력에 의한 한일병합은 무효라는 선언과 함께 대한민족이 완전한 자주독립국임과 민주의 자립국임을 선포하였다. 나아가 "우리 대한은 타민족의 대한이 아닌 우리 민족의 대한이며, 우리 한토韓土는 완전한 한인의 한토이니, 우리 독립은 민족을 스스로 보호하는 정당한 권리를 행사하는 것이지, 결코 사원私怨의 감정으로 보복하는 것이 아니"라는 사실을 밝히고 있다. 또한 일본의 병합수단은 사기와 강박과 무력폭행 등에 의한 것이므로

* 오의선(吳義善, 1889~1931)은 용인 원삼면 죽릉리 출신이다. 보성전문학교를 졸업한 후 도쿄로 유학길을 떠나 1919년에는 메이지 학원에 재학하고 있었다.

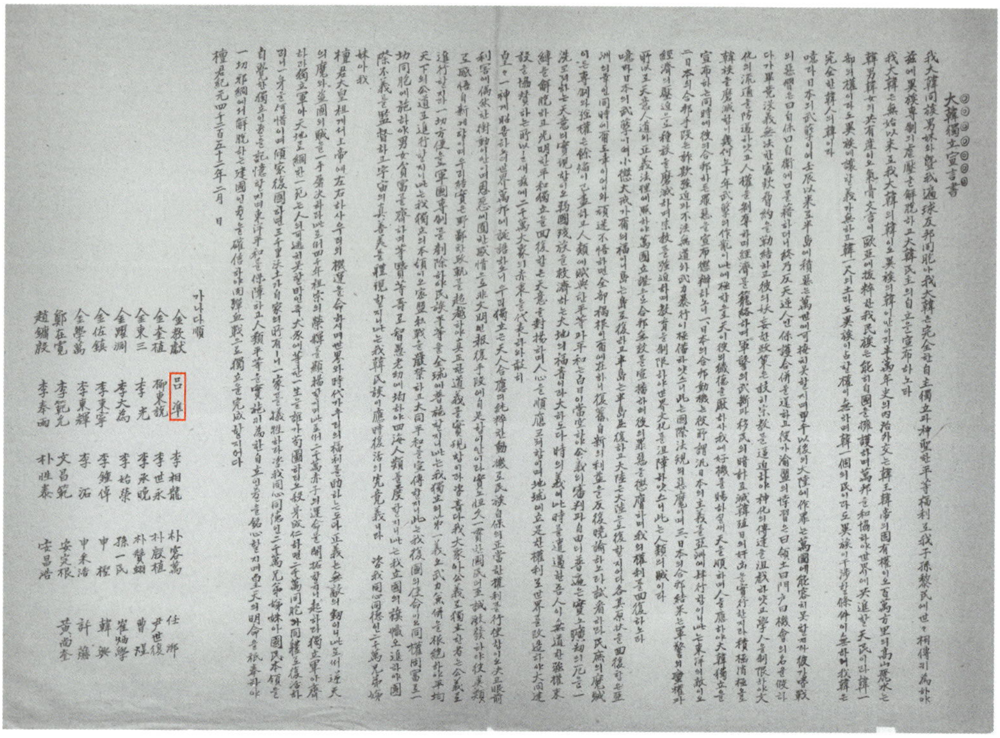

여준이 주도적으로 참여한 「대한독립선언서」

무효이니, "섬은 섬으로 돌아가고 반도는 반도로 돌아오고, 대륙은 대륙으로 회복하라"고 하였다. 그리고 2천만 동포들에게는 국민된 본령이 독립인 것을 명심하여 "육탄 혈전으로 독립을 완성할 것"을 촉구하였다.

국내에서는 1919년 1월 22일 고종이 갑자기 죽음을 맞았다. 고종은 식혜를 먹은 지 30분 만에 심한 경련을 일으키며 갑작스럽게 사망했기에 일제와 친일세력에 의해 독살 당했다는 풍문이 급격히 퍼져 나갔다.

집집마다 상장喪章이 나붙고 전국에서 망곡례가 거행되었으며, 장례식인 인산因山에 참여하기 위해 서울로 올라오려는 인사들이 줄을 이었다. 이러한 급변하는 정세 속에 독립만세운동을 계획하고 있던 세력들은 지방에서 상경하는 참배객들이 다수 몰릴 예정인 3월 1일을 독립선언일로 정하였다.

1919년 3월 1일, 서울의 탑골공원에서 학생들이 「독립선언서」를 낭독하면서 역사적인 독립만세 시위가 시작되었다. 「독립선언서」 낭독과 만세 삼창을 마친 학생과 시민 등 시위대는 이들을 진압하려는 일본 기마경찰과 헌병대, 형사, 순사보조 등과 뒤섞인 채 시내를 가득 메우며 만세시위를 벌였다.

탑골공원에서의 만세운동에는 용인 출신 어대선*도 유림 대표로 현장에서 시위를 이끌었다. 그는 이날 오후 2시경 공원에서의 독립선언

탑골공원 팔각정

* 어대선(魚大善, 1871~1922)은 용인 기흥구 언남동 출신이며, 용인 명륜학교에서 교육활동을 펼쳤다.

식을 끝내고 수많은 학생·시민과 함께 여러 대열을 만들어 시가행진을 주도하였다.

3월 5일에도 어대선은 현재 청량리역 인근인 고양군 청량리에서 군중과 함께 독립만세운동을 전개하였다. 그는 49세의 나이에도 불구하고 운집한 학생·시민의 선두로 나아가 민족자결주의 원칙에 따라 독립을 쟁취하기 위해 끝까지 투쟁하자는 연설을 하였고, 독립만세를 부르며 시위군중과 함께 행진하였다.

그는 이날 현장에서 일제경찰에게 피체되어 1920년 4월 8일 고등법원에서 보안법 및 출판법 위반혐의로 징역 8개월을 선고받고 옥고를 치렀다. 석방 후에는 이영선李英善과 임시정부 독립자금을 모집하다 체포되어 3년형을 받았다. 그는 옥중에서 중병을 얻어 가출옥되어 고향인 용인으로 내려오다가 광주군 낙생면 길 위에서 별세하였다.

3월 1일의 만세시위는 서울만이 아니라 평남의 평양·진남포·안주, 평북의 선천·의주, 그리고 함남의 원산 등 7군데에서 일어났다. 만세시위는 곧바로 인근 지역으로 확산되었다. 3월 1일부터 3월 7일까지 첫 주에 147회의 만세시위가 일어났는데, 주로 서울과 경기도 일원, 평안남북도와 황해도, 함경남도에서 일어났다. 3월 1일부터 14일까지 2주간 전국에서 일어난 276회의 만세시위 중 평안남도 71회, 평안북도 45회, 황해도 28회, 함경남도 41회, 함경북도 12회로 71%가 북부지방에서 일어났다.

3월 중순 이후 만세시위는 전국화되었다. 중부와 남부지방에서까지 각 면·동·리 마을 곳곳에서 '독립 만세' 함성을 들을 수 있었다. 전국으로 확산된 3·1 만세운동은 5월 초순까지 약 세 달 가까이 지속되었다.

용인 모현면 출신의 청년 남정각*은 유학하고 있던 수원에서 만세시위에 참여하였다. 수원에서의 독립 만세시위는 1919년 3월 1일 수원 북문안의 용두각에서 처음 시작되었다. 이날 만세소리를 듣고 각처에서 모여든 군중이 수천 명에 이르렀다.

3월 16일, 팔달문 서장대와 동문안 연무대에서 수백 명씩 모여 만세를 부르며 시위행진을 했다. 이에 일제경찰과 헌병들이 시위를 제지하고 주동자를 검거했다. 시민들이 항의하며 문을 걸어 잠그고 철시하자, 일제경찰들이 검거된 사람들을 석방하였다고 한다.

22세의 청년학도 남정각은 수원에서의 만세운동에 참여한 후 고향인 용인으로 돌아와 만세운동이 확산되도록 선전활동에 나섰다. 그는 일제경찰의 체포를 피해 1920년 3월 중국으로 망명, 장춘 · 천진 · 상하이 등지를 순회하다가, 1921년 북경에서 김원봉을 만나 의열단에 가입, 의열 투쟁에 참여했다.

2. 용인 만세운동의 전개

1) 용인 만세운동의 시작

용인 만세운동의 시작**은 3월 21일 원삼면 좌항리 좌찬고개에서 만

* 남정각(南廷珏, 1897~1967)은 용인 모현읍 갈담리 출신으로 호는 오산, 이명은 영득이다.

** 전국으로 확산된 '독립만세' 시위가 용인지역에서 처음 울려 퍼진 때는 언제일까?
일제의 조선헌병대 보고에 3월 12일 "경기도 금화金華에서 만세 운동이 일어났다"는 기록이 있다. 이 금화는 현 기흥구 상갈동에 속한 마을이다. 그러나 아쉽게도 더 이상의 일제 보고나

용인3 · 21만세운동 기념탑(처인구 원삼면 좌찬고개)

세운동을 전개했다는 재판기록에서 확인된다. 좌항리에 거주하는 황경준黃敬俊과 이웃마을인 사암리의 최상근崔相根 · 안명옥安明玉 · 김은수金殷秀 등이 주민들에게 조선독립만세를 부를 것을 권유해 시작되었다는 것이다. 또 맹리孟里의 이은표李殷杓 · 이인하李寅夏 등은 미리 만들어 둔 구한국 국기 등을 군중들에게 배포한 후 군중들 앞에서 조선독립 만세를 외쳤다. 같은 마을 이용환李容煥 · 김성남金性男 · 김영달金永達 · 김창연金昌淵 등이 군중들과 함께 독립만세를 불렀다. 이렇게 모인 주민 3백 명은 원삼면 면사무소 앞으로 몰려가 오전 3시경부터 6시경까지 조선독립만세를 외쳤다.

자료가 없어 용인 첫 만세운동으로 단정할 수 없다. 더구나 다른 자료를 보면 같은 날 강원도 김화에서 일어난 만세운동이 여러 번 거론되고 있어 이곳의 오기일 가능성도 있다.

이어진 용인의 만세운동은 3월 24일 용인읍내에서 일어난 학생만세 시위를 들 수 있다. 조선총독부 경무총감부 고등경찰과에서 조선총독 앞으로 1919년 3월 27일 올린 극비문서에 의하면, “3월 24일 김량장공립보통학교*의 졸업과 수료식을 마치고 귀가하던 학생 30여 명이 김량

원삼면 사무소 터(처인구 원삼면 고당리)

용인초등학교와 김량장(처인구 김량장동)

* 현 용인초등학교의 전신

장 시장에서 독립만세를 고창"했다고 보고하였다. 이에 순찰 중이던 헌병이 곧 해산시켰다고 한다. 1915년 11월 개교한 김량장공립보통학교에서 마침 당일 첫 졸업식이 열린 것인데, 일제 식민교육에 학생들이 먼저 용감한 항거를 벌인 것이다. 어린 학생들에 의해 울려 퍼진 독립만세 소리는 곧 거대한 파도가 되어 용인 전역으로 번져 거대한 독립만세 바다를 이루었다.

2) 용인 만세운동의 전개

1919년 3월 21일 원삼면 주민과 24일 김량장공립보통학교 학생들의 만세시위에 이어 용인의 만세운동은 각지에서 봇물처럼 터져 나왔다. 3월 28일 아침부터 용인의 북부인 모현면 왕산리旺山里와 초부리草負里에서는 김명화金明花·김동호金東浩 등이 시위대를 이끌고 만세를 부르며 포곡면 삼계리로 향했다. 조선헌병대사령부에서 4월말 집계한 『조선소요사건일람표』에 의하면, 이 날 용인 모현면 왕산리 시위에 400여 명이 참가하고 8명이 검거된 것으로 기록되어 있다. 다만 누가 검거되었는지는 알 수 없다.

용인 만세운동 검거자 재판기록을 종합해 보면, 포곡읍 삼계리에서 농사를 짓던 김병선金秉善, 당시 68세은 아침 7시경 태극기를 들고 대열을 이끌었다. 이어 도사마을에서 오래 터를 잡으며 한학을 가르친 유지 권종목權鍾穆, 당시 34세이 태극기를 직접 만들어 시위대를 이끌었고, 금어리에 이르러서는 기독교 신자인 홍종욱洪鍾煜, 당시 27세·종엽鍾燁, 당시 21세 형제가 시위 참여를 독려했다. 태극기를 인수받은 홍종욱·종엽 형제는 주민 200여 명과 함께 독립만세를 외치며 용인 읍내로 행진하기 위해 10시경 내사현 양지면 대대리大垈里에 도달했다.

이어 김치현金致賢의 집에서 시위에 쓸 태극기를 만들었다. 홍종엽과 박승백朴勝伯 등은 짬을 내 태극기를 더 만들었다고 한다. 포곡면 둔전리에서는 정규복丁奎復이 권명보權明甫 등 수십 명의 동지를 규합해 만세 시위에 가담했다.

이렇게 릴레이 방식으로 모인 각 마을 시위대는 군청 소재지로 집결하기 위해 만세를 외치며 유방리柳防里에 이르렀다. 이미 읍내인 김량장리에는 임원호任元鎬 · 김경운金敬云 등이 주민 천여 명과 함께 용인군청 앞으로 몰려들었다. 이 무렵 모현면과 포곡면에서 출발한 시위대가 합세하여 1천여 명에 이르러 유방리에서 조선 독립만세를 외쳤다. 일본 헌병대가 출동하여 유방리에 모인 시위대에 해산을 명했으나, 군중들이 거부하며 투석으로 맞서자 발포로 이어졌다.

햇골 발포지(처인구 유방동)

3월 29일자로 조선총독에게 보고한 「(극비)독립운동에 관한 건(제30보)」에 의하면, 이 날 발포로 인해 사상자 1명이 발생했다고 보고되었다. 시위대가 유방동 햇골 입구에 다다를 무렵 일본 헌병들이 쏜 총에 의해 해산되고 사상자가 발생했다. 김량장공립보통학교 학생인 18세의 이인봉도 이 날 체포되었다가 징역 6개월에 집행유예를 선고받았다.

다음날인 3월 29일 옛 양지군청이 있던 곳과 가까운 곳인 내사면* 양지리陽智里에서 만세운동이 시작됐다. 남곡리南谷里에서 농사꾼이며 천주교 신자인 한영규韓榮圭, 당시 37세 · 김운식金云植, 당시 20세 등이 마을 주민들에게 태극기를 나눠주고 주민 100여 명과 함께 양지리까지 만세행진을 벌였다. 남곡리 시위 역시 3월 31일 조선총독에게 보고한 「(극비)독립운동에 관한 건(제32보)」에 실려 있다.

3월 30일에는 기흥면사무소 앞에서 약 300명의 군중이 집결하여 만

양지 만세운동지(양지면 남곡리)

* 내사면은 1996년 일제 잔재 청산 작업으로 양지면으로 변경하였다.

세시위를 벌였다. 이날 갈천葛川지역 유지이며 농사를 짓던 하갈리下葛里 주민 김구식金九植, 당시 39세 등이 오전 11시경 하갈리 신갈천변에서 수십 명의 군중을 모아 독립만세를 외쳤다.

이날 만세운동 현장에는 김구식과 막후에서 시위를 지휘한 요시찰 인물인 김혁이 함께했다. 구한국 육군무관학교를 졸업해 육군참위로 임관되어 경성시위보병대에서 정위로 근무한 김혁은 일제에 의해 강제로 군대가 해산당하자, 낙향해 만주행을 모색하다가 만세운동에 참여하였다. 이날 시위로 잡힌 김구식은 그해 5월 보안법 위반혐의로 징역 1년 6월에 처해졌다. 그의 재판 판결문이 그날의 상황을 생생히 전해주고 있다.

3월 31일 용인 남쪽인 원삼면과 외사면* · 남사면에서도 항쟁이 일어났다. 조선총독에게 보낸 「(극비)독립운동에 관한 건(제34보)」에 의하

신갈천(기흥구 하갈동)

* 외사면은 1996년 일제 잔재 청산 작업으로 백암면으로 변경하였다.

성낙중

면, "31일 원삼면 사암리沙岩里에서 약 300명의 폭민이 운동을 개시해 헌병의 제지를 뿌리치고 보조원의 총기를 빼앗고 곤봉을 휘두르거나 돌을 던지는 등" 강렬한 저항을 전개했다. 이에 일본군이 발포하여 시위대 가운데 성낙중成樂衆 등 2명이 현장에서 총에 맞아 죽고 1명의 부상자가 발생했다고 한다. 이같은 사실은 원삼면 좌항리의 황경준黃敬俊과 사암리 최상근崔相根 등 10명의 판결문에도 생생히 나와 있다. 이용락이 기록한 『3·1운동 실록』에 묘사된 원삼면 의거는 다음과 같다.

> 3월 31일 원삼면 좌항리에 집합하여 독립선언식을 거행할 때 선언문을 낭독하고, 대한독립만세를 고창하니 수백 명의 군중이 태극기를 휘날리며 일제히 호응하였다. 의기양양하게 문촌, 사암, 고당 등 각 마을을 돌아다니며, 석양까지 시위하였다. 계속하여 구봉산, 독조산, 수정산 등 산 위에 봉화를 높이 들고 만세를 부르니, 각 동리에서도 호응하여 남녀노소가 모두 만세를 불렀다. 밤 열시 경에 외사면으로 향하는 도중 비두리 고개에서 용인헌병대와 충돌되어 어두운 밤 산골에 총소리만 요란한데 사방에서 "사람 죽었다" 하는 소리와 총소리가 연속하니, 군중은 나무 숲 사이로 도피하고, 사상자는 부지기수였다. 다음날 왜병들이 각 부락을 돌아다니며, 주동자로 인정된 사람들을 용인헌병대로 구인하여 악독한 고문 취조 끝에 경성지방법원으로 송치되어 각각 형을 받고, 서대문형무소 등에서 복역하였다.

백암천변 비두리(백암면 근창리)

이때 좌항리 출신으로 경성제일고등보통학교를 졸업하고 교원양성소 재학 중 3·1 만세운동에 참여했다가 고향에 돌아와 있던 이봉현李鳳鉉도 만세시위에 참여했다가 도피했다고 한다. 좌항리 시위로 서대문 감옥에 10개월 수형되었다가 풀려난 이은표李殷杓는 고문 여독으로 사망하였다고 한다.

3월 31일 이동면 송전리에서도 약 2백 명이 만세를 불러 주재한 헌병들에 의해 해산 당하였다고 한다. 4월 2일 경기도장관이 조선총독부 정무총감에게 올린「소요사건에 관한 보고서」에 따르면 3월 31일 오후 외사현 백암면에서 3천 명의 시위대가 면사무소에 집결하여 만세시위를 벌이고, 백암헌병주재소를 습격하였다고 한다. 헌병들은 곧 시위대에 발포하여 해산시켰는데, 이 과정에서 "사망자 1명, 부상자 약간명이 발생했다"고 보고하였다.

외사면사무소 자리(백암면 백암리)

남사면에서도 같은 날 시위대가 면사무소를 습격하여 면장을 구타하였다. 이에 면장은 피신하여 송전리 헌병출장소에 밀고하여 헌병들이 시위대를 해산시켰다. 이 사실을 알게 된 주민 200명이 다음날 4월 1일 남사면사무소를 포위하자 면장이 다시 피신하였다.

일본헌병사령관이 그해 4월말 육군차관에게 올린 「조선소요사건일람표」에 의하면, 4월 2일 용인 남사면에서 500명, 창리에서 400명이, 기독교 · 천도교인, 농민들이 합세해 격렬한 만세시위를 벌였다. 이 과정에서 2명이 검거된 것으로 보고되었다. 3일 외사면 백암리에서도 시위 움직임이 있었으나, 일제 관헌에 의해 사전에 저지되고 말았다. 일본 헌병대 보고 자료를 바탕으로 용인지역 만세운동 발발지와 피해현황을 집계하면 다음과 같다.

용인지역 3 · 1만세운동 발발장소와 피해 현황

지역	만세운동 발발		피해현황		
	일자	장소/인원	사망자	부상자	검거자
원삼면	3.21	원삼면사무소 주민 300명	-	-	-
용인읍내	3.24	김량장시장 학생 30명	-	-	-
	3.28	김량장리 주민 300명	-	-	4명
		용인군청 주민 1,000명	1명	1명	1명
모현 · 포곡면	3.28	유방리 주민 500명			
내사면	3.29	남곡리 주민 100명			2명
	3.30	양지리 주민 100명	-	-	-
외사면	3.31	백암면사무소 3,000명	1명	약간명	
수지면	3.30	수지면사무소 2,000명	2명	다수	16명
기흥면	3.30	신갈리 주민 500명	-	-	1명
원삼면	3.31	사암리 주민 300명			34명
이동면	3.31	송전리 주민 200명			
남사면	3.31	남사면사무소 200명			
	4.1	남사면사무소 200명			
	4.2	창리 주민 400명			
계			4명	미상	58명

3. 용인 만세운동 피해 상황

1) 만세운동 관련자 체포 · 구속

1919년 3월 독립만세의 거대한 함성 바다를 일군 용인의 봄날은 잔인하게 눈부셨다. 만세 함성에 놀란 일제는 4월 3일 이후 시위가 다소 잦아들자 잔혹한 보복에 나섰다. 각 동리를 돌며 주동자들을 마구잡이로 체포하여 헌병대 지소로 연행하였고, 혹독한 심문과 고문을 가하였다. 전국의 헌병지소와 경찰서가 곧 지옥 같은 고문 현장이 되었고, 저항자와 주동자들은 악명 높은 서대문형무소에 수감되었다. 용인의 만세운동으로 서대문형무소 수감자 기록인 「감시대상 인물기록카드」국사편찬위원회 소장로 확인되는 이는 권종목 · 정규복 · 홍종욱 · 홍종엽 · 이덕균 · 한영규 · 김운식 · 심종윤 등이다.

3월 28일 포곡면 삼계리 도사마을에서 한학을 가르치다가 만세운동을 이끈 권종목權鍾穆, 당시 34세은 언제 체포되었는지 알 수 없다. 일제가 만든 「감시대상 인물기록카드」에 의하면, 그는 5척4촌의 신장으로 수감 당시 얼굴 왼쪽 뺨에 큰 상처를 입고 있었다. 일제는 그에게 보안법 위반 혐의로 1919년 6월 28일 1년형을 언도하였다. 권종목은 1920년 4월 28일 출소하였다.

포곡면 둔전리 161번지에서 농사를 짓던 정규복丁奎複, 당시 20세 역시 같은 3월 28일 만세운동에 참여하다가 피체되었다. 그 역시 서대문형무소에 수감되었다. 1919년 5월 14일 재판에서 보안법 위반혐의로 징역 10개월을 언도받아 복역하고 1920년 1월 28일 출소하였다.

포곡면 금어리에서 농업에 종사하며 기독교 신자인 홍종욱洪鍾煜, 당시 27세 · 종엽鍾燁, 당시 21세 형제는 태극기를 만들어 주민 200여 명과 함께 금어리에서 대대리까지 독립만세를 외친 혐의로 피체되었다. 홍종엽은 일본 헌병대의 심문조서에서 "삼계리 방면에서 권종목이 선두에 서서 구한국기를 휘날리며 독립만세를 부르짖었고, 자신에게도 만세 부를 것을 요청해 함께 했다"고 당당히 진술하였다. 두 형제는 서대문형무소에 수감되었다가 그해 6월 28일 재판에서 보안법 위반 혐의로 각각 징

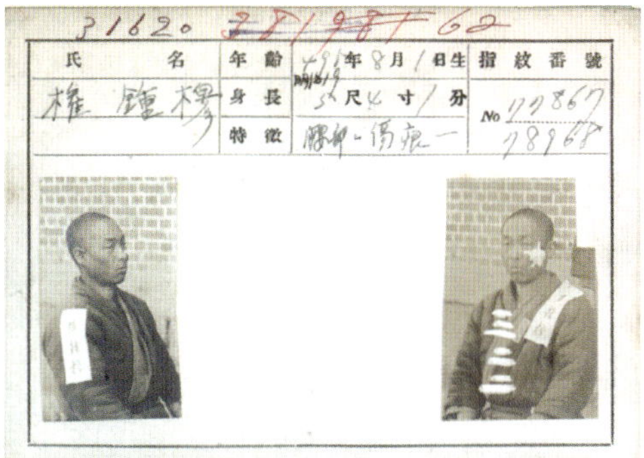
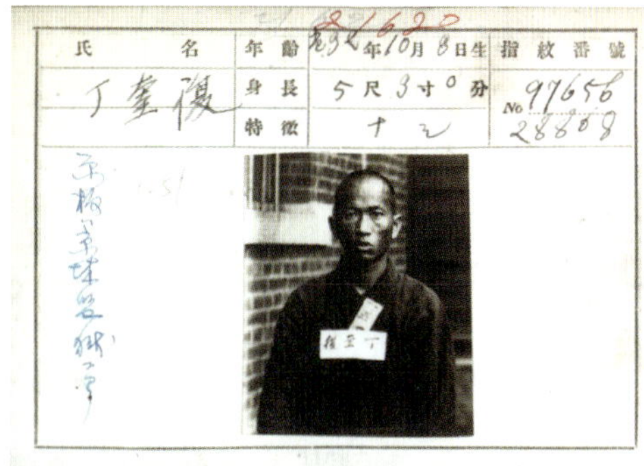
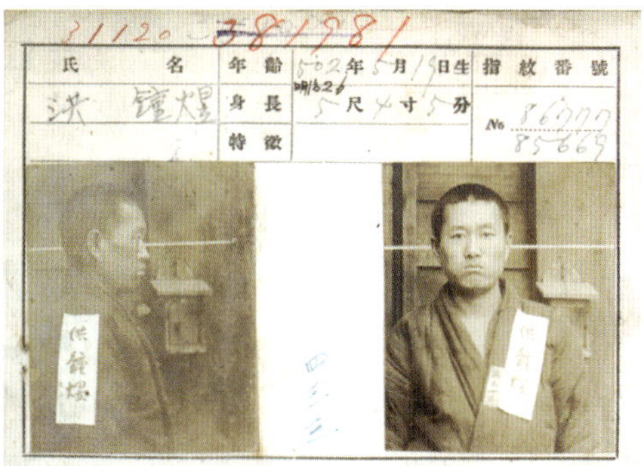
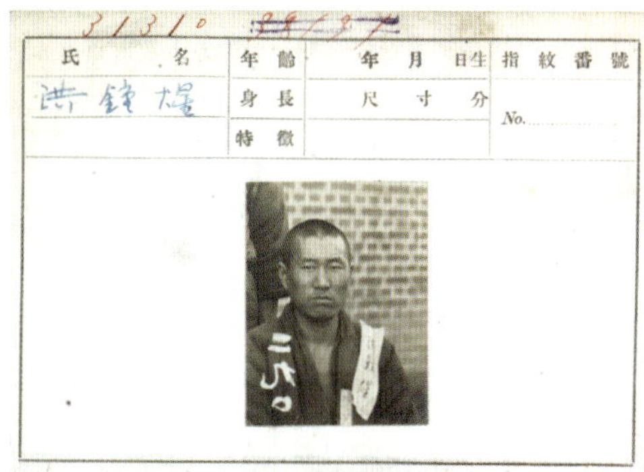
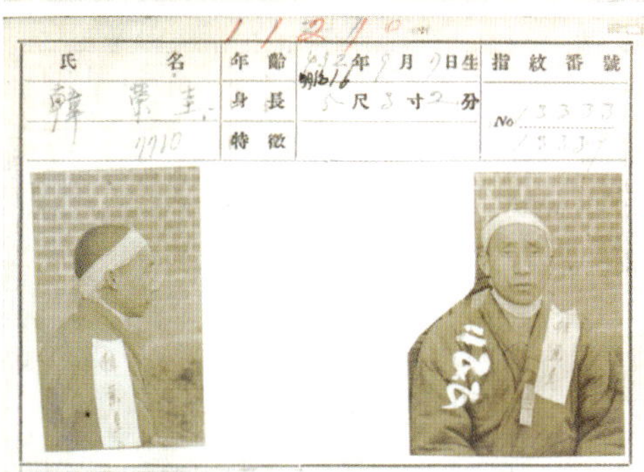
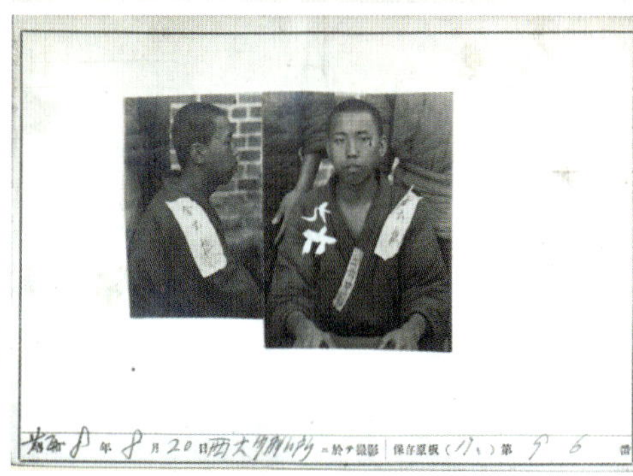
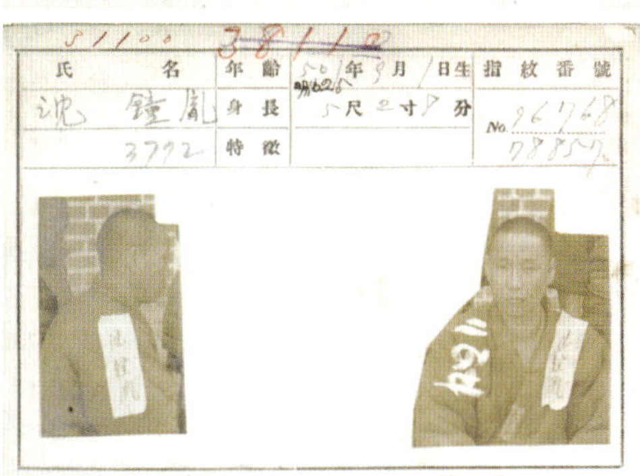

감시 대상 인물 카드
(맨위 좌부터) 권종목 · 정규복
홍종욱 · 홍종엽
한영규 · 김운식
심종윤

역 10개월을 언도받아 복역했다.

권종목과 이인봉당시 18세, 홍종욱·종엽 형제 등은 판결에 항소했으나, 일제는 7월 8일 재판에서 기각시켰다. 이들은 그해 1920년 4월 28일 출소한 것으로 기록되어 있다.

용인 내사면 남곡리에서 농사를 짓던 천주교인 한영규韓榮圭, 당시 37세와 같은 마을의 천주교도 김운식金云植, 당시 21세은 3월 29일 용인 내사면 양지리에서 주민 100여 명과 함께 만세운동을 한 혐의로 피체되었다. 이들 역시 5월 13일 보안법 위반 혐의로 재판에 회부되어 각각 징역 10개월에 처해졌다. 두 사람은 서대문형무소에 8월 21일 입감되어 다음해 4월 28일 출소한 것으로「감시대상 인물기록카드」에 기록되어 있다.

남사면 창리에서 농사를 짓던 심종윤은 4월 1일에 일어난 창리의 만세 시위를 주동한 것으로 추정된다. 일제 헌병대는 창리 시위를 보고하고 있는데 판결문이나 기타 자료엔 보이지 않는다. 감시대상 인물카드에 심종윤은 1919년 보안법 위반으로 징역 1년을 언도받고 복역한 것을 보면 비중이 있는 역할을 수행한 것으로 짐작할 수 있다.

2) 일제 판결을 통해 본 용인 만세운동

원삼면 지역 만세운동으로 체포된 이들에 대해서는 1919년 5월 9일자 재판기록에 잘 나타나 있다.

판결문

1919년 3월 21일 황경준黃敬俊, 안명옥安明玉, 김은수金殷秀 등은 주민들에게 "조선독립만세를 부르라"고 권유하고, 주민 수백 명과 함께 원삼면 사무소 앞에서 오전 3시경부터 동 6시경 사이에 조선 독립만세를 큰 소리로 연달아 불렀다. 이은표李殷杓와 이인하李寅夏는 같은 곳에 모여 있는 군중들에 대하여 미리 만들어 둔 구한국국기 4류를 교부하여 민심을 선동한 후 위의 군중과 함께 앞에서와 같이 조선 독립만세를 외치고, 이용환李容煥, 김성남金性男, 김영달金永達, 김창연金昌淵은 이날 앞과 같은 장소에서 위의 군중과 함께 조선 독립만세를 외침으로서 안녕 질서를 방해한 자이다.

판결내용

징역 10월 : 황경준, 최상근, 안명옥, 김은수, 이은표, 이인하

징역 6월: 이용환, 김성남, 김영달, 김창연

참여자

좌항리 : 황경준농업, 37세, 김성남농업, 18세, 김영달농업, 17세

사암리 : 최상근농업, 27세, 안명옥농업, 49세, 김은수여인숙, 26세, 김창연농업, 27세

맹 리 : 이인하농업, 31세, 이은표농업, 31세, 이용환농업, 41세

위의 내용을 통하여 볼 때 원삼면 지역의 만세운동은 1919년 3월 21일 오전 3시경부터 오후 6시까지 원삼면 면사무소에서 진행되었다. 황경준 · 최상근 · 안명옥 · 김은수 등은 주민들에게 "조선 독립만세를 부르라"고 권유하였고, 이은표 · 이인하는 구한국 국기를 나누어 주었다. 원삼면 만세운동으로 인해 태형을 받은 이들은 다음과 같다.

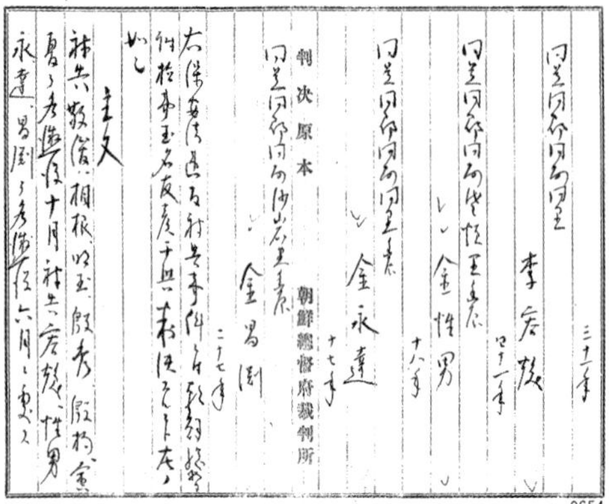

0654

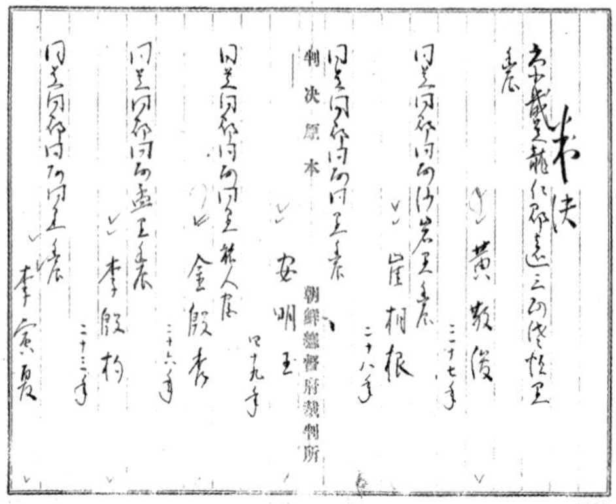

0653

원삼면 만세운동 참여자 판결문 일부

태형 판결자

이웅한李熊漢 원삼면 좌항리, 태형 90대, 죄명 보안법 위반

이병연李秉淵 원삼면 좌항리, 태형 90대, 죄명 보안법 위반

장병식張秉植 원삼면 좌항리, 태형 90대, 죄명 보안법 위반

조용산趙龍山 원삼면 좌항리, 태형 90대, 죄명 보안법 위반

황덕재黃德在 원삼면 좌항리, 태형 90대, 죄명 보안법 위반

황찬경黃瓚景 원삼면 좌항리, 태형 90대, 죄명 보안법 위반

이태현李泰鉉 원삼면 좌항리, 태형 90대, 죄명 보안법 위반

임홍도林興道 원삼면 좌항리, 태형 90대, 죄명 보안법 위반

박홍준朴興俊 원삼면 좌항리, 태형 90대, 죄명 보안법 위반

김일춘金日春 원삼면 좌항리, 태형 90대, 죄명 보안법 위반

이범기李範驥 원삼면 가좌리, 태형 90대, 죄명 보안법 위반

변용섭邊用燮 원삼면 가좌리, 태형 90대, 죄명 보안법 위반

박희적朴熙積 원삼면 가좌리, 태형 90대, 죄명 보안법 위반

허　충許　忠 원삼면 가좌리, 태형 90대, 죄명 보안법 위반

이상철李象喆 원삼면 문촌리, 태형 90대, 죄명 보안법 위반

장지선張志善 원삼면 문촌리, 태형 90대, 죄명 보안법 위반

이은상李殷商 원삼면 문촌리, 태형 90대, 죄명 보안법 위반

오경렬吳慶烈 원삼면 문촌리, 태형 90대, 죄명 보안법 위반

서천길徐千吉 원삼면 문촌리, 태형 90대, 죄명 보안법 위반

안재섭安在燮 원삼면 문촌리, 태형 90대, 죄명 보안법 위반

한승원韓昇源 원삼면 가좌리, 태형 90대, 죄명 보안법 위반

강신복姜信福 원삼면 사암리, 태형 90대, 죄명 보안법 위반

처인구 원삼면에서의 만세운동 참여자들의 수형인 기록인 「수형인 명부 - 원삼면」가 2019년 8월 원삼면사무소 문서고에서 확인되었다. 명부에는 만세 참여로 인해 보안법 위반혐의로 용인헌병분대에서 태笞 90대의 형을 받은 이태현 등 20명의 생년월일과 주소, 출생지, 신분과 판결 언도일 등이 자세히 기록되어 있다. 이 중 이용락의 『3·1운동 실록』에 실린 수형자 중 강신복姜信福과 한승원韓昇源 2명은 원본에서 확인

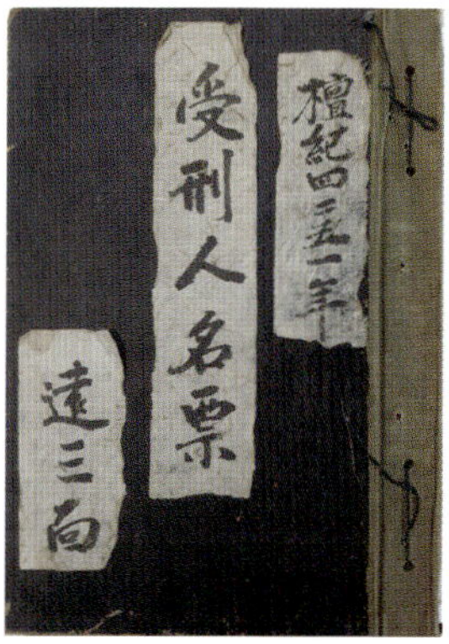
원삼면 수형인 명부

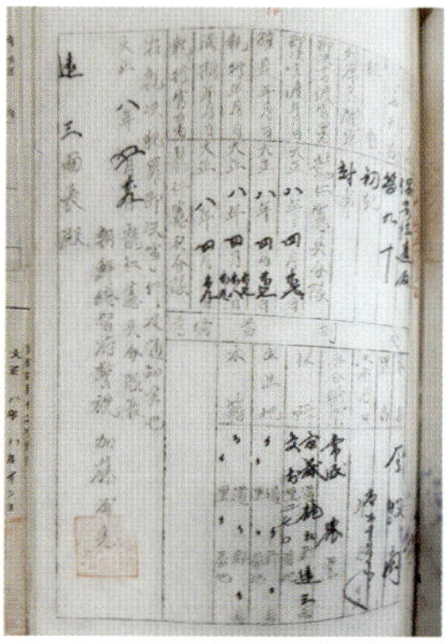
이은상

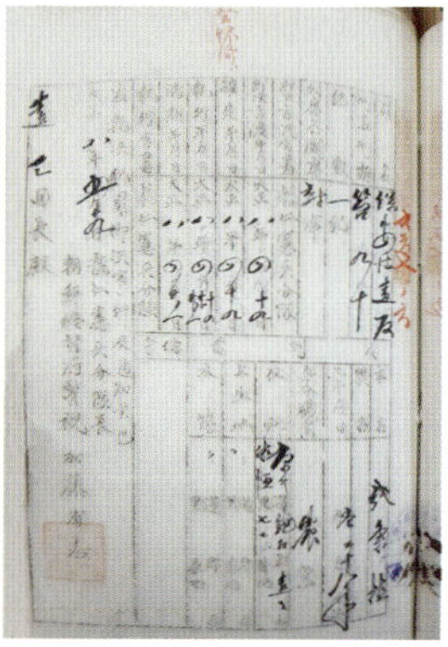
장병식

허충

하지 못했다.

3) 회고를 통해 본 용인 만세운동

용인 만세운동을 보다 구체적으로 파악하기 위해서는 당사자들의 후손들이 남긴 증언을 참고해 볼 수 있다. 현재 이들 증언 기록 가운데 가장 상세한 내용을 담고 있는 것으로는 원삼면 만세운동에 참여한 김은수金殷秀의 아들 김사원의 자필 기록이 있다. 원삼면 지역의 만세운동을 살피는 데 있어서 귀중한 기록이라고 생각된다. 1991년 3월 27일 작성된 이 기록에 대하여 김사원은 "당시 겨우 11세의 소년이었으나 사건이 하도 충격적이고 우리 가정에 크나큰 파탄을 가져다 준 사건이기에 72년이 지난 오늘에도 그 상황을 기억할 수 있어" 글을 남긴다고 작성 경위를 밝히고 있다. 김사원이 작성한 「용인 원삼면의 3 · 1만세운동 개요」는 다음과 같다.

> 1919년 3월 21일 새벽에 어디서엔가 와…, 와… 하는 여러 사람의 함성을 잠결에 언뜻 듣고, 잠에서 깨어나 어머님을 깨웠다. 그때 아버님은 출타하신 지 10여 일이 되도록 돌아오시지 않아 안방에서 어머님을 모시고 8세인 여동생, 5세인 아우와 네 사람이 자고 있었는데, 어머님은 밖에서 들려오는 함성을 듣지 못하셨는지 주무시고 계시기에 "저게 무슨 소리일까요"하고 흔들어 깨웠더니 "왜 무슨 소리가 들리니"하고 귀를 기울이시더니 "글쎄다. 저게 무슨 소리냐. 아마 넓실이나 모래실에서 불이 난 모양이로구나" 하시므로 나는 미심쩍어서 옷을 주워 입고 사랑채에

있는 머슴방으로 달려가서 머슴들에게 물어 보려 했더니 머슴들은 이미 다 나가고 방은 텅 비어 있었다. 할 수 없이 대문빗장을 벗기고 밖으로 나가보니 많은 사람들이 횃불과 태극기를 들고 '대한독립만세'를 외치며 면사무소로 가는 세거리 쪽으로 가는 것이 아닌가. 그때서야 납득이 갔다. 며칠 전에 숙부님이 만세 부를 때 쓸 태극기라면서 만드는 것을 구경한 일이 있었기 때문이다. 시위군중이 지나가니 동네는 부녀자들만 모여서 제각기 본 이야기, 들은 이야기들을 떠들다 헤어졌다.

오전 열시경에 하나둘 씩 만세 부르러 갔던 사람들이 돌아왔는데, 우리 큰댁 머슴 최 서방이 총에 맞아서 업혀 오고 있다고 전했다. 최 서방은 오른편 가슴에 관통 총상을 입었는데 요행히 급소는 피했던지 출혈을 많이 했다는데 생명은 붙어있었다. 시골이니 병원도 없고 의사도 없으니 별다른 치료를 받지 못하고 묵은 호박을 쪼개서 앞뒤로 붙이면 화기를 빼어낸다고 그리하더니 한두 달 후에는 완치가 되어 농사일을 하고 있는 것을 보았다.

인산因山에 참례하기 위하여 서울에 갔다가 손병희 선생 주도하에 일어난 서울의 3·1운동 광경을 보고 감동하여 돌아온 박제원, 이봉현, 이은표, 김은수, 김영달, 김성남, 이용환, 황경준 등이 이은표 댁에 모여 원삼면 내에서 독자적으로 대한독립만세 시위운동을 일으키기로 합의하고 다시 안명옥, 박제민, 박제정, 김창연 기타 수인을 연락원으로 포섭하고 각 부락 유지에게 통지하여 "3월 20일 자정을 기하여 양지면 평창리와 원삼면 좌항리 접경지인 좌전고개에 있는 최상근이 운영하던 주막집에서 시발하여 대한독립만세 시위운동을 전개할 것이니, 미리 만반 준비를 갖추었다가 그날은 산봉우리마다 봉화를 밝혀 이 취지를 전달하는 동시 부락민을 인솔하고 시위행렬에 참가하라"고 수차례에 걸쳐 연락을 해 놓고 1919년 3월 20일 자정을 기하여 주동자와 연락원 그리고 각 부락에서 모여든 유지들이 오른손에는 태극기를, 왼손에는 횃불을 들고 대한독립만세를 외치며 좌전 동네로 내리 닥치니, 여기에 좌항리 · 맹리 · 미평리 사람들이 미리 모여 있다가 합류하고, 여기서 역골고개를 넘어 사암리 모래실 부락 앞에 이르러 여기에 모여 있던 모래실 · 넓실 사람들이 합류하고, 면사무소를 향하여 세거리로 행진하는 사이에 노리개 · 용담 · 안골 사람들이 합류하여 고당리 면사무소에 이르르니 면소 마당과 앞 길거리에서 이미 고당리 · 학일리 · 문촌리 · 목신리 · 독성리 사람들이 모여 있다가 합류하니 모인 군중은 천을 훨씬 넘었을 것이라고 한다. 여기서 3 · 1독립선언문을 낭독하고 만세를 불렀다고도 하고, 면장을 앞세우고 그냥 만세만을 대대적으로 부르고 다시 면장을 앞세우고 헌병분대 주둔지가 있는 백암리를 향해서 행진하였다고도 하였다. 행진하는 동안 두창리 사람들과 외사면 근창리 사람들이 합세하니 행렬은 더욱 커져서 한 5리 거리에 뻗쳐 실로 장엄했다고 했다.

그런데 선두대열이 비둘기비두리고개를 넘어서 백암천白岩川변에 이르러 보니 개울 건너편에는 헌병대가 총을 걸어놓고 기다리고 있더란 것이다. 그러나 뒤에서 군중이 들이밀므로 선봉대가 개울을 건너려는 것을 보자 헌병들은 공포를 쏘아서 위협 사격을 하기 시작하더란 것이다. 처음에는 일인헌병이 공포를 쏘았는데 한국인 헌병보조원 국모鞠某란 자가 실탄사격을 해서 수없는 사람이 총에 맞아 고꾸라지는 것을 본 앞쪽 군중들이 혼비백산하여 되돌아서 달아나려 해도 뒤쪽에서 영문을 모르고 전진을 하려고 들이미니 대열이 흐트러져서 제각기 뿔뿔이 달아남으로써 시위는 이것으로 끝이 난 것이다.

그러나 이 시위운동은 곧 용인군 내 각 면으로 확산되고 인접 군과 인접 도에까지 파급시키는 효과를 가져왔던 것이다. 원삼면 내에서는 그 후에도 며칠간은 동산에 올라가 횃불을 들고 대한독립만세를 부르다가 3월 25일에 경찰과 헌병합동반에게 김은수, 이은표가 체포되어 용인경찰서용인헌병분견대로 끌려가고 계속 시위 주동자들과 연락원, 그리고 각 동리 유지들이 체포되니 약삭빠른 몇 명만이 감쪽같이 피신하여 체포를 면했다. 체포된 사람들은 모두 용인경찰서로 끌려가서 부락 유지들은 죽지 않을 만큼 매를 맞고 고문을 당하는 등 가진 욕을 본 뒤 고문을 받으며 취조를 당한 후 재판에 회부되어 1심에서 황경준 · 최상근 · 안명옥 · 김은표 · 이은표 · 이인하는 징역 10월, 이용환 · 김성남 · 김영달 · 김창연은 징역 6월의 판결을 받았는데 이용환만 복종하고 나머지 9명은 복심원에 상고하였으나 기각되니, 김창연 · 안명옥만 1심대로 복종하고, 나머지 7명은 다시 고등법원에 상고하였다. 그러나 또 기각되므로 할 수 없이 1심대로 복역했다는 것이다.

그중 김은수 씨는 출감이 되었으나 용인경찰서, 경성검사국, 감옥 등에서 받은 고문으로 여러 달을 병원에서 지내다 1921년 4월에 환가했으니 체포로부터 환가까지는 만 2년이 걸렸으며, 여러 번 항소를 하고 고문후유증 치료에 70섬지기의 가산을 전부 탕진하여 살림살이는 풍비박산이 나고 가족들은 무한한 고초를 겪었다. 석방 후에도 늘 요시찰인으로 감시를 받았을 뿐 아리나 무슨 사업을 해보려 해도 인가나 허가가 되지 않으므로 아무 일도 못하고 극히 한미한 세월을 보내다가 8 · 15 해방 후에야 겨우 사람 대접을 받았는데 얼마 안가 6 · 25 사변이 일어나 공산주의자들에게 시달림을 받다가 수복 후에야 양지향교의 직원직도 복구가 되고 약간의 재산도 마련되었으나 1960년 1월에 별세하신 것이다.

4. 수지지역의 독립만세 운동

1) 준 비

수지만세운동*은 그 시위 행렬이 고기리에서 시작되었다. 그리고 당초 시위의 기획도 고기리를 중심으로 이뤄졌던 것으로 보인다. 고기리 구장 이덕균**에 대한 1919년 4월 29일 경성지방법원의 제1심 판결문이 그 정황을 보여주고 있다. 모의과정에 대한 설명으로는 두 대목이 눈에 띈다. 아래 인용문 중 전자는 재판부의 상황 요약이고, 후자는 당시 헌병대의 보고 내용이다.

> 피고이덕균는 위의 피고 거주 리의 구장으로 있었는데, 대정 8년1919년 3월 28일 안종각이란 자로부터 조선독립 시위운동을 할 것을 권유받고서 이에 찬동하여…

> 피고는 고기리古基里의 구장인데 대정 8년 3월말 리의 사환使喚으로 하여금 각 집에서 1명씩 나와서 동천리 방면으로 가서 대한독립만세를 부르라고 주지시켜…

이덕균 고기리 구장이 만세운동에 가담하게 된 것은 같은 마을에 사

* 수지만세운동은 동천동과 고기동 주민들이 자체적으로 나서 2018년도부터 '머내만세운동'으로 재현을 통한 기념행사를 실시하고 있다.

** 이덕균(李德均, 1879~1955)은 당시 용인 수지면 고기리의 구장(區長)이었다.

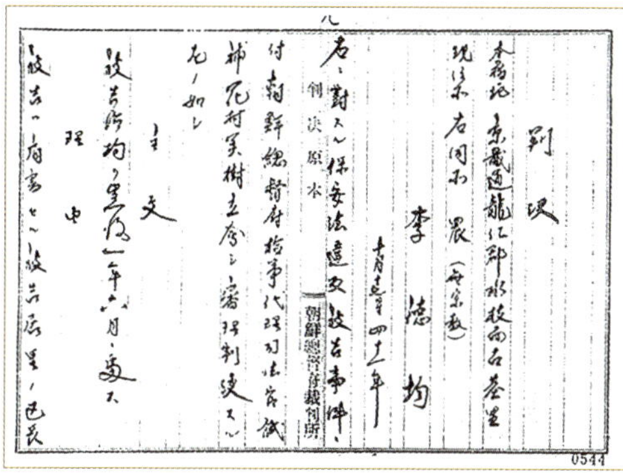

이덕균의 판결문

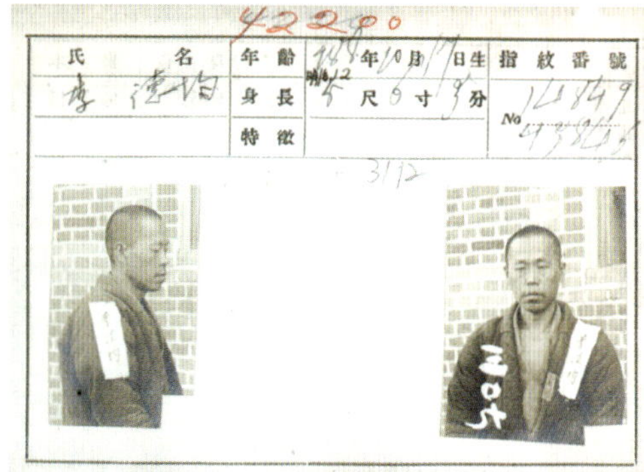

이덕균의 감시대상 인물카드

는 안종각*의 권유에 따른 것이었으며, 이덕균이 만세운동에 가담하기로 결심한 뒤에는 구장으로서 평소 마을에 소식을 전파하는 역할을 하던 사환으로 하여금 각 집에서 한 명씩 나와 만세 대열에 참여하도록 통지했다는 얘기다. 여기서 '리의 사환'은 이덕균 구장의 광주廣州 이씨 종친 이도해였다는 것이 고기리 원주민들의 증언이다.

말하자면 안종각→이덕균→이도해로 이어지는 고기리 내의 만세운동 기획 및 지도체계가 나름대로 성립되어 있었다는 얘기다.

그러나 최근 발굴된 증언에 따르면 만세운동의 준비는 그런 지도체계보다 훨씬 크고 넓은 범위에서 이뤄진 흔적이 있다. 당시 또 다른 고기리 주민이었던 홍재택의 손자 홍봉득 씨가 그 단서를 제공했다.

> 할아버지홍재택가 각처 사람들을 찾아 연락하고 몇날며칠 동안 밤새도록 돌아다녔습니다. 안종각 선생은 고기리 손기마을의 대표 역할을 했습니다. 안종각 선생이 우리 집에서 출타한 할아버지를 밤새 기다린 적

* 안종각(安鍾珏, 1888~1919)은 당시 용인 수지면 고기리 156번지에 거주하고 있었다.

> 이 몇 번 있었답니다. 낮에는 할아버지가 연락하러 돌아다니시고 밤에만 집에 오시니까 어떻게 연락이 되고 있는지 듣기 위해서였던 거지요.
>
> 내가 듣기에 3·1운동 때 수지면, 광주군 낙생면, 읍삼구성면 등 3개면에서 모였다고 합니다. 28일에 만세운동 하자고 준비를 해 왔는데, 구성쪽에서 몇 백 명이 모여 먹을 것이 준비가 안 되었다고 연락이 와서 하루 미뤄 만세시위를 했다고 합니다.

상당히 구체적이다. 요컨대, 수지지역이 중심이 되어 낙생 등 인접한 면들과 연합해 시위대를 조직한 뒤 이를 이끌고 용인의 중심지인 읍삼면구성 쪽으로 나아가 그곳에 진지를 구축하고 거기서 진지전을 벌인다는 것이었다. 결과적으로는 실현되지 않은 계획이지만 홍재택이 이 진지전을 위해 구성지역에 식사 준비까지 협조를 구해 놓았다는 것이 이 증언의 주요 내용이다.

이 증언의 내용은 객관적으로 입증되지 않았다. 그러나 충분히 개연성이 있는 증언이기 때문에 관련 지역들을 중심으로 교차 검증할 수 있는 자료들을 적극적으로 발굴할 필요가 있다.

이 같은 증언이 관심을 끄는 이유는 명확하다. 당시 대부분의 지방 만세운동이 서울 등 대도시 유학생이 동맹 휴학 등으로 고향에 돌아와 만세운동의 소식을 전함으로써 발발했거나 5일장의 장날 계획적으로, 또는 장터의 군중심리에 의해 우발적으로 일어난 것이 일반적이었다.

그러나 수지만세운동의 경우, 그 어느 사례에도 해당하지 않았다. 이 마을에는, 지금까지 확인되기로는, 대도시 유학생도 없었고 변두리여서 5일장도 서지 않았다. 구전되는 이야기에 의하면 전적으로 마을 주민들의 자체 기획에 의해서, 그것도 주민들의 주도 아래 주변 마을들과 적극적인 연계 속에서 거사를 일으켰다는 것이었다. 이런 내용들이 보다 적극적으로 검증 또는 확인될 필요가 있겠다.

수지만세운동의 준비와 관련해서는 중요한 증언이 하나 더 있다. 위 판결문에서 이덕균 구장에게 만세운동을 권했다는 안종각의 후손 안병화의 증언이다. 손의터 마을의 인근에 살던 안종각과 홍재택의 실무 준비 과정에 대한 증언이다.

> 홍재택, 안종각 선생 두 분이서 밤마다 사랑방에서 홑이불을 찢어서 태극기를 그렸다고 한다. 몇 장을 만들었는지는 모르지만 할머니 말로는 홑이불을 다 뜯었다고 한다.

2) 발발 및 전개

1919년 3월 29일 수지만세운동이 시작되는 장면은 이덕균 당시 구장의 1심 판결문이 대체적인 모습을 전하고 있다. 이 부분도 위의 준비과정에 대한 판결문과 같이 두 대목으로 이루어져 있다.

> 이[편집자 : 안종각의 권유]에 찬동하여 정치변혁을 목적으로 다음날 29일 오전 8시경 피고 거촌居村 경기도 용인군 수지면 고기리 주민 약 100여 명을 모아 위의 안종각으로부터 받은 태극기를 흔들며 대중에 솔선하여 '조선독립만세'를 연호하면서 동면 동천리로 향하여 진행할 때…

> 피고는 … 이날 오전 9시경부터 주민 약 100명을 이끌고 동천리에 이르러…

이 판결문에서 △수지만세운동은 3월 29일 오전 8시경 고기리 주민 100여 명이 모이면서 시작됐고, △시위 행진은 당일 오전 9시경 아랫마을 동천리를 향해 시작됐으며, △안종각 등이 사전에 준비한 태극기가 시위 당일 아침에 마을 사람들에게 배포됐고, △시위 행진은 이덕균 등이 이끌며 '조선독립만세' 등의 구호를 외쳤다는 것 등을 확인할 수 있다.

고기리 주민들이 당시 집결해서 한 목소리로 만세를 외친 뒤 동천리를 향해 행진을 시작한 장소는 지금의 고기초등학교 운동장이었다. 물론 1919년 당시는 고기초등학교가 개교하기 전이어서 그곳은 그저 고기리 마을 입구의 '넓은 터'였다고 한다.

그러나 백운산과 바라산의 계곡을 끼고 형성된 고기리에서는 지금 고기초등학교의 위치는 평지쪽 동구에 해당하는 손의터 마을이어서 직선거리로 2Km 이상 상류 쪽의 배나무골, 샛말, 고분재 등에서 이곳까지 오기 위해서는 넉넉잡고 집결 예정 시간보다 한 시간은 일찍 출발해야 했을 것이다. 당시에는 상류 쪽 마을들의 가구와 인구수가 평지 쪽보다 많았다.

곧 배나무골에 살던 이덕균 구장이 고분재에 살던 이도해를 포함해 50명 이상의 시위대와 함께 안종각, 홍재택 등이 사는 손의터에 오전 8시경에 도착하기 위해서는 새벽밥을 해먹고 적어도 오전 7시경에는 길을 떠나야 한다.

수지 만세운동 발생지 표석(수지구 고기동 고기초등학교 앞)

이덕균의 판결문을 비롯해 당시 기록들은 모두 '한 집에 한 명씩' 시위대에 나오도록 독려했고, 실제로 각 집의 '장정'이 나와 모두 100여 명에 이르렀다고 기재하고 있다. 1900년대 초 고기리가 모두 127호였다고 하니 얼추 맞는 얘기다.

이렇게 위 아래 마을의 시위대가 합쳐지자 고기리 사람들의 사기가 충천했을 것이다. 그 직전 여러 날 밤을 새워 안종각 등이 준비했다는 태극기가 마을 사람들에게 배포되면서 긴장감과 흥분은 한층 더 고조될 수밖에 없었다.

그때 안종각, 이덕균 등이 미리 준비한 대로 우리 독립의 당위성을 설파하는 일장 연설을 하고, '조선독립만세!' 제창으로 그 연설을 마무리했을 것이다. 100여 명의 고기리 주민들은 나라 없는 세상에서 일본 관리와 헌병들에게 억눌려 10년 동안 살아온 한을 이렇게 목청껏 외치는 '독립만세'로 풀고 싶었을 것이다.

그렇게 고기리 주민들은 수지만세운동의 집회를 마치고서 오전 9시경 사전에 약속된 대로 대열을 지어 대로변의 동천리를 향해 행진을 시작했다. 당시는 고기리와 동천리 사이의 낙생저수지*가 건설되기 전이어서 지금의 낙생저수지 바닥쯤에 있었던 두 마을의 연결 도로를 따라 때로는 걷고, 때로는 뛰면서 '조선 독립만세!'를 외쳤을 것이 틀림없다.

1919년에 고기리에서 동천리로 내려오는 길은 사실상 외길이었다. 지금은 그 두 지역 사이에 낙생저수지가 생기면서 지형이 완전히 바뀌었다.

고기리에서 출발한 100명의 만세 행렬은 동천리에서 순서대로 동막

수지3 · 1만세운동 기념탑(수지구 풍덕천동)

* 낙생저수지는 1958년부터 공사를 시작해 1961년 준공되었다.

골, 하손곡, 주막거리 등의 마을을 지났다. 이런 지리적 전개를 염두에 두고 이덕균의 판결문을 다시 살펴볼 필요가 있다.

> 피고는 … 동천리에 이르러 약 300명의 군중과 합류하여 '독립 만세'를 외치고, 다시 오전 11시 30분 동면 풍덕리에서 수지면 면사무소로 몰려가 '만세'를 외치면서 선두에서 구한국 기를 앞세우고 군중에게 솔선하여 동군 읍삼면 마북리로 몰려가려 하매, 헌병이 해산을 명령하였으나 쉽게 응하지 않다가 오후 2시경에 이르러 겨우 해산했다.

여기서 시위대의 진행과정을 거리와 시간을 고려하면서 살펴볼 필요가 있다.

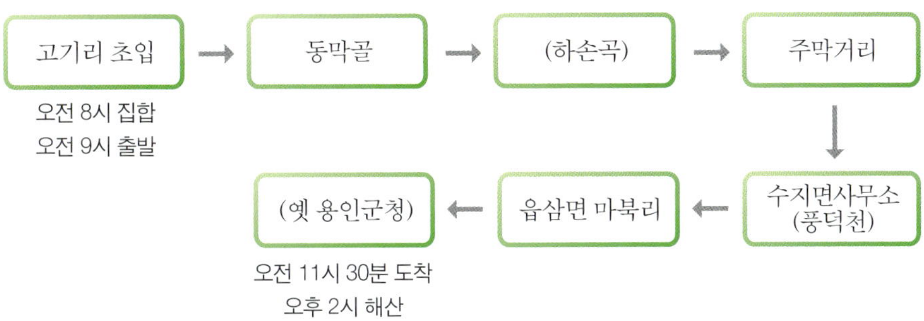

고기리 초입에서 동천리를 거쳐 풍덕천리의 수지면사무소까지는 약 6Km에 가까운 거리로 도보로 1시간 30분 정도 소요된다. 그리고 다시 수지면사무소에서 보정리를 거쳐 마지막에 해산했다는 읍삼면[*]까지는

* 읍삼면은 1914년 읍내면, 동변면, 서변면을 합쳐 만들어졌다. 특히 읍내면 마북리에는 용인군청이 있었으나, 1911년에 김량장동으로 이전하였다. 읍삼면은 1938년 구성면으로 이름이 변경되었으며, 현재 기흥구 마북동, 언남동, 보정동, 청덕동, 동백동, 중동, 상하동과 수지구 죽전동이 해당된다.

5Km 이상으로 1시간 30분 가까이 걸린다.

그런데 고기리에서 오전 9시에 출발해서 여러 마을들을 거쳐 수지면 사무소에 오전 11시30분에 도착했다는 것은 그 마을들에서 잠깐씩 대오를 정비한 뒤 거의 쉬지 않고 1차 목표 지점인 면사무소까지 갔다는 얘기다. 거기서 마지막 해산 지점까지 간 뒤 오후 2시경 해산됐다는 것도 마찬가지다. 대략 면사무소에 30분 정도 체류했고, 마지막 해산지점에서 일제 헌병과 다시 30분 정도 대치했다는 계산밖에 나오지 않는다.

시위행렬이 대단히 급박하게 진행되었다는 정황이다. 만약 면사무소가 최종 목표 지점이었다면 일단 그곳에서 군의 중심지를 향해 시위 행진을 계속할지 말지를 두고 토론이 불가피했을 것이다. 그러나 판결문에 따르면 그곳에서 '만세' 시위를 벌인 뒤 지체하지 않고 구성의 과거 군청이 있던 용인의 중심지를 향해 출발한 것으로 이해된다. 이는 당초의 기획이 그렇게 하도록 되어 있었기 때문이라고 할 수밖에 없다. 아마도 홍재택 등을 통해 수지와 구성의 각 지역이 사전 협의한 내용이 그런 스케줄이었을 것이다.

동천리 지역에서 300명이 합세했다는 것도 그런 구도 속에서 이해할 수 있다. 그 무렵 동천리는 고기리의 127호보다 다소 적은 109호 정도가 거주하고 있었다. 그럼에도 불구하고 300명이나 시위대에 합류했다는 것은 우선 노인과 어린이를 제외한 마을 주민 전원이 시위에 참여했다는 말이 된다.

이것은 전적으로 사전 계획에 의해 마을 주민들이 대기하고 있다가 마을 순서대로 시위대에 합류했다고 볼 수밖에 없다. 동막골은 주요 가문들의 협의에 따라, 하손곡은 천도교의 조직적 움직임에 따라 각각 사전에 정해놓았던 치밀하고도 체계적인 준비 내용을 차질 없이 집행한 결과였다고 생각된다. 이렇게 볼 때 수지지역의 만세운동은 결코 변두리의 작은 지역 운동으로 치부할 것은 아니라고 판단된다.

지금까지의 준비-발발-전개 과정을 종합해 수지만세운동 시위대의 행진 루트 일부를 당시 및 현재의 지도에 표시하면 다음과 같다.

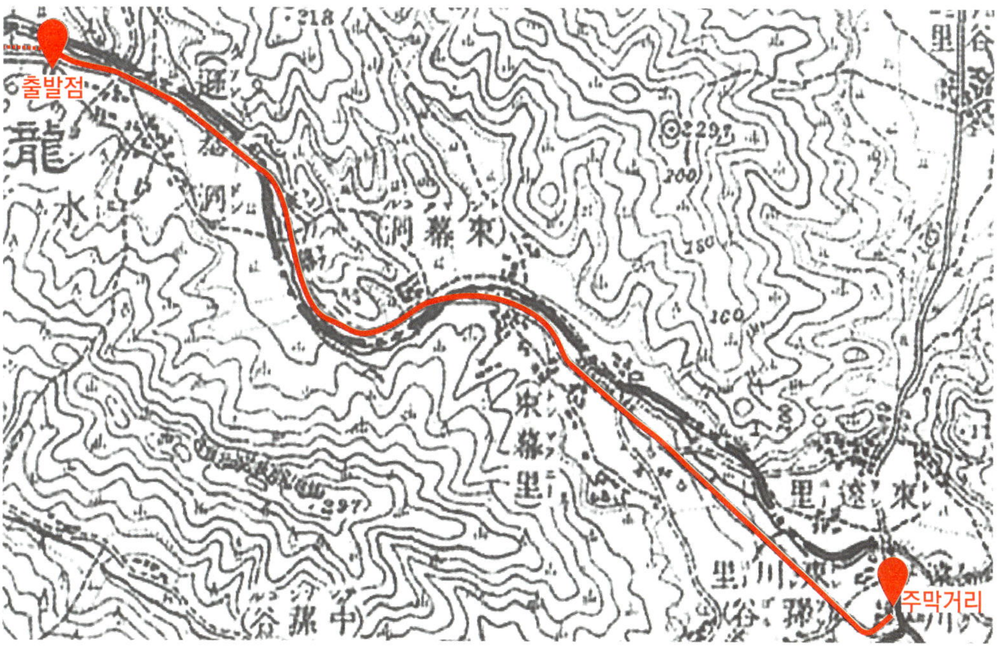

100년 전의 행진루트: 일본 육지측량부가 1914년 측량 · 수정하고 1937년 인쇄 · 발행한 『수원군 지형도』(1/67,000) 중 수지 지역에서 찾아본 고기초등학교~동천동 주막거리 구간의 만세운동 행진루트를 붉은 선으로 표기했다.

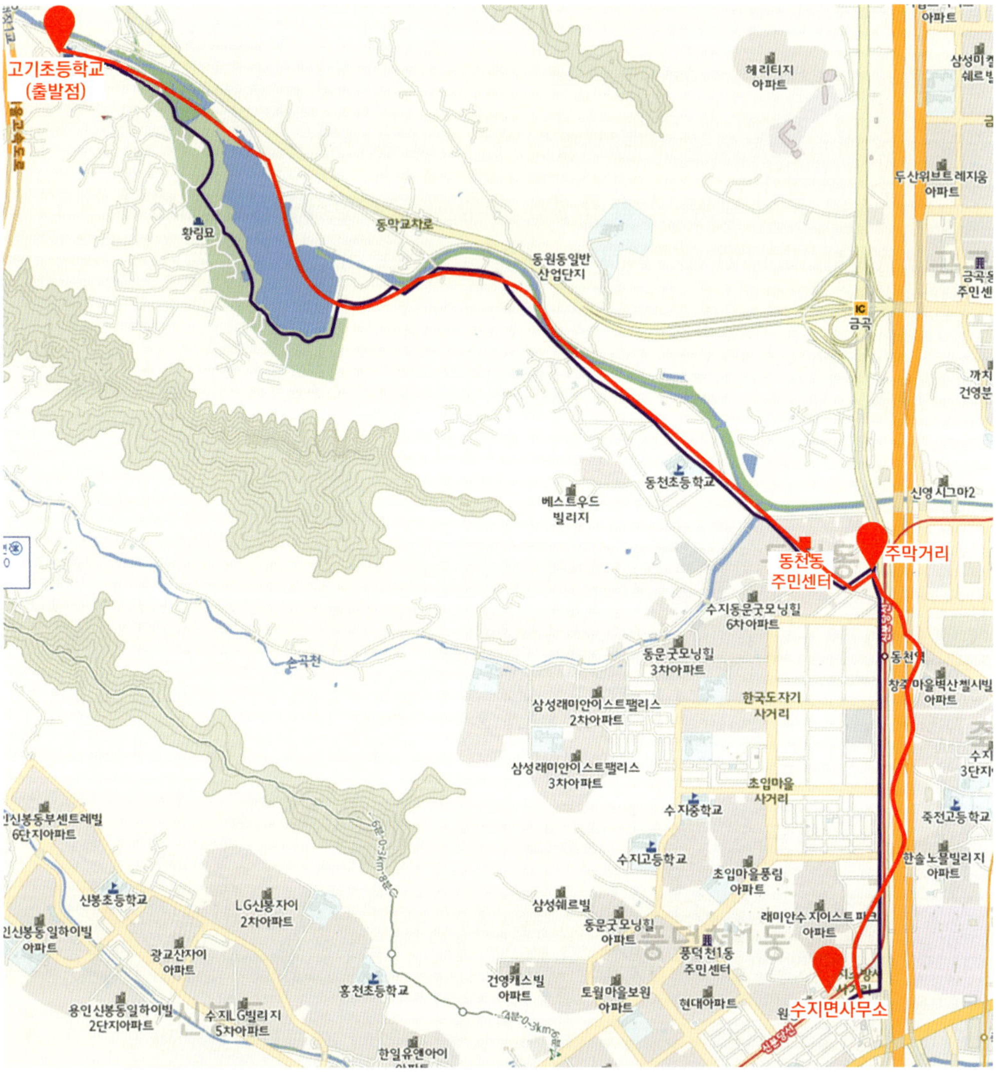

100년 전과 100년 후의 행진루트: 국토지리정보원(www.ngii.go.kr)에서 내려받은 현재의 수지 지역 지도에 위의 100년 전 고기초등학교~동천동 주막거리 행진루트를 그대로 옮겨 붉은 선으로 표기하고, 거기에 주막거리(현재 수지 기업은행 버스정류장)~수지면사무소(현재 수지지구대) 행진루트도 같은 색의 선으로 덧붙였다. 그 옆의 보라색 루트는 100년 사이에 지형 및 도로사정이 달라져 지금 100년 전과 가장 비슷하게 답사할 수 있는 길을 참고로 표시한 것이다. 크게 보자면, 낙생저수지 (1961년)가 지형을 한번 바꿨고, 경부고속도로(1968년) 및 국도 확장공사(1980년대)가 다시 한번 지형과 도로의 모양새를 바꿔 이제 옛길 그대로 답사하는 일은 불가능해졌다. 특히 100년 전 주막거리~수지면사무소 루트는 조선시대 동래대로(일명 영남대로)의 일부였다는 점에서 아쉬움이 크다.

4) 피해 상황

수지만세운동의 마지막 국면인 해산과정은 위의 판결문만으로는 그 경위를 알 길이 없다. 판결문에는 “헌병이 해산을 명령하였으나 쉽게 응하지 않다가 오후 2시경에 이르러 겨우 해산했다”는 것이다. 시위대는 당연히 해산하려 하지 않았을 것인데, 오후 2시경 겨우 해산했다는 것은 그 시간쯤 일제 헌병이 시위대를 향해 발포했다는 말이다.

이 판결문에서는 언급하지 않았지만, 광복 후의 『3 · 1운동실록』, 『수지읍지』 등의 여러 기록이 이날 수지만세운동의 시위 행렬이 수지면사무소에서 용인 중심지 구성의 일본인 집단 거주지를 향해 가던 길목에서 일제 헌병의 총격으로 해산했다고 기록하고 있다. 그 과정에서 안종각, 최우돌 두 지사가 현장에서 절명했다는 설명도 대개 함께 기재되어 있다.

여기서 우리는 정확한 해산 장소와 당시의 상황을 살펴볼 필요가 있다. 우선 해산 장소를 살펴보자. 위의 이덕균 판결문에는 ‘읍삼면 마북리’라고 되어 있다. 그러나 이와 관련해서는 조금 다른 기록과 증언이 있다. 주로 시위의 마지막 국면에 안종각, 최우돌 두 지사가 일제 헌병의 총격으로 현장에서 절명한 상황을 설명하는 과정 속에 그 해산 장소가 등장한다.

그 중 하나는 광복 후인 1952년 이덕균이 ‘3 · 1운동시 피살자’로 안종각을 신고하면서 그의 사망 장소로 마북리를 지나 조금 더 남쪽으로 내려간 ‘읍삼면 언남리’를 지목한 것이다. 이덕균은 수지만세운동의 모든 진행과정에서 안종각과 가장 가까운 동지였고, 시위 당일 함께 시위대를 이끌었기 때문에 일제 헌병들의 발포 및 안종각의 절명 장면도 현장에서 가장 가깝게 지켜보았을 가능성이 크다. 그렇기 때문에 그 마지막 장소를 잘못 인식했을 가능성은 거의 없어 보인다. 다른 하나는 이날 해산 과정에서 절명한 안종각 지사의 손자 안병화의 증언이다.

> 할아버지는 키가 6척약 180cm이었는데, 시위대를 가장 앞에서 이끌고 있으니 눈에 잘 띄었겠지. 일본 헌병들의 총에 머리를 맞아서 바로 돌아가셨어. 할아버지가 총에 맞아서 리더가 없어지니 사람들은 바로 뿔뿔이 흩어졌지. 그 구체적인 장소는 구성초등학교마북동 앞길에서 경찰대 쪽으로 조금 더 간 사거리언남동 쯤으로 알고 있어.

안병화는 가족 내의 구전을 근거로 지금의 용인시 기흥구 언남동 경

발포지인 기흥구 언남동 일대

찰대 사거리를 수지만세운동의 최후 해산 장소로 지목한 것이다. 지금으로선 가장 신빙성 있는 증언이라고 판단된다.

이 증언을 바탕으로 살펴보면, 시위 행렬은 고기초교 자리에서부터만 따져도 1차 목표인 수지면사무소까지 6Km 가까운 거리를 걷거나 달리며 행진했고, 다시 거기서부터 수지면의 경계를 넘어 언남리까지 5Km가 넘는 거리를 행진한 것이다. 언남리로 나아간 것은 용인군청이 1911년 김량장동으로 옮겨가기까지 이곳이 용인군의 옛 중심지였기 때문이다. 그것도 머뭇거리지 않고 당초의 계획에 따라 일사천리로 이곳까지 '장거리 원정시위'를 한 셈이다. 이것은 해당 지역 주민들과의 사전 교감이 없었다면 생각하기 어려운 일이었다.

이 시위의 마지막 장면을 빼놓을 수 없는 것이 안종각과 함께 현장에서 절명한 최우돌의 존재다. 그는 시위대가 이곳에 오면서 통과한 보정리 사람이라는 점 이외에 아무 것도 알려져 있지 않다. 나이, 주소, 가족관계 등이 모두 '불명'이다. 심지어 이름도 '최돌석'이라는 기록이 있을 정도다. 인적사항을 확인할 수 있는 제적등본 등의 서류는 물론이고 그의 후손 또는 지인들의 증언도 지금까지 전혀 확인되지 않았다. 광복 후의 구전에 따른 몇몇 기록 외에는 그의 순국 사실을 증명할 수 있는 직접 자료가 아직까지 발견되지 않은 것이다.

그렇다 보니 안종각은 1991년에 건국훈장 애국장을 받았지만 최우돌은 서훈의 대상이 되지 못했다. 2018년 수지구청의 「범죄인명부」 발굴 때에도 최우돌과 관련된 기록이 나오지 않을까 기대했지만 찾을 수 없었다. 그런 점에서 최우돌의 서훈은 여전히 앞으로 해결해할 과제이다.

당시 시위의 마지막 장면과 그 양상을 살펴볼 차례다. 그것은 이날 시위가 도대체 어떻게 진행되어 마지막에 어느 정도의 규모와 어떤 대오를 이루었는지 확인할 필요가 있다. 그래야 일제 헌병의 발포 및 시위대의 해산 정황도 대강이나마 그려볼 수 있기 때문이다.

그러나 그것을 확인할 수 있는 자료는 거의 없다. 다만 당시 조선헌병대 사령관이 작성한『조선소요사건 일람표』라는 방대한 3·1운동 보고서를 통해 그 양상을 간접적으로 살펴볼 수는 있다. 이 보고서 가운데 경기도 용인군 수지면과 읍삼면의 '소요'는 다음 표와 같이 기록되어 있다.

	폭행	무폭행	소요 인원	소요자 종별	검거 인원	소요지관할		폭민	
						헌병	경찰	사	상
용인군 수지면 · 읍삼면	1		1,500	天, 普	35	○		2	3

* '소요자 종별'에서 '天'은 천도교도, '普'는 보통민, 즉 농민을 의미한다.

이 보고서에 따르면, 용인군의 수지면과 읍삼면에 걸쳐서 일어난 시위는 '폭행'을 수반한 사건이었으며, 전체 참여 인원은 1,500명에 이르렀고, 시위에 참여한 사람들은 천도교도와 일반 농민들이 섞여 있었으며, 이 지역은 경찰이 아니라 헌병이 주재하며 관할하던 지역이었고, 시위 참여인원 중에 2명이 죽었고 3명이 다쳤다는 얘기다.

여기서 새로이 확인할 수 있는 내용은 참여인원이 무려 1,500명에 이르렀다는 사실과 시위대 중 3명의 부상자가 있었다는 사실이다. 시위대의 인원이 일본 헌병의 추산으로도 1,500명에 이르렀다는 것은 사실 놀라운 대목이다. 고기리에서 출발할 때 100명, 동천리를 거치며 300명이 추가되어 400명이던 시위대가 수지면사무소를 지나고 읍삼구성면의 보정리, 마북리를 거쳐 언남리에 이르면서 무려 1,500명이 되었다는 얘기다.

그런가 하면 조선총독부가 작성한 당시의 문서에 따르면, 이 시위는 '약 2,000명의 군중운동'으로 기록되기도 했다. 최초에 100명이었던 시위대가 1,500~2,000명 규모까지 늘어난 것이다. 파죽지세로 내달리면 내달리는 대로 만세 대열이 기하급수로 불어나는 기세 앞에 일본 헌병들도 속수무책이었을 것이다. 그들의 결론은 '총격'이었다.

이렇게 해서 만세 시위가 일단 정리된 뒤 적극 참가자들 중에 일부는 현장에서, 일부는 그 다음날 체포된 것으로 알려졌다. 그렇게 용인헌병분대에 체포되어 '태형 90대'의 즉결심판을 받았던 적극 참가자가 100년 만에 「범죄인명부」로 발굴되어 2019년 삼일절 때 대통령표창을 받은 것이다.

태형 90대는 사실 견디기 힘든 형벌이다. 처벌을 받는 순간의 치욕은 치욕대로 남고, 형벌 후에 몸을 제대로 가눌 수 있기까지 수개월이 걸리는 것이 일반적이었다. 그러나 그런 과정을 다 거쳤다고 해서 일상생활로 복귀할 수도 없었다. 일본 헌병을 포함해 식민 권력은 그들을 늘 감시의 눈초리로 지켜보며 감시했다. 그 흔적이 바로 「범죄인명부」였다. 감시가 그저 지켜보는 것으로 끝나지 않았다.

할아버지는 농사일을 하셨습니다. 일제시대에 저는 그 때 국민학생이었고 점심시간이면 집에 와서 밥을 먹고 다시 학교에 가곤 했어요. 해방

> 삼 개월 전쯤, 내가 그렇게 다시 학교에 가는 길인데 할아버지가 근처의 술집에서 나오시면서 "너 점심 먹었니?"하고 물으실 때 일본 순경이 말 채찍으로 할아버지 정수리에서 얼굴을 후려치는 것을 직접 봤어요. 할아버지가 눈썹도 깜짝 안하고 맞으시니 순경이 그냥 가버렸어요. 이 일이 있은 이후에 할머니께서 만세운동 때문에 할아버지가 특별 감시 대상이라고 말씀해 주셔서 전후 사정을 알았습니다.

홍재택 지사의 손자 홍봉득이 어려서 지켜본 할아버지의 상황이다. 이런 혹독한 처우 때문이었는지, 만세운동 적극 참가자들은 상당수가 마을을 떠났다. 「범죄인명부」에 등장하는 16명 중 절반 이상이 타지로 나간 것으로 파악된다. 특히 마을에 세거해 온 가문의 소속이 아니거나 마을에 생계를 유지할 만한 자기 토지를 갖지 못한 경우일수록 떠나는 경우가 많았다.

그들이 마을을 떠나 타지에서 어떤 생활을 하고 살았는지 그 행적을 확인하기는 쉽지 않다. 현재로서는 하손곡의 천도교 지도자 김현주가 수원에서 천도교의 간부 역할을 하다가 광복을 맞았다는 정도가 가장 분명한 행적에 속한다.

끝으로, 수지만세운동의 내용과 관련해 몇 가지 미진한 문제를 간단히 정리해 향후의 숙제로 남기고자 한다.

첫째, 발발일의 문제다. 이것은 아주 기본적인 사항이기도 하지만 자세히 살펴보면 조금 미묘한 대목이 있다. 현재 수지 지역의 주민들은 3월 29일을 수지만세운동의 발발일로 보고 이를 전제로 기념행사를 진행하고 있다. 실제 「범죄인명부」 발굴 전 가장 중요한 1차자료였던 이덕균의 판결문이 발발일을 이론의 여지없이 3월 29일로 적시하고 있다.

그러나 위에 소개한 『조선소요사건 일람표』는 용인군 수지면과 읍삼면의 소요사건이 3월 30일에 일어났다고 기록하고 있다. 이것은 당시 조선헌병대 사령관이 작성한 1919년 만세운동의 종합보고서에 해당하는 문서다. 여기에 그렇게 되어 있는 것이다. 그에 덧붙여 수지만세운동 당시 현장에서 절명한 두 명 중의 한 명으로 확인된 안종각 지사의 후손들이 안 지사의 절명일을 3월 30일로 기억하고 제사를 지내오고 있다는 점이다.

> 우리는 할아버지[안종각 지사] 제사를 3월 29일 자정, 그러니까 3월 30일 0시에 지내고 있어요. 이건 3월 30일에 돌아가셨다는 얘기지요. 그리고 현재 할아버지 제적등본은 남아 있지 않은데, 아버지 제적등본에 아버지의 호주 승계일이 3월 31일로 되어 있어요. 이것도 같은 이야기가 되겠지요.

이밖에도 이런저런 기록들에서 '3월 29일'과 '3월 30일'이 엇갈리고 있다. 이 문제는 둘 중의 하나만 진실일 수도 있지만, 그렇지 않고 만세시위가 이틀에 걸쳐 일어났으며, 이틀째는 수지면이 아니라 읍삼면 주민들에 의해 시위가 주도되었을 가능성도 열어 두고 검토되어야 할 것으로 생각된다.

둘째, 『조선소요사건 일람표』에 수지면과 읍삼면 주민들로 시위에 참여한 사람들 중에 35명이 검거됐다고 기록되어 있다. 그러나 이번에 수지면의 「범죄인명부」를 통해 처벌된 것이 확인된 사람은 이덕균 구장과 태형 90대 수형자 16명을 포함하여 17명뿐이다. 물론 수지면에서 검거 또는 체포된 사람 수가 더 많고 그 중에 17명만 처벌되었다고 볼 수도 있다. 그러나 그것보다는 수지면에서는 17명이 체포되어 전원이 처벌되었고, 나머지 18명은 읍삼면 주민들로서 당일 시위에 참여했다 체포되어 처벌된 사람들이라고 보는 것이 보다 상식적인 추론일 것이다.

그러면 '읍삼면의 18명'이 있었다면, 아직까지 현재 기흥구의 구성지역인 읍삼면에서 시위에 참여했다가 처벌된 사람들의 명단은 확인된 바 없다. 수지면의 경우와 같이 「범죄인명부」에 해당하는 기록이 지금의 구성동사무소 또는 기흥구청의 문서고에 보존되어 있을 가능성이 있다. 이 기록의 발굴은 '수지만세운동 전체상의 재구성'이라는 측면에서 대단히 중요한 과제다.

셋째, 앞에서도 언급했지만, 만세운동 당일 절명자 중의 한 사람인 최우돌 지사의 기록 또는 기억을 발굴하는 일이다. 이것은 앞의 읍삼면 「범죄인명부」를 발굴하는 일과는 성격이 다른 일이다. 수지면 「범죄인명부」에 안종각 지사가 기재되지 않은 것과 똑같은 이유로 읍삼면의 해당 기록에도 사망자인 최우돌 지사는 당연히 기재되지 않았을 것이기 때문이다.

그러나 최우돌 지사의 고향으로 알려진 보정리는 읍삼면 지역이었기 때문에 읍삼면의 기록이 발굴되어 그 지역의 인물들을 추적하고, 그런 과정을 통해 읍삼면의 만세운동 준비 및 진행 양상이 확인되다 보면 만세 시위 당일 앞장서다 절명한 최우돌 지사의 흔적도 발굴될 가능성이 커 보인다.

넷째, 수지만세운동 참여로 2019년 대통령표창을 받은 15명 애국지사들의 후손을 확인하는 일이다. 2019년 11월 현재 11명 애국지사의 후손이 확인되어 표창이 전수되었다. 나머지 4명 애국지사의 후손을 찾는 것도 중요한 숙제다.

이 후손 찾기는 표창을 전수한다는 의미도 있지만, 후손들의 분절화되고 희석된 기억들이나마 발굴하고 한 데 모아 만세운동의 기억을 집대성하는 계기로 삼을 수 있다는 점에 더 큰 의미가 있을 것이다. 특히 이 작업은 만세운동 주역들이 계층별, 마을별, 종교별로 서로 다른 배경 속에서 참여하고, 그 후의 개인 및 가족의 삶도 각기 달리 영위해간 양상을 확인함으로써 만세운동의 현재적 의미까지 확인하는 계기가 될 수 있겠다.

예컨대, 상당수의 애국지사들이 당대 또는 자식 대에 조상 대대로 살아온 삶의 터전을 떠날 수밖에 없었던 이유라든가, 고향을 떠난 뒤에도 어딘가 정착한 경우와 일본으로 징용을 가서 끝내 돌아오지 못함으로써 후손들이 타향으로 떠돌게 된 경우 등으로 삶의 궤적에서 차이를 낳은 이유 등이 살펴볼 만한 대목들이다. 이것은 독립운동가 또는 그 가족의 생활사라는 관점에서 중요한 과제라 할 수 있다.

다섯째, 지금까지 언급한 작업들이 충실히 이뤄지고 그 결과 새로운 자료들이 발굴된다면 수지만세운동의 발발의 계기와 준비과정도 새로운 관점에서 다시금 정리할 수 있을 것이다.

수지만세운동이 유학생 등의 외부적 동인이나 장날 등의 우발적 요인에 의해 일어난 것이 아니라 자체의 기획과 치밀한 준비에 의해 일어난 것이라는 점은 이미 앞에서 밝힌 바 있다. 그렇다고 해서 그 과정이

완전히 자립적이고 독자적이었다는 얘기는 아니다. 전국적 시위의 전개과정과 어떤 방식으로든 연계되어 있을 수밖에 없었을 것이다. 그런 맥락을 보다 구체적으로 파악하는 것이 마지막 숙제일 수 있겠다.

5)「범죄인명부」의 발굴

「범죄인 명부」의 내용

앞에서도 여러 차례 언급되었지만,「범죄인명부」는 수지만세운동의 구체적인 양상을 파악하는 데에 결정적인 자료다. 그것은 이덕균 구장에 대한 두 차례의 판결문을 제외하면 지금까지 확인된 만세운동 당대의 유일한 1차자료로서, 2018년 11월에 용인시 수지구청 문서고에서 민-관 협력에 의해 발굴되었다. 이 명부는 2019년 삼일운동 100주년 기념일에 그 명부에 기재된 15명의 관계자가 대통령 표창을 받는 근거자료가 되기도 했다.

이「범죄인명부」는 일제 강점기에 말단 식민행정기구였던 수지면사무소에서 작성한 일종의 블랙리스트였다. 식민 당국에 의해 처벌받은 사람들을 관리하기 위한 용도였다. 지역마다「범죄인명부」,「수형인명부」등으로 명칭은 조금씩 다르지만 유사한 명부가 있었던 것으로 보인다.

이「범죄인명부」는 수지만세운동의 실체를 파악하는 데에 결정적인 의미를 갖는 자료다. 만세운동 주도자 중의 한 사람이었던 이덕균의 판결문이 만세운동의 준비과정, 진행상황 등 개략적인 내용을 파악할 수

수지면 범죄인명부

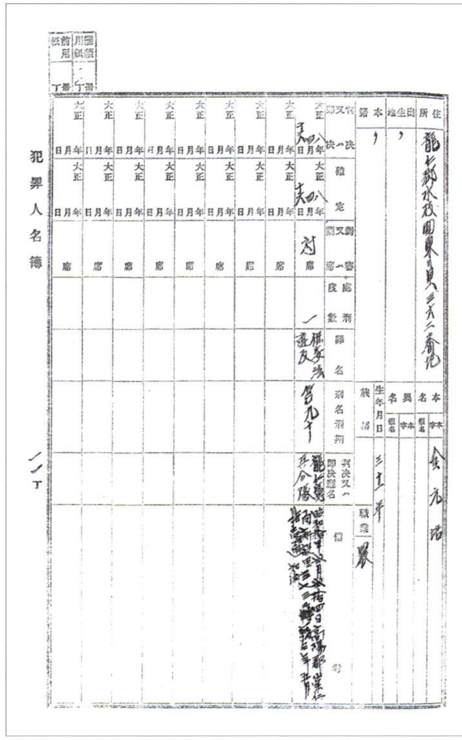

犯罪人名簿

김원배의 「범죄인명부」 기록.

있게 해주는 자료였다면, 「범죄인명부」는 이 만세운동의 주체 또는 적극 참여자들의 정확한 이름과 주소, 연령 등이 정확하게 기재되어 있었고, 만세운동 당시의 사법처리 내용과 만세운동 이후의 이주상황, 사망 경위, 사례에 따라서는 추가 범죄 기록까지 정리되어 있었다.

이 가운데 가장 중요한 것은 사법처리 내용으로 모두가 동일했다. 즉, 16명 모두 △죄명은 '보안법 위반' △형명刑名은 '태형 90대笞九十' △즉결청명은 '용인헌병분대'로 똑같았다. 이는 삼일운동 무렵 '태형'이 사법적 절차에 따른 정식재판이 아니라 지역 헌병대 수준에서 내려진 행정벌 또는 즉결처분이었음을 확인시켜 주는 것이었다.

다만, 즉결처분의 절차가 사람에 따라 조금씩 달랐다. 16명 중 이도해, 홍재택, 강춘석, 김원배 등 4명은 '4월 16일'에, 나머지 12명은 '4월 28일'에 각각 처분을 받은 것으로 기재되어 있었다. 이들이 헌병대에 연행된 것은 대개 만세운동이 있었던 3월 29일로부터 하루가 지난 3월 30일이었다. 그때로부터 각각 18일 또는 30일 동안 취조를 받은 뒤에 태형 90대의 처분을 받고 방면되었음을 알 수 있다.

「범죄인 명부」 발굴 의미

만세운동 참여인물의 이름이 지금까지 기록마다 조금씩 달리 기재되어 있었지만, 이제 당시의 공식 기록을 통해 그 이름을 확인할 수 있게 되었다. 이 16명과 피살자 2명, 수형자 1명 등 수지만세운동과 관련해 확인되는 관계자 19명 전원의 이름을 표로 정리하면 다음과 같다.

		『삼일운동실록』(1969년 발행)	「범죄인명부」(2018년 발굴)
피살		안종각(安鍾珏)	-
		최우돌(崔又乭)	-
수형		이덕균(李德均)	이덕균(李德均)
적극 가담(태형)	고기리	이도해(李道海)	이도해(李道海)
		홍재택(洪在澤)	홍재택(洪在澤)
	동천리	강춘석(姜春錫)	강춘석(姜春錫)
		권병선(權丙璇)	권병선(權丙璇)
		김영석(金英石)	김영석(金英石)
		김원배(金元培)	김원배(金元培)
		김현주(金顯周)	김현주(金顯周)
		남정찬(南廷燦)	남정찬(南廷燦)
		윤만쇠(尹萬釗)	윤만쇠(尹萬釗)
		윤승진(尹昇晋)	윤승보(尹昇普)

적극 가담 (태형)	동천리	이달순(李達淳)	이달순(李達淳)
		이희대(李喜大)	이희대(李喜大)
		정원규(鄭元圭)	정원규(鄭元圭)
		진암회(陳岩回)	진암회(陳岩回)
		천산옥(千山玉)	천산옥(千山玉)
		최충신(崔忠臣)	최충신(崔忠臣)

그 동안 김영석, 남정찬, 윤만쇠, 윤승보, 진암회 등의 이름이 한글 또는 한자 표기에서 기록마다 조금씩 달라 정확한 이름을 알기 어려웠는데, 이제 100년 전 행정당국의 기록을 통해 공식 표기를 확정할 수 있게 된 것이었다.

16명의 거주지 기록도 중요한 대목이었다. 수지 지역은 '리里' 단위로는 꽤 광범위해서 마을이 여러 곳에 분포되어 있었다. 이 「범죄인명부」의 기록으로 인해 비로소 만세운동 적극 참가자들의 거주지별 마을을 확인할 수 있었다.

곧 16명을 만세운동 출발지에서부터 루트를 따라가며 마을별로 살펴보면, △고기리 2명 이도해 · 홍재택, △동막골 5명 권병선 · 윤승보 · 이희대 · 남정찬 · 진암회, △하손곡 6명 김현주 · 강춘석 · 김원배 · 김영석 · 천산옥 · 윤만쇠, △주막거리 2명 정원규 · 최충신, △기타 주소불명 1명 이달순 등이다.

이를 연령대 별로 보면, △20대 7명, △30대 3명, △40대 4명, △50대 2명 등이었다. 20대 청년층의 적극적인 참여가 두드러지긴 하지만 전 연령대에서 참여했음을 알 수 있다. 특히 40, 50대 인물들은 마을의 지도자급이었던 것으로 추정된다. 이 16명을 마을별로, 연령순으로 정리하면 다음과 같다.

마을		이름	당시 나이	당시 주소
고기리	고분재	이도해	49	고기리 675
	손의터	홍재택	49	고기리 128
동천리	동막골	권병선	58	동천리 91
		윤승보	44	동천리 108
		이희대	33	동천리 93
		남정찬	29	동천리 86
		진암회	25	동천리 53
	하손곡	강춘석	57	동천리 362
		김영석	34	동천리 339
		김원배	31	동천리 362
		윤만쇠	28	동천리 339
		김현주	27	동천리 359
		천산옥	26	동천리 339
	수지 (주막거리)	정원규	28	동천리 184
		최충신	22	동천리 186
	기타	이달순	46	동천리(번지 미기록)

* 이 표는 「범죄인명부」에 기재된 적극 참여자 16명의 인적사항을 수지만세운동의 시위행렬이 지나간 마을 순으로, 마을 안에서는 연령순으로 재정리한 것이다.

동막골-주요 가문들의 참여

이 거주지 정보는 대단히 중요한 의미를 갖는 것이다. 왜냐하면, 마을별 만세운동 참가자들의 양상을 분석할 경우, 수지만세운동의 마을별 양상을 파악하는 것은 물론이고 이를 통해 수지만세운동 전체의 성격도 규정할 수 있는 단서이기 때문이다.

위의 표에서 특히 눈에 띄는 것은 숫자가 상대적으로 많은 동막골과 하손곡이다. 우선 동막골부터 살펴보자. 5명의 적극 참가자 가운데 상대적으로 연령대가 위인 권병선, 윤승보, 이희대는 각각 이 마을의 주요 가문이라고 할 수 있는 '안동권씨', '파평윤씨', '전주이씨'의 일원이었다. 이들 가문은 적어도 200년 이상 이 마을에 세거해 왔다는 족보 기록 및 구전을 갖고 있었고, 이 3명은 당연히 해당 성씨의 족보에도 기재된 인물들이었다. 이 3명 외에 나머지 2명, 즉 남정찬과 진암회와 같은 여타 성씨의 인물들은 「토지조사부」 등 마을의 기록과 토박이들의 구전에서 더 이상 확인되지 않았다.

여기서 권병선과 윤승보의 연령대에 주목할 필요가 있다. 권병선은 16명 중 가장 연장자인 58세였고, 윤승보도 40대 중반이었다. 이는 당시로서는 각각 노년층 또는 장년층에 해당하는 나이였고, 두 사람 다 마을의 지도적 위치에 있었다. 따라서 이들은 군중심리에 따라 혹은 누군가의 권유에 따라 만세운동에 참여했다기보다는 마을 사람들을 이끌고 주도적인 위치에서 만세운동을 참여했다고 보는 것이 합리적이겠다. 즉, 동막골의 만세운동은 이 마을 주요 가문들의 합의와 준비에 따라 이뤄진 것으로 보아도 무리하지 않다고 생각된다.

하손곡-천도교의 참여

하손곡의 경우는 조금 양상이 달랐다. 하손곡도 이 지역에서 동막골에 버금갈 만큼 큰 마을이었다. 이 마을에서는 김해김씨가 상대적으로 큰 세를 이루고 있었고, 이 16명 중 김원배31세와 김현주27세가 바로 그 가문 소속이었다. 그러나 이들은 연배로 볼 때 가문의 의사를 주도할 위치에 있지 않았다. 상대적으로 나이가 많던 강춘석57세도 특별히 가문의 배경을 갖고 있지는 않았고, 타인 소유의 집에 살았던 점 등으로 미뤄볼 때 마을의 의사를 주도할 처지가 아니었던 것으로 보인다.

여기서 김현주*의 또 다른 기록을 통해 그의 배경을 파악할 수 있었다. 광복 직후인 1946년 편찬된 『김해김씨 석성공파 족보』아래에서 『파보』로 약칭에 따르면 김현주는 이 『파보』의 편찬자로서 서문을 썼으며, 자신을 이 『파보』에서 '천도교신자'라고 표현했다. 천도교 관련 기록에서 김현주와 그의 아버지, 형제, 아들 및 조카 등의 기록이 꼬리를 물고 발견됐다. 우선 김현주 자신이 3 · 1운동 시점에 '용인군 수지면 동천리'의 '전교사傳敎師', 즉 동천리의 책임자였다.

이 가운데 그가 용인교구의 간부로 일하다가 1921년 수원교구의 순회교사가 되었다는 대목도, 「범죄인명부」에 그가 1921년 수원으로 이주했다는 기록과 앞뒤가 맞았다. 게다가 그는 천도교 중앙의 기관지인 『교회월보』에 두 차례나 기고문을 실을 정도로 지식인이기도 했다.

그보다 네 살 연상이지만 김해김씨의 항렬상 조카인 인근 주민 김원배**도 천도교의 간부였음이 『인명사전』을 통해 확인됐다.

말하자면 김원배와 김현주는 숙질 간에 앞서거니 뒤서거니 동천리의 천도교 책임자 역할을 맡았던 것이다. 그밖에도 김현주 집안의 천도교 관계자가 여럿 확인된다.

* 김현주(金顯周, 1893~1956)는, 2015년에 발간된 『동학 · 천도교 인명사전』에 따르면, 10대 후반이던 1911년부터 이 지역 천도교의 핵심인물 가운데 한 사람이었다. 용인군 제167교리강습소 수료(1911.6), 용인군교구 금융원(1913.8, 1914.8), 용인군교구 공선원(1915.11), 용인교구 강도원(1917.4), 수원교구 순회교사(1921) 등을 역임하였다. ※강연 「守心이 是極樂」, 『교회월보』 제41호(1913.12.15) 외

** 김원배(金元培, 1889~?)는 용인군 수지면 동천리 출신으로 용인교구 전교사(1916.1), 순회교사(1917.1), 용인군교구 금융원(1917.4)을 역임했다.

	이름	생몰연대	『인명사전』 기재 사항들
아버지	金胤植	1858~1937	대신사백년기념회원(1924)
장남	金顯道	1878~1946	대신사백년기념회원(1924), 용인종리원 종리사(1931.4)
3남	金顯星	1889~?	용인교구 전교사(1921,1), 용인군종리원 면종리사(1924.1), 대신사백년기념회원(1924)
4남	金顯周	1893~1956	앞면 각주 참조
장남의 장남	金義培	1906~?	용인청년동맹 집행위원(1929.9.23)
3남의 장남	金信培	1908~?	청우당 용인당부 상무위원(1931.2.24)
4남의 장남	金丁培	1932~1979	종학원 제2회 수업생(1949.3.31)

하손곡에 김해김씨 집안만 있었던 것은 아니다. 다른 기록을 통해 확인한 바에 따르면, 김원배는 물론이고 그와 같은 지번에 거주하고 있던 강춘석의 인척들 중에서도 천도교의 흔적이 발견되었다. 즉, 김원배의 외가와 강춘석의 사돈도 거의 확실하게 천도교 신자였던 것으로 보인다.

이는 당시 용인 인근의 천도교 신자들 간의 혼맥을 따져보는 데에 일정한 단서가 될 수 있다. 나아가 하손곡의 주민들은 그렇게 혼맥으로 얽힌 가운데 평소 신앙공동체를 형성하며 생활하다가 100년 전 이 지역 만세운동의 진원지 역할까지 했던 것으로 추정된다.

1919년 10월 조선헌병대 사령관이 작성한 『조선소요사건 일람표』에 의하면, 여기에 용인군 수지면과 읍삼면의 시위 주역이 '천도교인'과 '보통민'이라고 병기되어 있다.

일제 헌병은 당시 용인군 수지면 고기리와 동천리 주민들이 용인의 중심지 읍삼면에 이르기까지 1,500명이나 되는 대형 시위대를 조직해 원정시위를 벌인 사실을 기록하면서 그 시위가 일반 농민들과 천도교 조직의 협력에 의한 것이었다고 명기했던 것이다.

그러나 지금까지 수지의 3 · 1운동을 다룬 어떤 자료나 문건도 천도교의 관련 양상을 구체적으로 규명한 적이 없었다. 그러다 100주년에 새 표창자들의 실체를 추적하는 과정에서 김현주와 김원배 및 그 주변 인물들의 천도교 관련성 및 활동 양상이 일정 부분 드러난 것이다.

표 창

이 「범죄인명부」에서 확인된 수지만세운동 적극 참가자, 즉 태형 90대 수형자들에 대한 포상 작업은 2018년 12월 12일 경기동부보훈지청의 민-관-전문가 3자로 구성된 보훈혁신자문단 관계자들 및 일부 후손이 공동 신청함으로써 시작됐다.

이후 국가보훈처 등 국가기구의 심사작업이 순조롭게 진행되어 다음 해인 2019년 2월 말 수지만세운동 관계자 15명에 대한 '대통령표창'이 결정되었다.

이들 '태형 90대' 수형자들 외에 만세운동 당일 절명한 안종각에게는 1991년에 건국훈장 애국장이, 1년 반의 징역형을 받은 이덕균에게는 1990년에 건국훈장 애족장이 각각 추서된 바 있다.

1920년대 국내외 독립운동

제4장

1. 임시정부 수립과 활동

1) 국내외 임시정부 수립 운동

국권 피탈 이후 한국민 사이에서 처음 정부수립 운동이 일어난 것은 미주 한인사회에서였다. 박용만은 대한인국민회를 국가와 인민을 대표하는 총기관인 '임시정부'로 설립하고 삼권분립에 의한 자치제도를 실시하며, 병역과 납세의무 등을 지울 것을 주장하였다. 그러나 박용만의 임시정부안은 대한인국민회를 한인의 자치기관으로 유지해야 한다는 온건론에 밀려 더 발전하지 못했다.

한편 노령 연해주는 만주와 함께 '독립전쟁론'에 따라 독립운동 기지로 추진되면서 독립운동의 주요 거점이 되었다. 러시아의 한인 자치기관인 권업회勸業會는 1914년 대한광복군정부라는 군정부軍政府의 설립을 주도하고 독립전쟁에 대비하여 노령과 만주에서 양성된 광복군의

대한인국민회 총회 건물(미국 로스엔젤레스)

전투 편성 계획까지 수립하였다. 그러나 제1차 세계대전이 발발하고 국제정세가 급변하면서 대한광복군정부의 설립 주도자들이 러시아 당국에 체포되고 대한광복군정부는 해산되고 말았다. 이에 대한광복군정부에 참여했던 독립운동가들은 상하이로 집결하였다.

상하이에 모인 독립운동가들은 장차 일본이 중국과 독일에 선전포고를 하는 대일전쟁이 일어나게 되리라 전망하면서 전쟁이 국권회복의 기회가 될 것이라고 판단하였다. 이들은 서둘러 신한혁명당을 결성하고 고종황제를 당수로 추대하여 대한제국의 망명정부를 수립하고자 하였다. 그러나 이 계획은 무위로 끝나고 말았다. 신한혁명당이 추진한 망명정부 수립계획은 세계정세에 대한 오판으로 실패하고 말았지만, 이는 새로운 국면 전환의 계기가 되었다. 1917년 7월의 「대동단결선언」은 이러한 상황에서 나온 것이다.

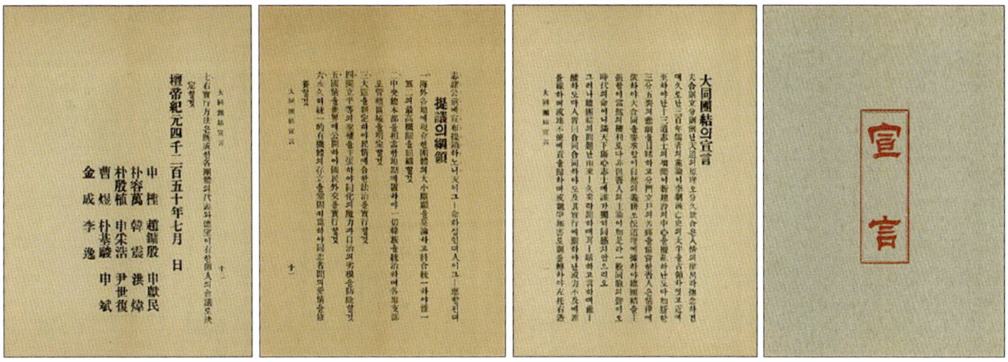

1917년 발표된 「대동단결선언」

「대동단결선언」은 그것을 주도한 인물들이 국외 각지에 흩어져 있었기 때문에 그 이념을 당장에 구현하기는 어려웠다. 그러나 2년 뒤의 3·1만세운동을 기점으로 국내외 각지에서 임시정부 수립운동이 일어난 것도 이념적으로는 국민주권론에 의거하여 공화정을 표방한 「대동단결선언」의 토대 위에서 가능했다.

러시아혁명, 윌슨의 민족자결주의 원칙 등 국제정세의 변화에 따라 국내에서도 일제의 무단통치에 대항하기 위한 항일투쟁이 일어나게 되었는데 이것이 3·1만세운동으로 승화되었다. 3·1만세운동은 특정 종교나 계층만의 반일투쟁에 그친 것이 아니라 모든 민족이 준비하고 참여하는 민족운동으로 발전하였다. 비록 3·1만세운동이 당장 독립을 쟁취한 것은 아니지만 이 운동은 독립에 대한 의지를 일층 고무시킬 수 있었다. 이러한 독립을 향한 민족적 의지는 조직적 투쟁이 요구되었고, 효과적인 투쟁을 위한 최고 통치기관인 임시정부의 필요성이 대두되었다.

이 같은 상황에서 수립된 임시정부가 역사적으로 평가받는 점은 종래의 군주제와 결별하고 민주공화체제로의 과감한 이행과 실천을 했다는 데 있다. 이것은 민족운동 과정에서 민주공화정부를 수립하려는 의지가 이미 팽배해 있었기 때문이다. 그러한 분위기 하에서 3 · 1만세운동 직후 바로 국내외에서 공화주의에 기반을 둔 임시정부가 세워질 수 있었다.

실체적인 조직과 기반을 갖추고 수립된 임시정부는 러시아 연해주, 상하이, 한성의 임시정부였다. 먼저 노령에서는 국내에서 3 · 1만세운동이 발발하자 3월 17일 전로한족회중앙총회를 대한국민의회로 개편하면서 임시정부를 수립하였다. 또한 상하이에서는 이미 「대동단결선언」을 통해 임시정부 수립을 제창한 바 있었다. 이들은 대표를 선정하여 1919년 4월 10일부터 임시의정원 회의를 개최하였고, 4월 11일 임시정부를 수립하였다.

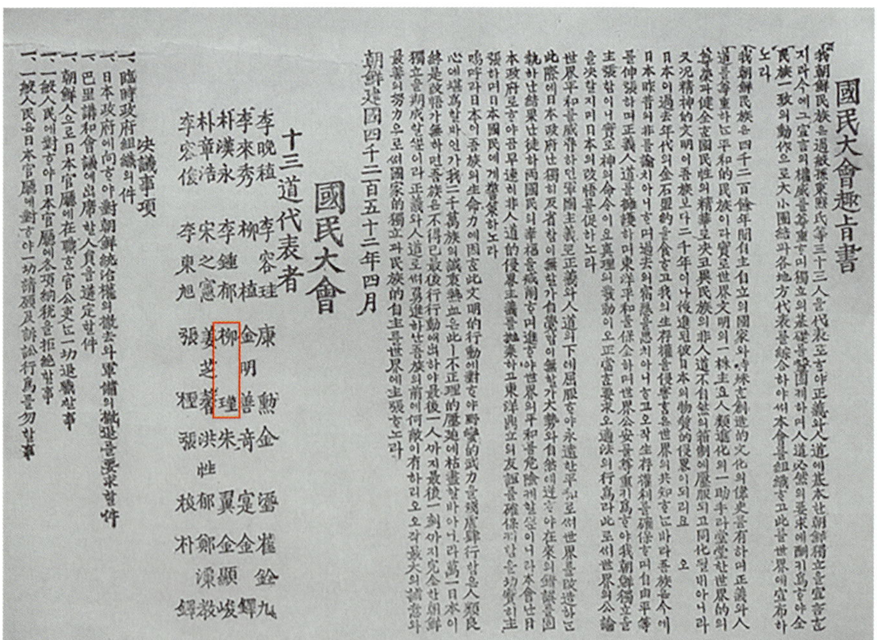

國民大會趣旨書

朝鮮建國四千二百五十二年四月

國民大會

十三道代表者

李晩稙 李來秀 朴漢永 朴章浩 李容俊

李容珪 柳植 李鍾郁 宋之憲 李東旭

康勳 金明善 柳瑾 姜芝馨 張檉

金奇 朱 洪 張

決議事項

一、臨時政府組織의件

一、日本政府에向ᄒᆞ야對朝鮮統治權의撤去와軍備의撤退를要求ᄒᆞᆫ件

一、巴里講和會議에出席ᄒᆞᆯ人員을選定ᄒᆞᆫ件

一、朝鮮人으로日本官廳에在職ᄒᆞᆫ官公吏는一切退職ᄒᆞᆯ事

一、一般人民에對ᄒᆞ야日本官廳에納稅를拒絶ᄒᆞᆯ事

一、一般人民은日本官廳에對ᄒᆞ야一切請願及訴訟行爲를勿ᄒᆞᆯ事

유근이 참여한 국민대회취지서

국내 한성에서도 13도 대표들이 비밀리에 인천 만국공원현 자유공원에 모여 임시정부 수립을 결의하였다. 이들은 4월 23일 국민대표대회를 열어 13도 대표자 명의의 「국민대회취지서」를 발표하면서 국내의 한성 임시정부 수립을 알렸다. 이 취지서에 올려있는 13도 대표 중에는 용인 출신 유근도 포함되어 있다. 유근은 당시 대종교를 대표하여 한성정부의 수립에 참여한 것으로 짐작된다.

2) 대한민국 임시정부의 수립과 활동

대한민국 임시정부 수립과 통합

3월 1일 독립선언이 발표된 후 국내외에서 활동하고 있던 많은 독립운동 지도자들이 상하이로 모여들었다. 이들의 목적은 임시정부를 수립하기 위해서였다. 상하이에는 이미 1918년 8월 하순경 여운형, 장덕수, 선우혁 등이 신한청년당을 결성하고 활동중이었다. 이들은 국내를 비롯하여 일본, 러시아 연해주, 미주 등 각지에 당원을 파견하고 각계각층의 참여를 유도했다.

또한 제1차 세계대전이 끝나고 파리강화회의가 열리자 김규식을 대표로 파견하여 조국의 독립을 호소하였다. 그런 가운데 해외 독립운동가들 39인의 대한독립선언과 도쿄 유학생들의 2·8독립선언, 그리고 국내의 3·1만세운동 소식이 전해지자 이들의 활동도 더욱 활발하게 전개되었다.

1919년 3월 하순에는 신한청년당에서 각지로 파견한 당원들이 상하

대한민국 임시정부 청사
(중국 상하이)

이로 돌아오고 많은 독립지사들이 속속 상하이에 집결하였다. 이들은 프랑스 조계 보창로 329호에 '독립임시사무소'를 설치하고 앞으로 담당해나갈 역할을 크게 두 가지로 생각했다.

첫째, 민족운동의 결정체인 3·1만세운동을 마무리하면서 그것을 계승할 방향을 모색하기 위해 각지에서 활동하고 있던 독립운동가들을 모을 수 있는 집결체로서의 역할이다.

둘째, 앞으로의 독립운동을 지속적으로 지휘해 나갈 조직체인 정부를 수립하기 위한 준비과정을 담당하는 역할이다.

이즈음에 이동녕을 비롯한 30여 명의 지도급 독립지사들이 상하이에 도착하였다. 4월 8일에는 서울에서 강대현姜大鉉이 파견되어 한성정부의 각료 명단과 임시정부 초안을 가지고 왔으며, 이춘숙李春塾, 이규갑李奎甲 등 한성정부 인사들도 속속 상하이에 도착하였다. 상하이에는 임시정부 수립의 기운이 점차 고조되었다.

1919년 4월 10일 오전 10시, 중국 상하이 프랑스 조계 김신부로의 한 셋집에 손정도와 이광수의 제의로 '각지방 대표회'가 소집되었다. 이 회의에는 모두 29명이 참가하였는데 명단은 다음과 같다.괄호 안은 출생지와 활동지

현순(서울, 국내), 손정도(평남, 상하이), 신익희(경기, 일본), 조성환(서울, 노령), 이광(충북, 만주), 이광수(평북, 일본), 최근우(경기, 일본), 백남칠(경상), 조소앙(경기, 만주), 김대지(경남, 국내), 남형우(경북, 국내), 이회영(서울, 만주), 이시영(서울, 만주), 이동녕(충남, 노령), 조완구(서울, 노령), 신채호(충북, 베이징), 김철(전남, 상하이), 선우혁(평북, 상하이), 한진교(평남, 상하이), 진희창(서울, 상하이), 신철(서울?), 이영근(경남), 신석우(서울, 상하이), 조동진(경상), 조동호(충북, 상하이), 여운형(경기, 상하이), 여운홍(경기, 미국), 현창운, 김동삼(경북, 만주)

참석자들은 이 회의의 명칭을 우선 '임시의정원'이라고 붙였는데 독립하면 정식 '국회'를 만든다는 기본 방향을 잡았다.

드디어 제1회 임시의정원이 개회하여 정부 수립을 위한 중요한 기본 문제를 논의하기 시작하였다. 먼저 정부를 수립하기로 하고, 정부의 형태는 '임시정부'로 결정했다. 따라서 '임시의정원'은 임시정부의 의회가 되는 것이다. 제1회 임시의정원 회의에서는 다섯 가지의 주요 기본 사항이 결정되었다.

첫째, 대한민국 임시의정원이란 회의 명칭이 정해지고 의장단이 선출되었다. 의장에는 이동녕, 부의장에는 손정도, 서기에는 이광수와 백

남칠이 선임되었다.

둘째, 국호와 연호가 제정되었다. 신석우의 동의動議와 이영근의 재청으로 제정된 '대한민국'이란 국호는 두 가지의 의미를 가졌는데, 하나는 빼앗긴 국가를 되찾는다는 뜻에서 10년 전에 상실한 국가 이름인 '대한제국'에서 '대한'을 도로 찾아 쓰는 것이고, 또 하나는 정치체제로 '제국'이 아닌 '민국'을 채택했다는 사실이다. 연호도 '대한민국 00년'으로 정했다. 따라서 오늘의 대한민국이란 국호가 탄생한 시점은 1919년이라 할 수 있다.

셋째, 정부 조직과 각료명단이 확정되었다. 이 회의에서는 한성정부에서 보내온 관제를 검토하고, 국무총리를 수반으로 하면서 국무원으

임시정부 국무원(앞줄 왼쪽 부터 신익희, 안창호, 현순. 뒷줄 김철, 윤현진, 최창식, 이춘숙)

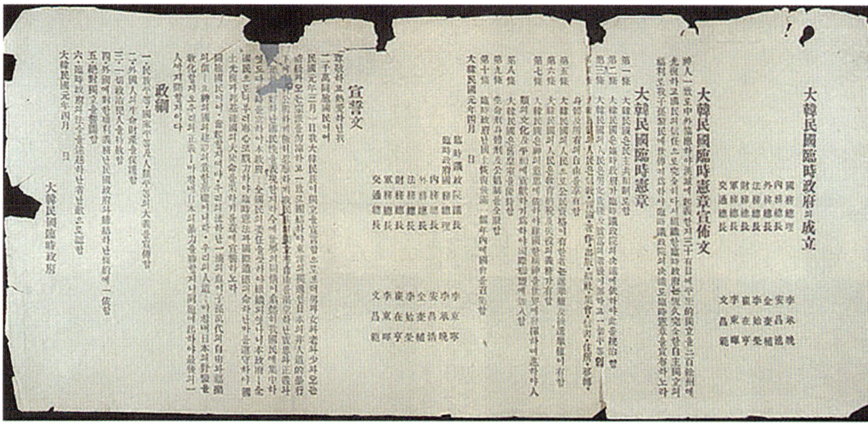

1919년에 제정된 대한민국 임시헌장

로 내무 · 외무 · 재무 · 교통 · 군무 · 법무의 6부를 설치하도록 했다. 여기에서 국무총리 이승만, 내무총장 안창호, 외무총장 김규식, 교통총장 문창범, 재무총장 최재형, 군무총장 이동휘, 법무총장 이시영 등이 선출되었다. 그 외 국무원 비서장 조소앙, 내무차장 신익희, 외무차장 현순, 군무차장 조성환, 법무차장 남형우, 교통차장 선우혁이 각각 선임되었다. 인선을 살펴보면 국내외의 명망 있는 인사들이 선정되었고, 차장은 상하이에서 실제 업무를 수행할 수 있는 비교적 젊은 인물들로 구성되었다.

넷째, 임시헌장이 제정되었다.

대한민국 임시헌장

제1조 대한민국은 민주공화제로 함.

제2조 대한민국은 임시정부가 임시의정원의 결의에 의하여 이를 통치함.

제3조 대한민국의 인민은 남녀 귀천 및 빈부의 계급 없이 일체 평등함.

제4조 대한민국의 인민은 종교, 언론, 저작, 출판, 결사, 집회, 통신, 주소

이전, 신체 및 소유의 자유를 향유함.

제5조 대한민국의 인민으로 공민 자격이 있는 자는 선거권 및 피선거권이 있음.

제6조 대한민국의 인민은 교육, 납세 및 병역의 의무가 있음.

제7조 대한민국은 신神의 의사에 의하여 건국의 정신을 세계에 발휘하며 나아가 인류의 문화 및 평화에 공헌하기 위하여 국제연맹에 가입함.

제8조 대한민국은 구황실을 우대함.

제9조 생명형, 신체형 및 공창제를 전폐함.

제10조 임시정부는 국토 회복 후 만 1년 내에 국회를 소집함.

대한민국 원년 4월 11일

이 헌장은 이시영 · 조소앙 · 남형우 · 신익희 등 법률에 소양이 있는 인물들에 의해 마련되었다. 서두에 헌법 전문 형식의 선포문이 포함되고, 이어서 10개 조항의 규정으로 구성되었다. 특히 중요한 사항은 대한민국은 민주공화제라는 제1조와 임시정부가 임시의정원의 결의에 의해 통치한다는 관리 정부 형식을 채택한 제2조였다.

다섯째, 임시정부 명의의 선서문과 정강 6개조를 채택하였다. 이어서 4월 13에는 이들을 내외에 공포하고 4월 17일에는 임시정부의 현판식도 가졌다.

제2회 임시의정원 회의는 4월 22일부터 23일까지 열렸다. 이 회의에는 모두 69명의 의원이 참가하여 제1회보다 규모가 확대되었다. 여기서 결의된 사항은 정부조직의 개편과 그에 따른 인선 및 임시의정원 성립의 반포 등이었다.

먼저 정부조직은 국무총리와 총장을 그대로 두고 그 하부 조직인 차장제를 위원제로 바꾸었다. 이유는 6개 부서의 총장 가운데 법무총장 이시영만 상하이에 도착한 상황에서 실제 업무를 차장이 혼자 담당하기에는 무리가 따랐기 때문이다. 따라서 6개 부서에 각각 위원을 두어 집단운영체제로 운영하였다.

제3회 회의는 4월 25일에 열렸다. 임시의정원법을 만장일치로 통과시키고, 의원을 선출하기로 하여 각 지역의 인구 30만 명당 1인씩을 선임하기로 하고 국내외 모두 51인의 의원을 두도록 했다.

제4회 회의는 4월 30일에서 5월 13일에 걸쳐 열렸다. 이 회의는 임시의정원법에 의해 체계화된 모습을 갖춘 첫 회의로서 인선과 재원 조달 방침을 정하고 연해주의 대한국민의회와의 통합을 결의하는 등 주요 문제를 다루었다. 우선 임시의정원법에 따라 의장으로 손정도, 부의장으로 신규식을 선출하였고, 각 위원회별 위원을 선출하였다. 이어 재원 확보를 위한 구급의연금의 모금과 인구세 징수 및 공채 발행 등을 결정하였다.

용인 출신인 오의선은 제4회 임시의정원이 열릴 때 신석우, 정대호, 이기룡, 신익희와 함께 경기도 의원으로 선출되었다. 오의선은 도쿄에서 「2·8독립선언」이 발표될 때 메이지학원에 재학 중인 유학생이었다. 이 일로 상하이로 망명하여 비교적 젊은 나이에 임시의정원으로 선출될 수 있었다. 오의선은 임시의정원의 제4회 회의부터 제6회 회의에까지 참석하여 활발하게 활동했던 것으로 기록되어 있다.

제4회 임시의정원 회의에서 오의선은 홍면희, 손두환과 함께 법률 및 청원심사위원으로 선정되어 활동하였으며, 회의 마지막 날인 5월

제6회 임시의정원 회의(1919.9.17)

13일 의정원 세칙을 제정할 것이 가결되면서 의장 손정도의 지명에 따라 오의선은 김동형, 이춘숙과 함께 임시의정원 세칙제정위원이 되었다.

5월 25일 내무총장 안창호가 미국에서 상하이에 도착하여 이동휘를 합류시키면서 대한국민의회와의 정부 통합이 급진전되었다. 이에 따라 제5회 회의 기간 중인 7월 10일에 대한국민의회와의 통합에 대한 타결안을 마련하였다.

제5회 회의는 7월 7일부터 19일까지 37명의 의원이 참가한 가운데 열렸다. 이 회의에서는 자금 확보를 위한 공채 발행을 미국에서 활동하고 있던 이승만에게 일임할 것을 결정했다.

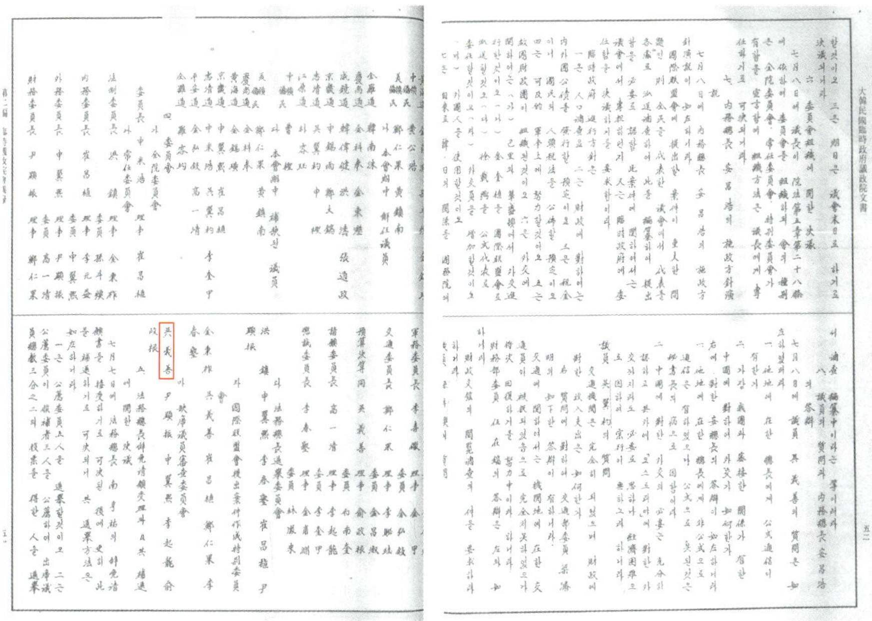

경기도의원 오의선의 발언이 있는 임시의정원 회의록

이 회의에서 위원회를 설치하여 운영하였는데, 오의선은 예산결산위원장으로 선출되어 유정근, 백남규 등과 활동하였다. 7월 17일의 회의에서는 공채발행과 관련한 내용이 진행되어 공채발행 조사위원회가 조직되는데, 오의선은 윤현진, 신익희, 이춘숙, 이유필과 함께 위원으로 선정되었다.

제5회 임시의정원 개최 목적중 하나가 국제연맹에 제출할 안건과 관련된 사안의 결의에 있었다. 7월 10일 회의에서 국제연맹에 제출할 안건은 임시정부에서 제출하는 것으로 가결되었으나 안건의 중요성에 비추어 임시의정원에서도 연구위원을 선정하여 협조할 것을 논의하였다. 이에 따라 오의선을 비롯하여 김병조, 최창식, 정인과, 이춘숙 5인이 그 위원으로 선정되었다.

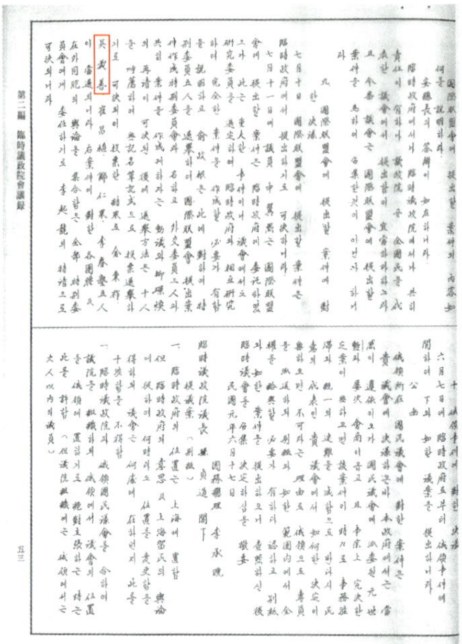

제6회 임시의정원 회의록

한편 국제연맹에 제출하기 위한 자료를 위해 『한일관계사료집』의 편찬이 필요했는데 이를 위해 임시의정원 내에 임시사료편찬회를 설치하고 8명의 위원이 선정되었다. 안창호를 총재로 하고 이광수를 주임으로 하는 8명의 위원은 오의선을 포함한 앞의 5인을 비롯하여 임시의정원의 외무위원인 신익희, 윤현진, 고일청이었다.

제6회 회의는 8월 18일부터 9월 17일까지 한 달간 열렸다. 주요 결의 사항은 정부 통합을 위한 임시정부 개조와 임시헌법의 개정 제1차 개헌이었다. 먼저 정부 개조의 내용은 국무총리제를 대통령제로 바꾸고 국무총리인 이승만을 대통령으로 선출하는 것, 정부 조직을 6부에서 7부 1국으로 하여 새롭게 인선하는 것이었다. 이에 따라 국무총리 이동휘, 내무총장 이동녕, 외무총장 박용만, 군무총장 노백린, 재무총장 이시영, 법무총장 신규식, 학무총장 김규식, 교통총장 문창범, 노동국총판 안창호 등이 인선되었다. 이로써 국내외 각지에 설립된 임시정부가 상하이 대한민국임시정부로 통합된 것이다.

1920년 3월 3일 회의에서 오의선은 의원 자격을 박탈당하였다. 이는 임시의정원법 제8조의 "의원으로 이유없이 개회 후 7일까지 출석하지

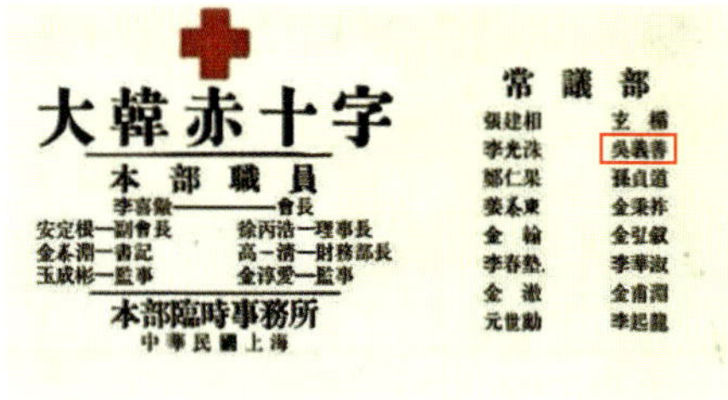

大韓赤十字

本部職員

李喜儆——會長

安定根—副會長　徐丙浩—理事長

金泰淵—書記　高一清—財務部長

玉成彬—監事　金淳愛—監事

本部臨時事務所

中華民國上海

常議部

張建相　玄楯

李光洙　吳義善

鄭仁果　孫貞道

姜泰東　金秉祚

金綸　金弘敍

李春塾　李華淑

金澈　金甫淵

元世勳　李起龍

오의선의 적십자 상의원 활동

않을 때는 그 자격을 상실한다."는 조항에 근거한 것이었다. 오의선이 어떠한 사정으로 의정원에 출석하지 않았는지는 확인되지 않고 있다.

그는 의정활동 외에 상하이에서 대한적십자회 상의원으로도 활동했다. 1921년 12월 6일 상하이에서 재개된 적십자 총회에서 '여러 가지 사고로 인한 결근'을 이유로 오의선은 결원으로 처리되어 그날 보선이 이루어졌다. 이후에는 오의선의 상하이 지역에서의 적십자활동 내용도 확인되지 않는다.

대한민국 임시정부 활동

1919년 6월 28일 안창호가 내무총장에 취임함으로써 임시정부는 공식적으로 출범하게 되었다. 그는 미주에서 대한인국민회가 모금한 독립 의연금 2만 5,000달러를 가지고 임시정부 청사를 마련하였다. 이로써 임시정부는 이승만 대신 국무총리 역할을 대리하는 안창호를 중심으로 조직을 갖추었다.

안창호는 임시정부가 추진해나갈 시정방침을 천명하였다. 임시의정원에 출석하여 향후 인구조사, 공채 발행, 인구세人口稅 등으로 재정을 마련하고 군사와 외교 활동에 대한 계획을 밝혔다. 이어 일제의 통치를 무력화시키고 비밀 행정조직을 통해 국내를 직접 통치하기 위해 연통제와 교통국 등의 법령을 제정하고, 특파원들을 국내로 파견하여 내국인들과 연계를 맺는 활동을 시작했다.

임시정부에서는 국내 행정을 장악하기 위해 연통제를 추진하였다. 일제의 통치를 무력화시키고 국내를 직접 통치하려는 목적이었다. 임시정부가 발포하는 법령이나 공문을 국내에 퍼트리고, 독립전쟁을 대비하여 군인을 모집하거나 군수품을 조사하는 일, 시위운동을 준비하고 주관하는 일, 애국금을 모으고, 통신연락을 맡아 국권을 회복하는 것이 최종 목표였다. 이를 위해 내무부 아래 도에는 감독부, 군에는 총감부, 면에는 사감부를 설치하였다. 연통제가 처음부터 전국적으로 실시될 수는 없었겠지만 임시정부는 이를 위해 특파원을 국내로 파견하여 연통제 조직을 시도하였다. 그러나 이러한 조직은 일제 정보망에 드러나고 말았다.

교통부는 나라 안팎의 독립운동 세력과 일반 행정조직을 연결시키려고 임시지방교통사무국을 설치하였다. 이는 철도와 통신 및 해운국을 두고 사람과 자금, 정보를 연결하는 비밀 연락선을 구축하는 기구였다. 내무부가 운영하는 연통제가 국내 통치를 장악하기 위한 행정 연결선이라면, 교통국은 정보 수집과 행정 연락, 그리고 선전과 홍보를 펼치기 위한 지역적 연결망이라 할 수 있다.

이외에도 재무부는 임시정부 운영과 독립운동 수행을 위해 재정문제를 해결하기에 힘썼다. 정부를 유지하기 위해 징세령을 발표하고 인구세 제도를 시행했다. 또 재정을 확충하기 위하여 국채통칙, 독립공채 발행조례, 임시공채 관리국관제 등을 마련하였다. 이를 위해 비밀리에 요원을 국내에 파견하기도 하였다.

용인 출신 이영선도 임시정부에서 재정 확충을 위해 국내로 파견된 경우이다. 그는 일찍이 만주로 건너갔다가 1919년 12월 신흥무관학교

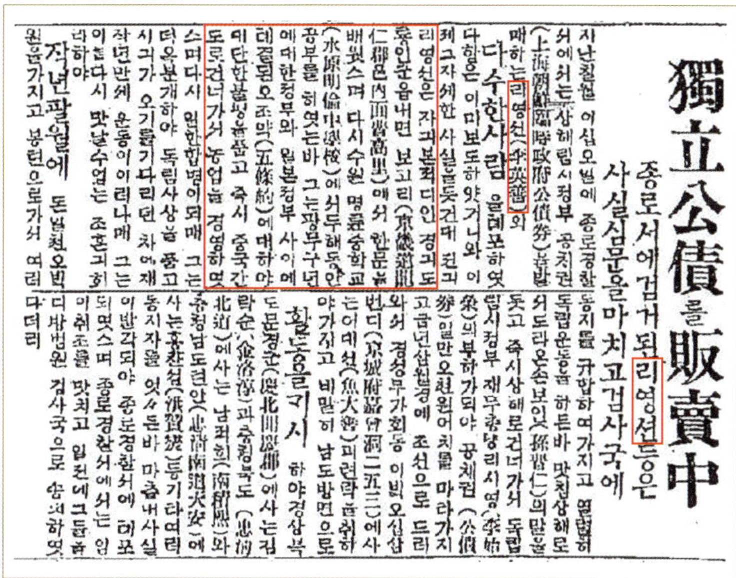

獨立公債를販賣中

종로서에검거된리영선등은
사실심문을마치고검사국에

지난칠월 이십오일에 종로경찰서에서는 상해림시정부 공채권(上海假政府公債券)을발매하는 리영선(李英善)외 다수한사람 을톄포하엿다함은 이미보도하얏거니와 이제 그자세한 사실을듯건데 권고 리영선은 자긔본적디인 경긔도 용인군읍내면 보곡리(京畿道龍仁郡邑內面甫谷里)에서 한문을 배왓스며 다시수원 명륜중학교(水原明倫中學校)에서두해동안 공부를 하엿는바 그는광무구년에대한정부와 일본정부 사이에 톄결된오됴약(五條約)에대하야 미단한불평을품고 즉시 중국간도로건너가서 농업을 경영하며 스며다시 일한합병이되매 그는 더욱분개하야 독립사상을품고 시긔가 오기를기다리던 차에재작년만세 운동이이러나매 그는 이를다시 맛날수업는 조흔긔회라하야

작년팔월에 돈일천오백원을가지고 봉텬으로가서 여러동지를 규합하여가지고 열렬히 독립운동을 하든바 맛참상해로서도라온손보인(孫輔仁)의말을 듯고 즉시상해로건너가서 독립림시정부 재무총댱리시영(李始榮)의부하가되야 공채권(公債券)일만오천원어치를 마타가지고금년삼월경에 조선으로 드러와서 경성부가회동 이백오십삼번디(京城府嘉會洞二五三)에사는어대선(魚大善)과련락을취하야가지고 비밀히 남도방면으로

활동을개시 하야경상북도문경군(慶北聞慶郡)에사는김락순(金洛淳)과충청북도(忠淸北道)에사는 남괴회(南[illegible])와 충청남도텬안(忠淸南道天安)에 사는홍찬섭(洪贊燮)등기타여러 동지자를 엇엇든바 마츰내사실이발각되야 종로경찰서에 톄포되엿스며 종로경찰서에서는 일이취조를 맛치고 일건서류를 디방법원 검사국으로 송치하엿다더라

이영선 체포 기사(동아일보 1921. 8. 30)

를 졸업하였다. 1920년 3월 상하이로 활동지를 옮기고 임시정부 재무부에 근무하다가 독립공채 판매를 위해 국내로 잠입하여 활동하였다.

그는 국내에서 명륜학교 시절 교사였던 어대선과 연락하며 활동하다가 1921년 6월 일본 고등경찰 미와三輪 경부에게 체포되었다. 일제에 의한 재판에서 4년형을 받고 서대문감옥과 함흥감옥에서 옥고를 치렀다. 1924년 석방 된 후에는 만주로 가서 하얼빈 등지에서 생육사의 지역대표로도 활동하며 한인들의 생계 안정을 위해 힘썼다.

국민대표회의 소집

1919년 9월 성립된 통합 임시정부는 승인, 개조 분쟁과 만주지역에서의 서간도 사변 등으로 야기된 무장단체들의 이탈로 출발부터 표류하기 시작했다. 1920년 이후에는 제도개혁을 통해 임시정부를 강화하려던 노력마저 실패함으로써 임시정부는 무기력한 모습을 보였다. 게다가 국무총리 이동휘와 내무총장 안창호의 사퇴는 임시정부를 통합 이전의 상태로 되돌려놓았다.

이러한 분위기에서 용인 출신인 여준은 1920년 12월 4일 임시정부 간서총판부의 총판으로 선임되었다. 그러나 여준이 부독판으로 있는 서로군정서 등 서간도 지역의 독립운동가들은 임시정부가 외교만 중시하며 간도의 무장투쟁을 통한 독립운동을 중시하지 않는다고 봐서 임시정부와 공고한 연대는 이루어지지 못했다.

더구나 임시정부가 1920년에 벌어진 경신참변에 무기력하게 대응하여 동북지역의 독립운동 세력에게 큰 실망을 안겨 주었다. 이에 따라 서간도의 여준과 북간도의 박재눌을 대표로 임시정부에서 발행하는 독립신문獨立新聞 1921년 1월 14일자에 다음과 같이 그 이유와 책임을 물었다.

1. 우리의 독립운동을 가치 없게끔 세계에 선전하는 자료에 증거를 만든 일
2. 우리의 독립운동이 확실한 실력이 없다는 것으로 폭로하여 일본의 대타격을 받은 동삼성 동포의 인심을 다시 수습키 어렵게 한 일
3. 다수 생명을 희생한 각 단체에 대하여 비평한 일
4. 우리의 파리평화회의 대표는 허구날조를 세계에 알리게 한 일
5. 정부는 재미 국민회의 성의만을 인정하고 타 단체원에 반감을 느끼게 한 일

국민대회 장소였던 모이당(상하이)

이러한 상황에서 국민대표회의 소집론이 대두되었다. 국민대표회의 소집을 주장한 인물들은 처음 임시정부를 조직할 때 각 방면의 의견을 수렴하지 않고 소수만의 전횡으로 현실과 괴리된 복잡한 직제와 방만한 제도를 만들었기 때문에 임시정부가 실패했다고 비판했다. 그렇기 때문에 연해주의 대한국민회의와의 통일이 파열로 돌아갔고, 서북간도의 각 단체마저 임시정부에 등을 돌렸다는 것이 이들의 주장이었다.

이들은 이를 바로잡기 위해 국민대표회의를 소집하여 전 국민의 의사에 따르는 통일적이고 강력한 정부를 조직하고 대중적 방책과 역량을 집중, 독립운동의 최고 방침을 세울 것을 촉구했다.

한편 임시정부 수립 당시부터 이승만의 '위임통치 청원'을 성토하며 반임시정부 세력을 형성했던 베이징의 박용만, 신숙, 신채호 등은 1921년 4월 베이징에서 군사통일회의를 열어 임시의정원과 상해임시정부에 대한 불신임안을 가결하고 이를 임시의정원에 전달했다. 서로군정서 역시 이 회의에 참여하여 임시정부를 비판하였다.

1921년 5월 26일 만주의 독립운동 단체들이 액목현에서 회의를 열어 위기에 처한 임시정부를 개조할 것과, 국제연맹에 위임통치를 청원한 이승만의 퇴진을 요구하였다. 이를 여준 · 이탁 · 김동삼 · 곽문 · 김진삼 등의 연서하여 결의서를 작성하여 서간도 출신인 의장 윤기섭을 통해 임시정부에 보냈다.

1. 현재의 간서 대의사代議士를 통해 임시의정원에 대하여 정부개조의 필요를 제의함.
2. 위임통치를 청원한 사실이 확실한 이상 이 행위의 주창자는 퇴거를 명령할 것.
3. 의정원에 제출한 개조의안이 채택되지 못할 때에는 현재 간서의원을 소환한다.
4. 앞의 의안이 결정되기 전에 본 기관 대표의 명의로써 정부를 파괴하려는 제3단체의 참가를 허가하지 말 것.
5. 서방에 대한 제의 또는 권고가 무효될 때에는 간서는 간서 자체를 보장하기 위해 자퇴함.
6. 위 조항 실행을 희망하면서 이진산을 특파하는 바 자세한 것은 일체를 특파원의 구술에 위임함.

1921년 8월에는 국민대표회의 상하이기성회와 북경군사통일회의 협의로 국민대표회의 주비위원회가 조직되었다. 주비회의 성립으로 순조롭게 진행되던 국민대표회의는 그해 11월 미국 워싱턴에서 열리는 태평양회의 소식으로 다시 지연되었다.

기대했던 태평양회의는 아무 성과 없이 끝났고, 상하이 정국에는 다시 국민대표회의 소집 요구가 거세졌다. 우여곡절 끝에 1923년 1월 상하이에서 국민대표회의가 개최되었다. 각 지역의 독립운동 단체 대표 140여 명이 상하이에 모였다. 이들은 의장에 김동삼, 부의장에 안창호와 윤해를 선출하고 회의를 진행하였다. 회의에서는 독립운동의 새로운 방향을 찾고자 하는 논의가 활발하게 이루어졌다. 논의의 방향은 대체로 두 갈래로 나뉘었다. 개조파는 임시정부의 조직과 체제를 개조하여 임시정부를 활성화시키자는 것이었다. 창조파는 임시정부를 해체하고 새로운 조직체를 결성하여 독립운동을 전개하자는 것이었다.

회의는 4개월 동안 계속되었으나 결론이 나지 않았다. 개조파와 창조파가 이견을 좁히지 못하고 양측의 주장이 팽팽히 맞선 가운데 결국 창조파는 연해주로 이동하였다. 그리고 별도로 국호를 '한韓'으로 하고 '단군' 기원을 사용하는 새로운 정부를 수립할 것을 결의하였다.

창조파가 별도의 정부를 수립하자 개조파에서는 '한 민족 두 개의 국가'의 화근을 만들 수 없다는 명분을 내세우며 국민대표회의의 무효를 선언하고 탈퇴하였다. 그리고 임시정부 내무총장 명의로 내무부령 제1호를 발표해 국민대표회의의 해산을 명령했다. 이렇게 됨으로써 독립운동 세력의 의사를 결집해 임시정부를 개조하거나 새로운 정부를 수립하려던 국민대표회의는 아무 성과 없이 끝나고 말았다.

2. 의열 투쟁 및 독립운동 지원 활동

1) 의열 투쟁

남정각의 의열단 활동

1920년 내내 한반도 안팎에서 수많은 한국인들이 일제의 식민지통치를 완강히 거부하며 절대독립의 성취를 위해 줄기차게 투쟁했다. 그 과정에서 투쟁의 강도가 가장 높고 일제에 대한 타격이 가장 컸으며 민중의 지지와 호응을 받았던 대일항쟁은 바로 의열투쟁이었다.

1919년 11월 10일, 만주 지린吉林성 내에서 결성된 의열단은 의열투쟁의 대표적인 단체였다. 당시 무력항쟁을 위한 군대 양성은 재정문제 등 현실적으로 불가능했기에 차선으로 선택하여 조직된 것이 의열 투쟁이었다.

초기 의열단 조직의 특징은 창단 때 단원들 스스로 정한 공약 10조에 잘 나타나 있다. 맹렬, 희생, 목숨을 바침, 헌신 등의 용어는 결사의 행동 의지를 천명한 것이었다. 이를 통해 의열단의 조직 성격이 의열 투쟁을 목표로 명시한 비밀결사였음을 살필 수 있다. 창단 인물로는 자료의 차이가 있지만 김원봉, 윤세주 등 13명의 초기 단원을 들 수 있다.

창단 준비단계에서부터 폭탄의 제조와 사용법에 대한 교습이 단원들의 우선 과업으로 수행된 것은 의열단의 활동 방향이 처음부터 확고하게 잡혀 있었다는 것을 의미한다. 이들의 암살대상은 처음부터 정해져 있었다.

① 조선총독 이하 고관, ② 군부 수뇌, ③ 대만 총독, ④ 매국적賣國賊, ⑤ 친일파 거두, ⑥ 적탐敵探, ⑦ 반민족적 토호열신土豪劣紳 등 이른바 '의열단의 7가살可殺'이 그것이다. 마땅히 파괴해야 할 대상으로는 ① 조선총독부, ② 동양척식회사, ③ 매일신보사, ④ 각 경찰서, ⑤ 기타 왜적 중요 기관이었다.

의열단의 과감한 직접 행동방침은 창단과 동시에 수립한 국내거사 계획에 의하여 즉시 실행에 옮겨졌다. 조선총독부, 동양척식회사, 조선은행, 매일신보사 등을 투탄 폭파하고 총독 이하 조선총독부 요인들을 저격 암살하기로 했던 것이다.

의열단 결성 이후 단장이었던 김원봉은 베이징, 텐진, 난징, 홍콩 등지를 왕래하며 단원 모집, 폭탄 입수에 주력하였다. 이러한 김원봉에 설득되어 의열단원이 된 인물이 바로 용인 사람 남정각이다. 기록에 의

의열단 결성 추정지(지린성 지린시)

남정각

하면 남정각은 1921년 겨울 베이징에서 의열단장 김원봉을 처음 만났으며, 1922년 6월 최용덕과 이종암양건호의 소개로 의열단에 가입하였다고 한다.

남정각이 의열단에 가입할 무렵 의열단에서는 임시정부 재무총장 이시영과 협의하여 임시정부의 재정 보조와 국외 독립운동 지원을 위한 자금을 국내에서 모금할 계획을 세웠다. 그 방안은 폭탄 의거와 유인물 살포, 일경의 경계망 교란, 부호들로부터 의연금 징수 등을 연속적으로 추진한다는 것이었다.

제1차 암살 파괴 계획의 실패를 겪은 의열단은 반입될 폭탄을 안전하게 보관했다가 실행요원에게 책임지고 전달해줄 국내의 책임자로 김한을 선정하고, 단원이었던 남정각과 류자명을 서울로 밀파하여 그로부터 협조 승낙을 얻어냈다.

폭탄투척 실행 및 의연금 징수 담당자로는 김상옥과 임시정부 요원 안홍한이 선정되어 서울로 잠입하는 데 성공했다. 거사용 폭탄은 김원봉이 별도의 경로로 김한에게 보내면 김상옥이 전달받아 사용하기로 약정되었다. 김상옥은 먼저 조선 총독을 암살할 계획을 세웠다. 그러나 일제의 경계 강화로 총독 암살을 점점 미뤄지고 있었다.

1923년 1월 12일 누군가가 종로경찰서에 폭탄을 던져 아비규환의 아수라장으로 만들었다. 일제의 수사망에 폭탄을 던진 장본인이 김상옥이라는 사실이 밝혀졌다. 결국 김상옥은 백주 대낮에 서울 종로통에서 일제 경찰과 3시간에 결친 총격전을 벌이다 탄환이 떨어지자 자결 순국하였다.

한편 국내 폭탄거사를 추진하고 있던 같은 시기 의열단에서는 별도의 대규모 암살 파괴 거사도 준비하고 있었다. 이런 대규모 암살 파괴를 결행하기 위해서는 무기와 이를 실행할 사람이 있어야 했다. 유능한 동지들이 자원하고 나섰다.

문제는 무기, 곧 폭탄이었다. 이제까지의 경험으로 보아 무엇보다 위력 있는 폭탄이 필요했다. 때마침 헝가리인 폭탄 기술자 마자르에 의해 폭탄 문제도 해결되었다.

의열단 단장 김원봉은 단재 신채호를 만나 의열단 선언으로 일컬어지는 「조선혁명선언」을 작성해 줄 것을 청하고, 함께 마자르가 만든 폭탄의 성능을 시험하는 데도 성공하였다. 이 의거에는 김시현과 현직 경찰 경부인 황옥을 가담시켜 폭탄을 국내로 반입하는 데 성공했다. 그러나 밀정의 밀고로 1923년 3월 19일 김시현, 황옥을 포함한 관련자 25명 가운데 18명이 체포되었다. 폭탄과 총기류도 모두 압수당했다.

1924년 8월 22일 피검자들에 대한 결심공판에서 12명에게 징역형이 선고되었다. 김시현 · 황옥 10년, 유석현 · 남영득남정각 8년, 유시태 7년, 유병하 · 홍종우 6년, 이현준 · 백영무 · 조황 5년, 조동근 1년 6월, 이경희 1년의 형량이 선고된 것이다. 황옥은 수감 1년 후 신병을 이유로 형 집행이 정지되어 가출옥하였다. 이것이 일명 황옥사건 이라고 불리는 제2차 대규모 암살 파괴 계획 사건이다.

이상에서 살펴본 대로 의열단이 계획한 제2차 암살 파괴 의거는 1920년 제1차 계획이 실패했던 것과 같은 상황으로 의거 준비 완료 후의 실

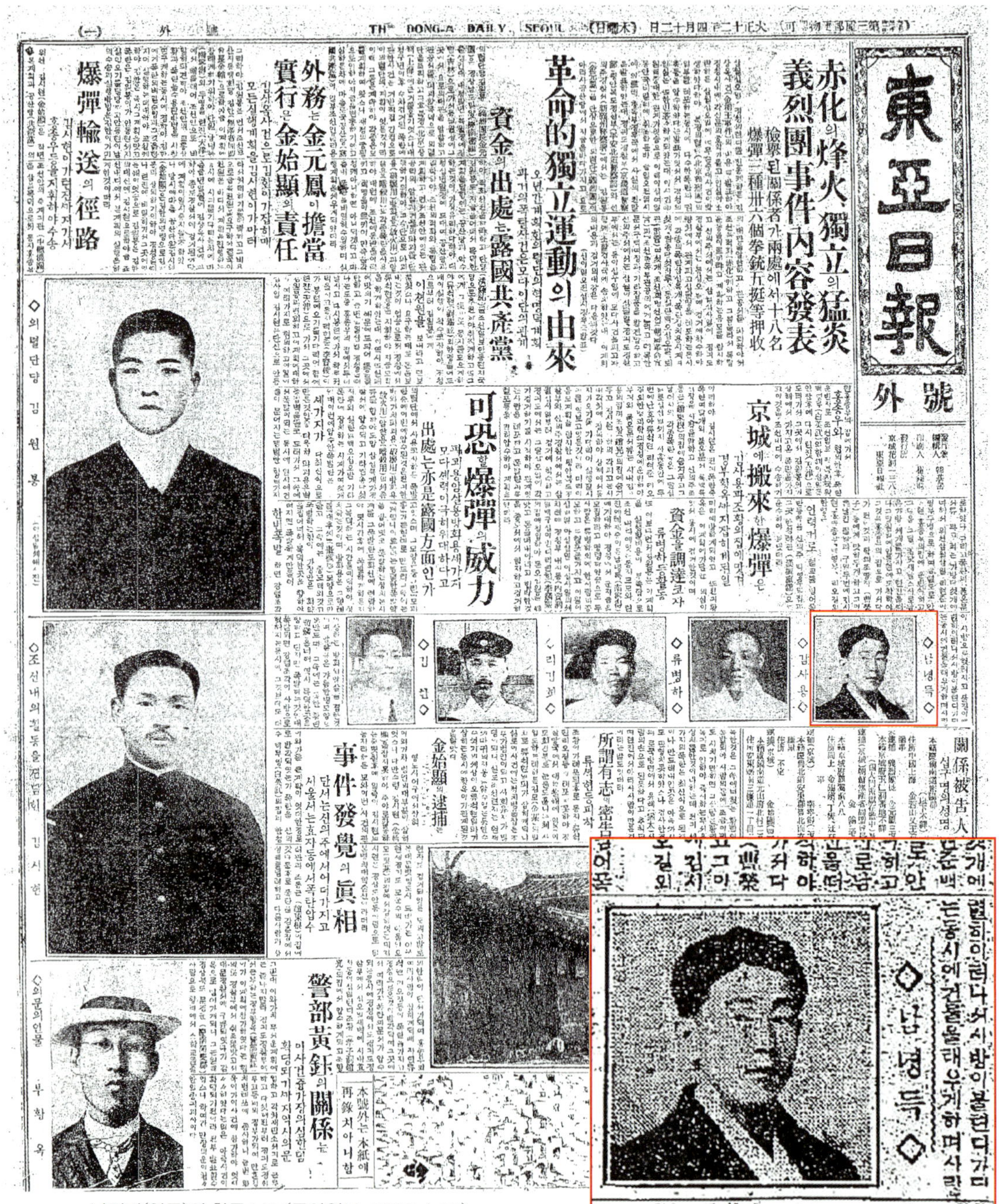

남정각(영득)의 활동 보도(동아일보, 1923.4.12)

행 대기상태에서 좌절되어 버렸다. 총독부 경무국은 사건 전모를 사건 발생 1년이 지난 1924년 4월 12일에야 발표했다. 특히 현직 경찰 경부가 폭탄의거에 가담 · 협력한 것이 발표되면서 큰 파문을 일으켰다.

한편 남정각이 김시현 · 황옥 사건에 함께 연루된 것은 암살 파괴의거에 사용할 군자금 모집에 나섰다가 먼저 체포되었기 때문이다. 즉 남정각은 유시태와 함께 서울 내자동에 있는 이인희 집에서 군자금을 요구하다가 1923년 3월 3일 먼저 체포되었던 것이다. 일제 경찰에서는 이 사건들을 묶어 김시현 · 황옥 사건과 같은 암살폭파 의거의 사안으로 이들에게 같은 형량을 선고하였다.

앞에서 살펴본 대로 남정각은 유석현과 함께 8년 형이 선고되었다. 만기 출옥한 남정각은 독립투쟁을 위한 처음의 뜻을 굽히지 않고 재망명을 시도하여 천진에 정착하였다. 이곳에서 천진교민단 단장 등을 역임하면서 정보 수집과 연락 업무를 수행하며 해방이 될 때까지 줄곧 항일 독립운동에 매진하였다.

오복영의 의열단 활동

용인 출신인 오복영*도 김상옥 의거와 관련되었다. 그는 일찍이 중국 천진으로 건너가 활동하며 독립운동에 투신할 생각을 품고 있었다. 그는 1922년 11월 의열단원 김상옥과 안홍한이 군자금 모금을 위해 권총과 독립운동 관련 문서를 가지고 입국한다는 사실을 알고 거사를 위해 자금을 마련해 주었다. 1923년에는 그 역시 이영주와 함께 의거 활동을 위해 입국하였지만, 경계가 삼엄하여 목적을 달성하기 어려워 다음

* 오복영(吳福泳, 1896~?)은 판결문에 의하면 용인 원삼면 문촌리 출신이다.

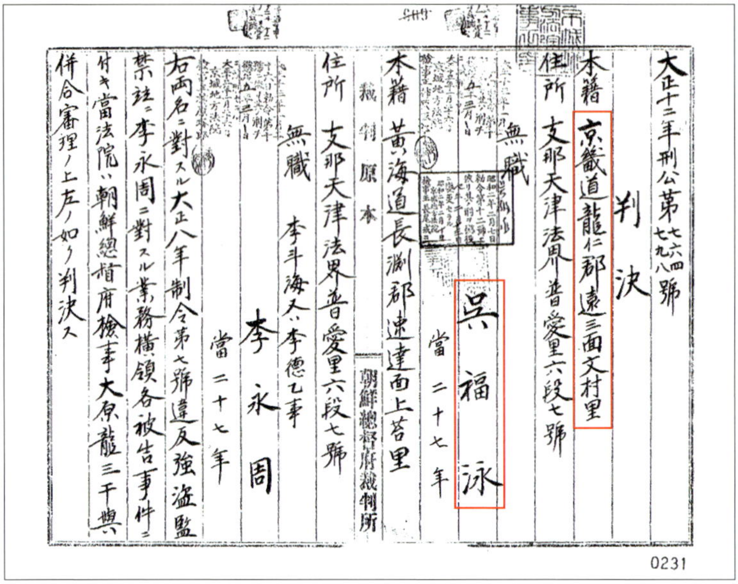

大正十二年刑公第七六四七九八號

判決

本籍 京畿道龍仁郡遠三面文村里
住所 支那天津法界普愛里六段七號
無職
呉福泳
當二十七年

裁判原本

本籍 黃海道長淵郡速達面上苔里
住所 支那天津法界普愛里六段七號
無職 李斗海ヘ李德乙事
李永周
當二十七年

朝鮮總督府裁判所

右両名ニ對スル大正八年制令第七號違反強盜監禁註ニ李永周ニ對スル業務橫領各被告事件ニ付キ當法院ハ朝鮮總督府檢事大原龍三干與併合審理ノ上左ノ如ク判決ス

0231

오복영 판결문

을 기약하고 중국으로 다시 돌아갔다.

오복영은 이영주의 권고로 의열단에 가입하고 단장 김원봉과 단원 유종근의 지휘를 받았다. 두 사람은 의열단의 목적인 군자금 징수와 총독부 관리 및 친일 요인을 암살하고 일제 통치시설을 폭파하여 민심을 동요시켜 독립을 이루려는 계획을 세우고, 이를 위해 친일파를 상대로 거사자금을 강징하였다. 그러나 이 사실이 발각되어 천진에서 체포되어 재판에 넘겨져 7년형을 선고받았다.

2) 독립운동 지원 활동

일본 제국주의 침략에 의해 국권을 빼앗기자 수많은 애국지사들은 해외로 망명하여 독립을 쟁취하기 위한 다양한 활동을 전개하였다. 이들 가운데 장형*은 만주로 망명하여 독립군의 군자금을 지원하였으며, 만주 이주 동포의 생계를 돕기 위한 활동을 벌였다.

장형

장형은 고향인 평안북도 용천을 떠나 1908년 보성전문학교에 입학하면서 근대 학문과 함께 민족주의에 눈을 뜨게 되었다. 당시 보성전문학교는 설립자 이용익이 배일 정치인이었던 관계로 학교 교육 방침도 배일 민족사상이 주류를 이루고 있었다. 1909년에는 일제의 대한제국 국권침탈이 노골화되자, 이 학교는 단 한 명의 졸업생도 배출하지 못하였다.

항일의식이 강했던 장형도 곧 학업을 중단하고 비밀결사인 신민회 회원으로 들어갔다. 일찍이 자금 동원의 수완이 남달랐던 청년 장형은 나름 운동자금을 마련해 대한매일신보의 양기탁과 유동열, 이시영 등에게 독립자금을 제공하였다. 하지만 1911년 1월 일제가 날조한 105인 사건으로 인해 신민회원 대검거 선풍으로 고향인 평안도 인사들이 많은 피해를 당하자, 그는 그해 2월 친지들조차 알리지 않은 채 만주로 망명했다.

중국으로 망명 후 중국 남부에서부터 만주 일대까지 돌아보며 효과

* 장형(張炯, 1889~1964)은 평안북도 용천에서 태어났으며 호는 범정(梵亭)이고 본명 장세담(張世淡)이다. 해방 후 귀국하여 건국실천원양성소 이사장을 맡았으며 1947년에는 사립대학인 단국대학교를 설립하였다. 김구의 암살 후에는 김구선생기념사업회를 이끌었으며 1963년 3월 1일 건국공로 훈장을 수여 받았다. 사후에는 서울 용산구 한남동에 안장되었다가 2008년 단국대학교를 용인시 수지구 죽전동으로 이전하며 묘소도 석주선 박물관 뒤편의 기홍구 마북동으로 이장하였다.

적인 독립 운동 방안을 모색하였다. 1914년 평양헌병대장이 조선주차 헌병대사령부를 거쳐 조선총독 앞으로 보고된 자료를 보면, 장형은 서울과 단둥丹東, 선양瀋陽 등지를 왕복하면서 젊은 동지들을 규합해 독립 정신을 고취시키고 국외로 망명시켜 신흥무관학교로 입교시키는 역할을 맡았음을 알 수 있다. 그는 대종교에도 입교하여 중광단 등에서 활동한 것으로 보이는데, 망명 청년들을 이 곳에 가입시켜 독립군에 편입시켰던 것이다.

장형의 독립군 활동은 무엇보다 군자금 모집에 탁월한 수완을 발휘한 것으로 보인다. 1919년 무렵 국내로 들어와 자금을 모집한 후 이를 서로군정서의 이극李極을 비롯해 정의부에서 재무부장을 맡은 오동진吳東振, 대한독립단의 전덕원全德元 등에게 자금을 전달했다. 또한 신흥무관학교 교관 출신으로 대한독립군단에서 활약 중인 오광선吳光鮮과 이진산李震山을 비롯해 임시정부의 재무총장인 이시영李始榮과 재무담당 국무위원인 송병조宋秉祚 등에게 군자금을 전달한 것으로 알려졌다.

장형은 군자금을 모집하기 위해 다양한 방법을 동원했다. 그는 우선 1921년 8월 국내에서 반도고학생친목회를 조직해 총재로 취임한 후, 애국계몽을 선전하기 위해 전국 순회강연을 다녔다. 임정 임시의정원 의원을 지낸 여운홍呂運弘과 강봉한姜鳳漢 등이 참여한 이 강연단은 전국 각지를 순회하면서 애국계몽적 강연을 한 후, 이에 감동을 받은 청중들로부터 의연금 명목의 자발적 성금을 받은 것이다. 특히 장형은 별도로 상공진흥회장이란 직함을 만들어 자금능력이 있는 지방 유지들과 애국적 경영인들을 결속시켜 독립 자금을 모집하는 방법을 활용했다.

장형은 또 한의침구술을 교습받아 침술사로 위장하여 국내외를 오갔다. 그의 한의사 활동은 1916년 무렵부터 약 20년 동안 이어가면서 애국지사들을 접촉하는 수단이 되었으며, 군자금을 모집하는 방편이 되었다. 이에 일제경찰은 1930년 9월과 1938년 두 차례에 걸쳐 그를 유사의료 행위를 빙자한 사기혐의로 구속시켜 버렸다. 그가 심료치료술을 통해 거액을 편취했다는 것인데, 1938년에는 징역 1년형을 언도받게 되었다. 이에 강원도 철원의 거부인 고중권高重權과 화성의 박기홍朴基鴻 등이 나서 변호인단의 증인으로 나서 풀려날 수 있었다.

장형은 1927년 2월 지린성 대동문 밖에서 안창호·양기탁에 의해 결성된 농민호조사에 가입한 후, 선만鮮滿토지개간주식회사의 사장으로 피선되어 활동하였다. 이 단체는 만주에 이주한 2백만 명에 이르는 한인들의 생활개선을 위해 농업증진과 교육발전, 위생 보건의 실현을 목표로 결성되었는데, 부근과 경박호의 대수원을 이용한 대대적인 수전개발 사업도 계획하였다. 하지만 1931년 일제가 9·18사변을 일으키게 되자, 사업은 모두 수포로 돌아가고 말았다.

장형은 1932년경 반쓰현으로 이주하여 1945년 11월까지 정미소를 운영하며 농업에 종사하였다. 하지만 이 지역은 1만 여명의 한인들이 모여 살면서 친일파들을 숙청하고 일제와 전투를 벌이는 항일 유격대 활동이 활발한 곳이었다. 장형은 이런 곳에서 한인들의 긴요한 식량을 생산하는 정미소를 운영하며 군자금을 조달하였다. 그러다보니 일본군 수비대가 정미소에 방화하는 일도 발생하였다.

장형은 반쓰현에서 해방을 맞았으며, 곧 선양沈陽으로 가서 임시정부가 동북 한교 사무처에 파견한 김홍일金弘壹의 도움으로 무사히 귀국하였다.

3. 국내 사회 문화 운동

1) 민족 교육 운동

일제가 소위 문화통치를 시행했다는 3·1운동 이후에도 정규 학교가 많이 부족하였다. 농촌에서는 산미증식계획에 의해 대다수 농민들이 경제적인 어려움을 겪고 있었다. 이 시기에는 노동자·농민을 위한 야학이나 지역 유지들이 세운 간이학교에서 교사들이 비밀리에 민족교육을 실시하는 사례가 많았다.

대부분의 야학들은 계몽야학으로 초등교육기관의 기능을 수행하였고, 간이학교들도 초등학교 수준의 교육을 하였다. 그런데 이들 학교들은 정규학교가 아니기 때문에 일제의 통제가 심하지 않았고 교육과정과 교과내용에서 일정 부분 자율성을 가질 수 있었다. 교사 채용도 정규학교 규정을 따르지 않아도 되었다.

1922년 남사면에 무산계급 자제들을 위해 봉명강습소鳳鳴講習所가 설치되었다. 재정과 교사 충원 문제 때문에 어려움을 겪었지만 지역유지들의 지원 속에 그럭저럭 운영되었다.

유재헌과 회원 30여명이 1924년 3월에 창립한 용인지역 청년회인 갑성회甲星會도 야학부를 설립하였다. 1926년 7월 용인청년회로 조직이 개편되었을 때도 야학부는 계속 운영되었다.

1927년 2월에는 김량장리 야소교회 주도로 부인야학이 설립되었다. 가정형편상 근대교육을 받지 못한 부녀자들을 위해 설치된 야학이었다. 두 야학도 교사 초빙과 재정적인 상태가 원활하지 못했기 때문에 운영에 어려움을 겪었다. 이에 1927년 4월 14일 야학부과 부인야학을 합쳐서 공동 운영을 하게 되었다. 용인지역의 다른 청년단체들도 모두 야학을 운영하여 교육 활성화에 기여하였다.

1931년에는 정명근이 백암면 석천리 자신의 집 사랑채를 교실 삼아 근영학원을 설립하였다. 근영학원은 무상교육을 실시하였으며, 학생 수가 늘어나자 지역 유지들과 정명근의 하와이 친구 남정헌의 도움으로 새 교사를 짓고 민족교육을 본격적으로 실시하였다. 초대 교장은 정명근이었고, 교사로는 구언회, 유기헌, 황평주, 임도여 등이었다. 제2대 교장은 구언회였다.

교명에 무궁화 근槿자를 사용한 것처럼 민족적인 색채가 강한 학교

근영학원 교사들 모습 - 촬영일을 서기인 1938. 10. 18로 표기하였다.

였다. 일제 당국이 이 명칭 사용을 허가하지 않았기 때문에 서류상으로는 석천학원이라는 교명을 썼지만 실제로는 근영학원이라는 명칭을 계속 사용하였다. 또한 학교 기록 사진에도 소화昭和라는 일제의 연호 대신 단기檀紀나 서기西紀를 넣었다.

근영학원은 일제가 민족말살정책을 시행할 때도 한글과 한국사를 비밀리에 교육하였다. 이 학교 교사인 유기헌은 학생들에게 민족교육을 실시하다가 경찰에 체포된 일도 있었다.

2) 사회 · 청년 운동

김상옥은 3.1운동을 더욱 확산시키고자 1919년 4월 1일 중앙고등보통학교 졸업반인 박노영, 윤익중, 정설교와 불교학원 졸업반인 신화수 등과 동대문교회에서 혁신단革新團을 조직하였다. 이와 함께 4월 17일에 기관지로 혁신공보革新公報를 발행하기 시작하여 6개월 동안 지속했다.

류년수*도 김영선, 류기원 등 동지들과 함께 서울에서 혁신공보와 독립운동 관련 인쇄물을 등사판으로 인쇄하고 배포하여 독립 운동 사실을 알렸다. 또 1919년 9월부터는 김가진과 함께 상하이上海로 망명한 임봉순, 박민오, 김봉신 등으로 부터 임시정부 기관지인 독립신문獨立新聞, 신대한新大韓, 혁신공보革新公報, 신한청년新韓青年 등의 항일 간행물을

* 류년수(柳年秀, 1899~1947)는 언론과 교육을 통해 민족 운동을 펼친 류근의 아들이다. 류년수는 항일 인쇄물 등을 배포하다 체포되어 징역 6개월을 선고받고 복역하였다. 독립운동 공로로 2010년 대통령표창이 추서되었다.

전달받아 배포하다 체포되었다.

용인 출신인 오의선은 상하이 임시정부를 떠나 최윤동과 함께 1921년 5월경 북경에서 열리는 군사통일회의에 참석하였다. 그는 1925년 국내로 들어와 사회주의자 단체인 화요회에서 활동하였다. 1926년 4월 사회주의단체가 연합하여 결성한 정우회의 검사위원으로 선정되었다. 1차와 2차 조선공산당사건을 피한 오의선은 시대일보 기자로도 활동하고 있었다.

1926년 9월 2일 제3차 조선공산당이 조직되었을 때 김철수를 책임비서로 결정하였고, 오의선은 조직부 책임, 원우관은 선전부 책임을 담당하였다. 오의선은 제2, 3차 조선공산당의 주요 인물로 활동하면서 조선공산당 만주총국과도 깊은 관계를 맺었다.

조선공산당 만주총국은 지린성 영안현에 본거지를 두었다. 만주총국의 책임비서를 조봉암이 맡았다가 오의선이 후임으로 임명되었다.

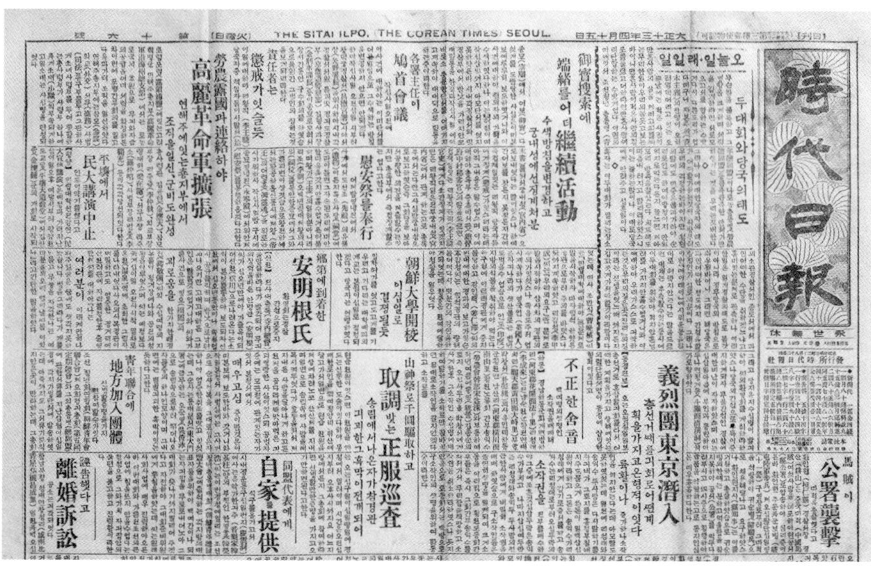
THE SITAI ILPO. (THE COREAN TIMES) SEOUL.

時代日報

두대회와당국의태도

繼續活動

高麗革命軍擴張

義烈團東京潛入

公署襲擊

正服巡査

自家提供

安明根氏

朝鮮大學開校

離婚訴訟

오의선이 기자로 활동한 시대일보

1927년 6월 오의선은 조선공산당 만주총국 책임비서 우단우라는 가명으로 블라디보스톡의 김동명을 만주총국 선전부장으로 임명한다는 통지서를 발송하였다.

1927년 10월 초 일제 당국에 의해 용정을 중심으로 제1차 간도 조선공산당 검거사건이 발생하였다. 당시 오의선은 종로경찰로부터 제1, 2차 조선공산당의 주요 인물로 인식되어 지명수배자가 되어 있었는데, 제1차 간도 조선공산당 검거사건이 발생한 것이다. 오의선은 당연히 만주총국에 취임하지 못하였고, 일제 당국의 검거를 피하여 중국 등으로 피해 다니면서 모풀항일독립운동가 후원회 책임자로 활동하다가 1930년 비밀리에 귀국하였다. 1931년 3월 14일 오의선은 고향인 용인에 돌아왔다가 용인경찰서에 체포되었다. 3년형을 받고 옥고를 치르다 고문으

오의선 생가(용인 원삼면 죽릉리)

로 생긴 지병으로 서대문감옥에서 순국하였다.

한편 일제강점기 동안 항일운동에 참여한 용인지역 청년 학생들도 많았다. 1928년 2월 맑스주의 연구와 통일된 사회주의 학생조직을 목적으로 하는 'ㄱ당'이 조직되었는데 용인 출신으로 법정학교 남상황이 참여하였다. 'ㄱ당'은 고려공산청년회가 조직에 깊숙이 개입하였는데 휘문고등보통학교, 중앙고등보통학교, 배재고등보통학교, 경성제일고등보통학교, 경성로어학교, 법정학교, 보성전문학교, 동경영어정칙학교, 기독교청년학관 등의 독서회 지도자들이 맹원이었다. 'ㄱ당'은 3 · 1운동 기념 시위를 계획하고, 여러 동맹휴학을 지도하다가 발각되어 일제경찰에 모두 검거되었다. 남상황도 치안유지법으로 징역 2년에 집행유예 5년을 선고받았다.

1929년 10월 30일 광주학생운동이 발발하자 이를 지지하는 시위가 전국적으로 전개되었다. 1929년 12월부터 1930년 1월까지 서울지역 청년학생들의 동맹휴학과 시위가 격렬하게 일어났다. 1930년 1월 13일 겨울방학이 끝나자 휘문고등보통학교에서는 광주학생 지지를 위한 백지동맹을 시작했는데 지도부에 용인 이동면 출신 심홍근이 있었다.

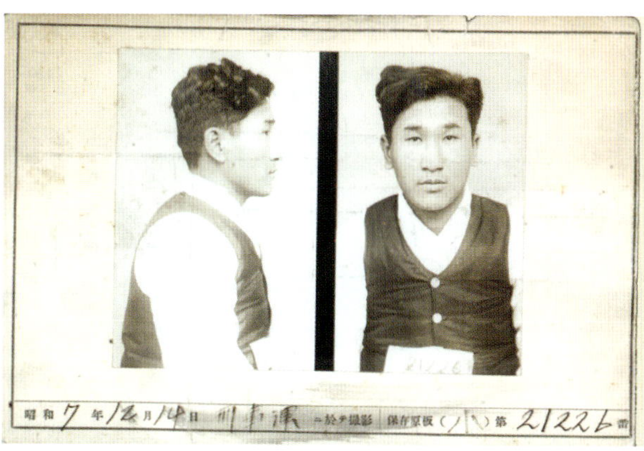

남상황의 감시인물카드

심홍근은 1월 15일 동맹휴학과 연합시위를 계획하고 실행하는 데 참여하였다.

1931년 1월 경성공립보통학교에 '사회과학독서회'가 조직되었는데 기흥면 상갈리 출신의 임덕규와 남사면 북리 출신의 구길서가 참여하였다. 이 학교에는 독립을 목적으로 하는 '검은셔츠단'과 '무궁화단'이라는 비밀결사조직이 있었다. 세 조직은 구체적인 활동을 목적으로 '철기단鐵騎團'으로 통합하였는데 이동면 시미리 출신 이현태도 참여하였다. 그런데 '철기단'은 활동도 하기 전에 임덕규, 이현태 등 많은 회원들이 탈퇴하여 다시 1931년 7월 '소척대蘇拓隊'로 재조직하였다. '소척대'는 민족의식을 고양하는 토론회, 맑스주의 해설서와 사회과학 서적 회람, 기관지 『소척』 발간, 야학 운영 등의 활동을 하였는데 구길서도 적극적으로 참여하였다. '소척대'는 1932년 4월 8일 일경의 불심검문으로 발각되어 회원 전원이 검거되었다.

3) 언론 활동

3·1운동으로 드러난 한국인들의 저항에 놀란 일제는 문화통치라는 기만적인 유화책을 실시하였다. 1919년 8월 총독이 된 사이토 마코토齋藤實는 헌병경찰제를 보통경찰제로 바꾸고 언론·출판의 자유를 일부 허용하였다. 이에 따라 1920년 3월 5일 조선일보가 창간되고 4월 1일 동아일보가 창간되었다. 1924년 3월 31일에는 시대일보가 창간되었다.

칠흑 같은 어둠이지만, 투쟁과 진통을 거쳐 저 멀리 수평선에 신문명의 웅대한 한 자락과 신시대의 서광 한 줄기가 보이기 시작하도다. 자 보라, 서광 한 자락을 위해 수천만 민중이 하나같이 모두 몸부림치고 있음을. 이러한 시대에 동아일보가 태어났도다.(동아일보 창간사 부분)

동아일보 창간사를 살펴보면 당대 사회를 '칠흑 같은 어둠'이라고 부정적으로 비유하고 있다. 그런데 이러한 어둠 속에 나타난 한줄기 서광은 '투쟁과 진통'을 통해서 얻어졌다고 하여 3·1운동의 의의를 강조하고 있다. 조선 민중의 표현 기관으로서 민주주의를 지지하고 문화주의를 제창한다고 선언하며, "조선 민중이 각자의 인성과 천명을 바르게 하고, 서로 화합하는 문화를 수립"하게 하고 "조선 민중이 자신의 위치에서 차별 없이 일대 낙원을 건설하는 데 힘을 모으도록 하는 것"이 동아일보 창간의 취지라고 밝히고 있다.

동아일보 창간에는 용인 출신의 언론인 유근이 깊이 관여하였다. 동아일보는 민족정신 계승을 표방하기 위하여 유근을 편집감독으로 추대하였다. 그런데 동아일보 1921년 5월 22일자 기사는 '동아일보'라는 신문 제호를 유근이 지은 것이라고 밝히고 있다. 이러한 사실은 동아일보 1960년 4월 1일자 고희동의 증언을 통해서 확인할 수 있다. 이렇듯 동아일보 창간에 유근의 역할이 컸다는 것을 알 수 있다.

창간호 1면에 실린 논설 「아보我報의 본분과 책임」에서 유근은 동아일보가 '조선 민중의 표현 기관'이기 때문에 민중들의 사상, 희망, 목표, 심리를 일일이 보도하여 그들을 기립하게 하고 발전하게 하고 비약하게 해야 한다고 강조하고 있다. 또한 동아일보가 '조선 민중의 권리보

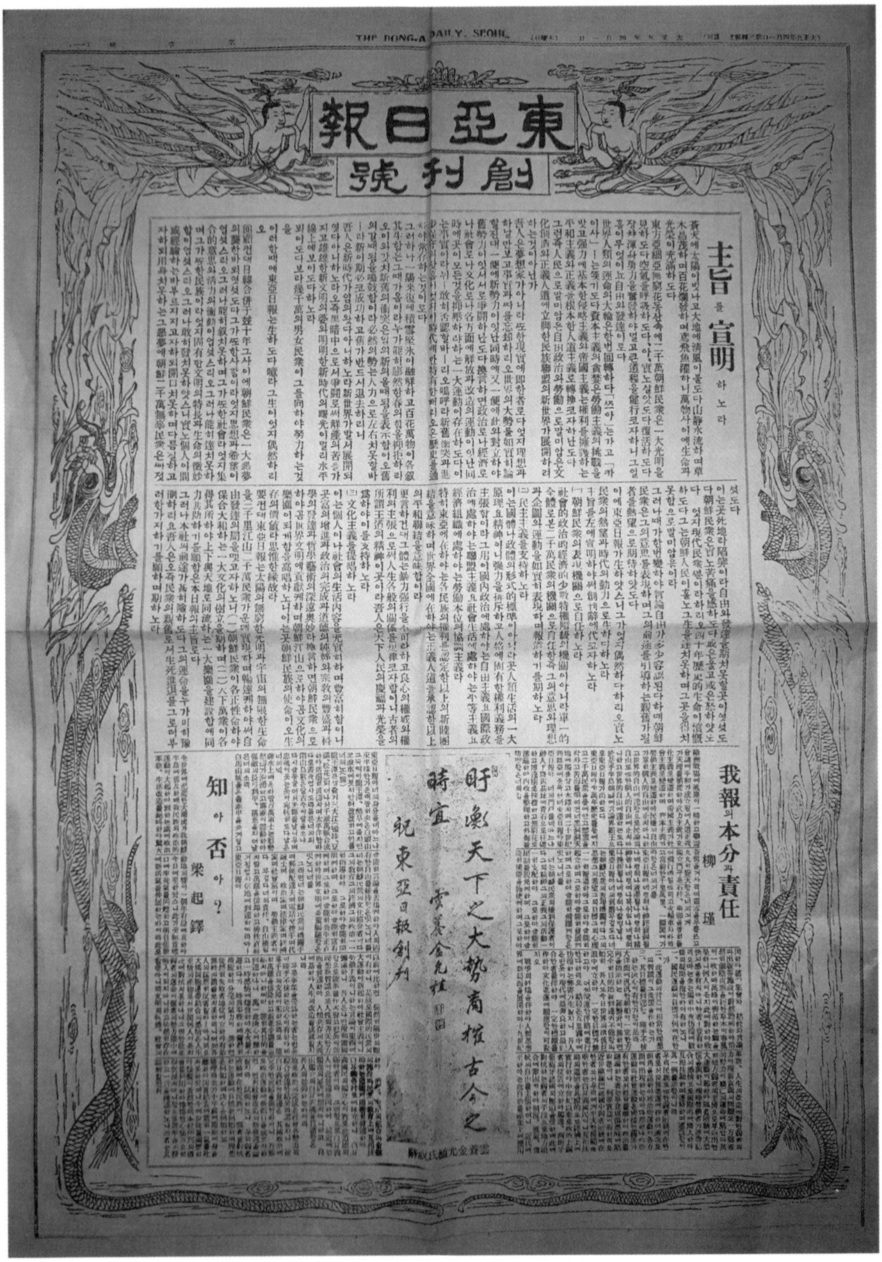
東亞日報
創刊號
主旨를 宣明하노라
我報의 本分과 責任 柳瑾
知아 否아? 梁起鐸

동아일보 창간호(1920. 4. 1)

호자'이기 때문에 민중들의 정신, 정의, 활동을 지배하여 압제를 벗어나게 하여 자유를 유지하게 해야 한다고 강조하고 있다. 그리고 동아일보가 '조선민중의 문화 소개자'이기 때문에 민중의 교육, 경제, 정치 등을 일일이 지도하여 개명하게 하고 부유하게 하고 세계문명을 이끌게 해야 한다고 강조한다. 마지막으로 동아일보가 '조선민중의 기관수'이며, '우편배달부'이며, '전화교환수'이며, '대의사代議士'이며, '정치가'이며, '법률가'이며, '경제가'이며, '사회당'이며 '노동주의자'라고 비유하여 다시 한 번 민족지임을 강조하고 있다.

용인 양지면 송문리 출신 시인 유완희필명 적구赤駒도 중외일보 기자로 근무하면서 일제를 비판하는 직필로 인하여 1926년 4월 6일부터 1927년 2월 5일까지 투옥되기도 하였다.

4) 농민운동

일제는 한국 농촌에서 1921년부터 1940년까지 총 3차에 걸쳐 산미증식계획을 시행하였다. 일제가 산미증식계획을 추진한 것은 제1차 세계대전이 끝난 후 세계적인 경제 불황과 공업화 정책에 따른 일본 내 식량 부족 사태 때문이었다. 명목상으로는 농지개량과 농사개량을 통해 한국에서 곡물 생산을 획기적으로 늘리려는 사업이었다. 그런데 산미증식 사업이 시행되면 될수록 한국 농민들은 점점 더 궁핍하게 되었다. 실제로는 산미증식계획은 곡물 수탈과 식민지 지주제를 강화하기 위한 사업이었기 때문이었다.

1920년대 후반부터 한국 농민의 경제사정은 점점 악화되어 소작쟁의와 수리조합반대와 같은 농민운동이 전국적으로 확산되었다. 이러한 농민운동은 일제에 대한 저항운동적인 성격이 강했다.

용인지역 농민들도 생존을 위해 적극적으로 농민운동을 전개하였다. 동아일보 1928년 5월 2일자 기사를 보면 수여면1938년 용인면으로 변경 역북리 토지의 9할이 '동양척식주식회사' 소유였고, 이를 일본인 이민자들에게 할당하였다는 것을 알 수 있다.

> 수여면 역북리는 9할 정도의 토지가 동양척식회사 소유의 토지였는데 소작인의 소작권을 탈취, 일본인 이민의 할당지로 정하자 소작농가 180여 호 가운데 70여 호가 채마밭마저 갖지 못하여 노동생활로 근근이 연명하다 그도 여의치 못하여 부득이 이사를 가려해도 가산을 살 사람마저 없는 지경이라 여비마저 마련하지 못하였다.

서울과 가까운 지리적인 조건 때문에 용인의 다른 지역들도 동양척식주식회사나 일본인 이민자들이 소유한 토지가 많았다. 때문에 용인지역에서 농민운동은 궁극적으로는 일제 식민통치에 저항하는 성격이 강했다.

1926년에 일본인 소유 가토농장에서 두 차례의 소작쟁의가 발생하였다. 2월에 농장관리인 조종후와 이병로가 양지면 일대 소작권을 자신들의 친인척들에게 일방적으로 넘겨주어 수백 명의 소작농민들을 경제적 위기로 내몰았다. 이들의 전횡에 대하여 소작농민들은 농장 소유자 측에 항의하고 용인군청에 진정서를 내는 등 거세게 저항하였다. 7월에는 원삼면 가토농장에서도 소작쟁의가 발생했다. 농장관리인 송치옥이 자신의 경작지에 소작 농민들을 부역시키고 고리의 이자놀이를 하였기 때문에 일어난 소작쟁의였다. 송치옥은 자신의 전횡에 농민들이 항의하면 소작권을 박탈하겠다고 위협하여 원성을 샀다. 소작 농민들은 이러한 사실을 일본인 지주 측에 알리고 용인군청에 탄원을 하는 등 집단행동을 하였다.

1932년 10월 동양척식주식회사 소유의 마북리와 보정리 농장에서 고율의 소작료 때문에 소작쟁의가 발생하였다. 1930년부터 농장측은 소작료로 일정 금액을 내던 것을 수확량의 절반을 내는 것으로 바꿨다. 여기에 공과금과 비료대 등을 소작 농민들에게 전가하여 20% 이상을 더 거둬갔다.

고율의 소작료에 시달리던 소작농민들은 소작료 인하를 요구하며 쟁의에 들어갔다. 소작농민 40여 명은 용인군청과 동척 서울 본점에 진정서를 내는 등 거세게 저항했다. 하지만 일제경찰의 조사와 동척의 소작권을 활용한 협박으로 성과를 내지 못하고 쟁의가 끝났다.

1933년 12월에는 역북리 동척농장에서 소작쟁의가 발생했다. 이 농장의 관리인인 일본인 이노우에가 전횡을 저지르며 소작료를 불합리하게 고율로 징수하였다. 소작농민들은 이노우에의 횡포와 불합리한 소작료 징수에 대해 동척 지사에 몰려가 항의하며 소작료 탕감을 요구했으나 받아들이지 않았다.

소작 농민 80여 명은 소작료 불납동맹을 조직하고 용인군청에 진정서를 제출하며 쟁의에 들어갔다. 12월에는 용인경찰서와 경기도청에까지 진정서를 제출하며 언론에 주목을 받았다. 하지만 동척은 소작농민들의 요구를 받아주지 않았고, 일제 당국도 쟁의의 확산을 막으며 단속 위주의 정책을 펼쳐 쟁의는 별다른 성과를 내지 못했다.

이후에도 농민운동은 계속되어 동아일보 1937년 8월 24일 기사는 1937년 1월부터 7월까지 용인군 소작쟁의가 93건이나 되었다고 보도하고 있다.

용인에 설립된 수리조합 때문에 다른지역과 마찬가지로 농민의 저항운동이 일어났다. 용인에는 1928년에 인가 받은 수룡수리조합이 있었다. 수원과 용인의 머리글자를 따서 명칭을 정한 것처럼 수룡수리조합은 수원과 용인에 걸쳐 건설되었다. 조합 설립자는 일본 측 대주주와 한국인 지주들로 구성되었지만 동양척식주식회사 등 일본인들이 주도하였다.

당시 용인 농민들이 수리조합에 저항한 것은 용지 선정과 용지 매입에 문제가 있었기 때문이었다. 수리조합 혜택을 받는 곳은 대부분이 일본 측 대지주 토지가 있었던 수원 지역이었고 용인 농민들은 저수지 부지로 토지를 수용당하는 입장이었다. 수리조합 측이 저수지 부지를 저가로 매입하려 하였기 때문에 저수지 부지에 편입된 수지면 하리의 농민들은 강력하게 반대할 수밖에 없었다.

용인 농민들은 대지주들이 1921년 11월 총독부에 수룡수리조합 설치 인가신청서를 제출했을 때부터 강하게 반대하였다. 때문에 수리조합 설립인가가 계속 연기되다가 1927년 11월에야 인가되었다. 설립 인가가 나자 농민들은 집단적으로 수리조합 사업 반대 투쟁에 나섰다.

이에 대해 수리조합과 용인군청 등 관계기관은 압박과 회유를 하면서 농민 저항을 무력화시키려고 하였다. 하지만 저수지 제방 공사가 끝난 1928년 11월까지 농민의 저항은 계속되었다.

제5장 해외 무장 독립 투쟁

1. 만주 무장 독립 투쟁

1) 북간도 지역

국내외에서 일어나 전 민족이 동참한 3·1운동은 한국독립운동의 거대한 분수령이었다. 특히 국외 독립운동자들은 3·1운동을 계기로 일대 충격을 받았다. 이들은 서둘러 한인사회를 기반으로 독립군을 모집하고 무장단체인 독립군단을 편성하여 항일전을 전개하였다.

국내외의 민족운동가들은 3·1운동과 같은 시위운동으로는 인적 희생만 초래할 뿐 일제로부터 독립쟁취에는 별다른 효과가 없음을 깨닫게 되었다. 그러므로 조직적이고 강력한 무장투쟁만이 일제로부터 독립을 쟁취할 수 있는 유일한 방편임을 절감하였던 것이다. 민족운동가들은 그동안 서북간도나 연해주 일대에서 여러 형태로 양성해 온 독립군을 전투군단으로 빠른 시일 내에 편성하여 일제에 맞서 독립전쟁을

간도 위치

수행하는 것이 최상의 방편임을 확신하였다.

그 동안 한인사회의 자치와 중추기관으로 활동을 하던 북간도의 간민회와 서간도의 부민단이 3·1운동을 계기로 각각 대한국민회와 한족회로 확대 개편되고 독립군 편성과 훈련을 활발하게 추진하게 되었다.

1919년 3·1운동이 일어나자 서북간도, 연해주 일대에서는 거의 동시다발적으로 무장 항일투쟁을 표방하며 수많은 독립군 부대가 편성되고 있었다. 우선 북간도에서 가장 강력한 세력을 형성하였던 서일, 김좌진이 통솔하는 대한군정서, 안무가 거느리던 대한국민군, 홍범도의 대한독립군, 최진동이 통솔하던 군무도독부 등을 들 수 있다.

대한군정서는 국권 피탈 직후에 조직된 대종교 계통의 중광단이 발전한 것이다. 북간도 일대에서 활동하던 서일 등 대종교 지도자들은 일제에 국권을 빼앗기자 두만강을 건너 항일의병을 규합하고 1911년 3월 왕청현에서 독립운동 단체인 중광단을 조직하였다.

중광단의 핵심 인물로는 단장인 서일을 비롯하여 현천묵, 백순, 박찬익, 계화, 김병덕, 서상용 등이다. 함경북도 출신이 다수였으며, 근대교육을 받고 대종교 신도라는 공통점을 가지고 있었다.

그러나 중광단은 무장항일 노선을 추구하였지만 무기를 확보하지 못해 실제적인 군사활동은 전개할 수 없었다. 대신 일차적으로 대종교 포교를 통해 한인 동포들에 대한 민족의식을 고취시키는 데 주력하였다. 그 결과 1914년 5월 13일 청파호에 대종교의 본부인 총본사를 설치할 수 있었다. 아울러 각처에 시교당을 설치하고 포교에 힘써 수천 명의 신자를 확보할 수 있었다.

이와 같이 중광단이 활발한 포교활동을 벌이는 한편 목표로 했던 무장투쟁을 벌이기 위한 방법을 모색하였다. 3・1운동이 일어나자 중광단은 서북간도를 비롯한 만주 일대의 대종교 신도와 국내에서 넘어 온 의병 및 공교회원 등을 규합하여 정의단으로 확대 개편하였다. 그 뒤 1919년 8월에는 군정회로 명칭을 변경하고 왕청현 춘명향 서대파 지역에 본영을 설치하였다. 본영 아래에는 북간도 각지에 5개의 분단과 70여 개의 지단을 설치하여 군자금과 군량미를 수집하고 무기 구입에 주력하였다. 군정회는 10월 군정부로 다시 명칭을 바꾸고 일제와의 혈전을 벌이는 한민족의 독립군사정부임을 천명하였다.

그러나 상하이임시정부의 권고에 따라 대한군정서로 개칭하여 임시정부 산하의 중요 전투군단이 되었다. 대한군정서는 서간도에서 편성된 서로군정서와 구분하기 위해 북로군정서로도 불렀다.

대한군정서는 김좌진을 군사령관으로 초빙하고 사관 양성을 위한 무관학교인 사관연성소를 설치하였다. 이로써 북간도의 대표적인 무장단체로 두각을 나타내었다.

대한군정서는 중광단 시기부터 근거지로 삼았던 왕청현 춘명향 덕원리에 총본부격인 총재부를 두었다. 춘명향 서대파 십리평에는 군사령부를 두고 군사훈련에 전력을 기울였다.

총재 서일과 재무부장 계화는 계속 병력 증강에 힘써 1920년 봄에는 백초구 지역 등에서 약 300명의 장정을 모집하였다. 또한 이성규를 국내로 파견하여 대한제국무관학교 출신인 김규식, 홍충희, 김찬수, 박형식을 불러들이고, 무송현에서 무관학교 출신 김혁과 유우석이 합류하여 북로군정서의 전투력은 크게 향상되었다.

용인 출신인 김혁은 1920년 8월 북로군정서에 참여하였다. 그는 대한제국의 육군정위 출신으로 1907년 군대 해산으로 해직된 후 한 때 만주로 망명하였다가 귀국하였다. 국내에서 3.1만세운동에 참가한 후 만주로 재망명하여 무송현의 홍업단에 가입하여 부단장으로 활동하였다.

무송지역의 산간지대를 중심으로 자리잡은 홍업단은 농민과 군민의 구별 없이 낮에는 밭을 갈고 밤에는 군사훈련을 행하는 병농겸행 시책을 취하며, 동포사회의 안녕질서를 확립하는 데에도 공헌하였다. 홍업단은 또 화룡현에 있던 대종교 총본사와 왕청현에 있던 대한군정서와 긴밀하게 연락을 취하며 활동하고 있었다. 김혁은 대종교인으로서 대종교와 관련이 깊은 홍업단에 참가한 것은 자연스러운 일일 것이다. 홍업단에는 단장 김호, 총무 윤세복, 재무 이원일 등이 있었다.

김혁은 1920년 8월 이후 홍업단을 떠나 왕청현의 대한군정서에서 활동하게 된다. 그는 대한제국 육군무관학교 출신이며 홍업단의 부단장이었기 때문에 이곳에서 군사적 자문과 사관 양성 등에 도움을 주었다.

오석(吾石) 김혁(金爀) 장군의 초상화

당시 중국군에서는 김혁을 서일, 김좌진, 현천묵, 나중소 등과 함께 대한군정서의 중심인물로 평가하고 있다. 특히 군사훈련과 관련하여 구한국 육군식의 조련 방법을 채택하고 있어서 김혁은 군사훈련과 관련하여 일정한 역할을 하였을 것으로 보인다.

대한군정서에서는 1920년 2월 초 사관연성소를 왕청현 서대파 상촌에 설립하였다. 소장은 사령관 김좌진이 맡고, 교수부와 학도단을 두어 교수부장에는 나중소, 본부 교사에는 이범석, 학도단장에는 박영희를 임명하였다. 대한군정서 사관연성소의 제1회 졸업식은 1920년 9월 9일 군정서 본영에서 성대하게 거행되었다. 이때 김혁은 조성환과 함께 축사를 하여 학생들의 민족의식 고취에 기여하였다.

대한군정서는 1920년 10월 청산리대첩에 참전하여 승리를 거두는데, 김혁이 여기에 간여하였다는 자료는 보이지 않는다. 하지만 그의 위치나 입장으로 보아 고위 지휘부로써 전투를 승리로 이끄는 견인차 역할을 한 것으로 보인다.

청산리전투 후 김혁은 1920년 음력 10월중 봉천성 안도현 삼인방에서 홍범도, 이청천 등 수백 명과 함께 독립을 목적으로 의용군을 조직하였다. 동시에 이 조직의 부관으로서 동년 음력 12월까지 활동하였다.

그 후 1921년 음력 1월 중 지린성 도목구에서 김좌진, 서일 등 수십 명과 기존의 서로군정서, 북로군정서를 합쳐서 조선의 독립을 목적으로 하는 대한독립군단을 조직, 이 단체의 군사부장으로서 1921년 음력 5월까지 활동하였다.

그 후 북만주 밀산으로 이동한 김혁은 그곳에서 대한독립군단을 재조직한 후, 러시아로 이동하였으나, 1921년 6월의 자유시참변으로 큰 타격을 받게 되었다. 그러나 독립군은 만주로 재이동하여 1921년부터 조직을 정비하며 재기하였다. 그리하여 1922년 8월 30일에 환런현 남

청산리 전투 후 독립군 부대

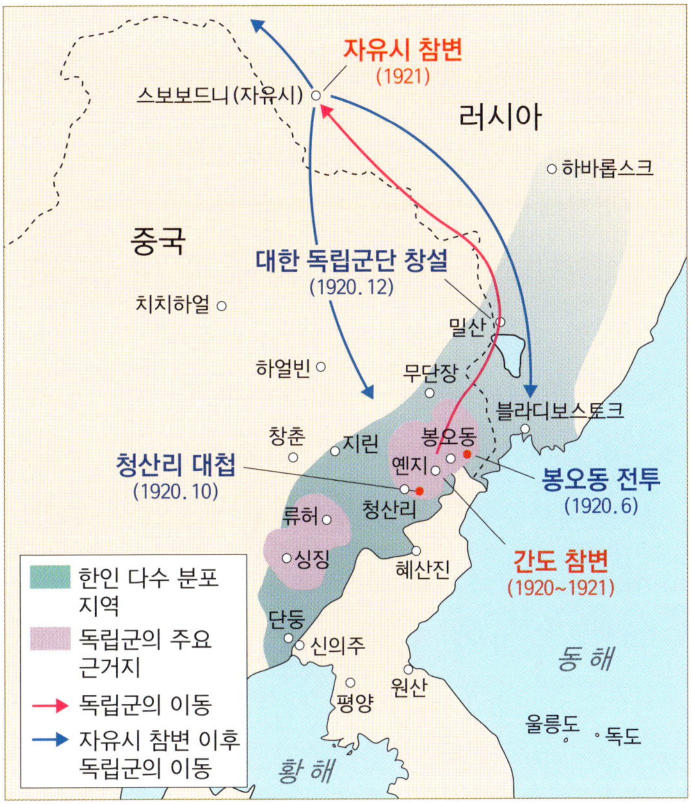

1920년대 초 만주 독립군의 이동경로

구 마권자에서 서로군정서, 대한독립단, 한교회, 대한광복단군영, 대한정의군영, 대한광복군총영, 평북독판부대표 및 통군부 대표 등 8개 단체 대표 71명이 참석하여 대한통의부를 조직하였다. 김혁은 이때 군사부감으로 선출되어 군사부장 양규열, 사령장 김창환 등과 함께 항일투쟁에 적극 참여하였다.

김혁은 1922년 봄부터 대한독립군 총재 대리로서 간도지역에 있는 군정서 사관학교 출신들에게 군사탐사원이라는 사령서를 발급하고 일본군의 동정을 살피도록 하였다. 1922년 7월에는 당시 대종교 교주 김교헌, 정신 등과 더불어 영안현에 있다가 10월부터 수분하의 독립군 부대에서 활동하였다.

김혁은 1923년 1월 5일 만주 동부지역인 중동선 인근에 살고 있는 주민 대표인 황공삼, 양구열, 현천극 등과 더불어 중동선 조선중학교 설립 취지에 동감하고 발기인이 되었다. 또한 영안현에서 학생 80여 명의 동양학원의 원장으로서도 활동하였다. 부원장에는 현천묵, 학감에는 양백헌, 권학부장 최규화, 교원으로 계화, 이범석 등이었다.

김혁은 1924년 3월에 대한군정서를 재건하기 위하여 북만주 동빈현을 근거로 대한독립군정서를 조직하였다. 당시 총재 현천묵, 군사부장 조성환, 서무부장 나중소, 재무부장 계화 등이 있었고, 김혁은 참모로서 김규식, 이장녕, 김필, 권영준 등과 함께 활동하였다.

대한독립군정서는 1924년 4월 하순에 영안현에 있는 대종교당에서 대한군정서 연합총회를 열고 다음과 같은 사항을 결의하여 항일독립전쟁을 준비하게 되었다.

1. 본부를 동빈현에 두고 지부를 영안현에 둔다.
2. 통신기관을 하얼빈 · 모아산 · 일면파 · 오길밀하 · 해림 · 목단강 · 목릉 · 소수분 · 동영에 설치한다.
3. 시급히 군인 모집에 착수하고 모연사무를 개시하여 무기 · 군복을 준비한다.
4. 재정을 긴축하여 기금을 공고히 하며 각 지방과의 통신 연락을 일층 신속 확실하게 한다.
5. 조선민족으로서 왜노의 밀정이 되는 자는 곧 살륙한다.
6. 본년은 갑자년에 해당하고, 조선독립 실현의 기운이 익어오고 있다. 두

만강을 건너 삼각산 상에 태극기를 세우고 만세를 높이 부르며 우리 민족이 왜노의 압정을 제거하고 열국에 우리의 독립을 선포하는 최초 시기가 되는 것이다. 우리의 행동을 방해하는 자는 군법에 의하여 엄히 처벌할 것이요, 우리 민족된 자는 이 때를 당하여 전력을 다해서 후원하여야 할 것이다.

대한독립군정서는 자금을 모집하여 무기를 구입, 이를 바탕으로 일제의 밀정을 사살하는 한편 국내로 진격하여 일제를 완전히 축출하고자 하였다. 또한 이를 위하여 흑룡강성 오운현에 사관학교를 설치하여 독립군을 양성하고자 하였다.

1925년 1월 목릉현에서 독립운동 단체들이 모여 부여족 통일회의를 개최한 결과 신민부가 조직되었다. 김혁은 이 회의에 조성환, 정신 등과 대한독립군정서 대표로 참여하였다.

신민부는 행정기관인 중앙집행위원회를 중심으로 입법기관인 참의원, 사법기관인 검사원을 두어 3권분립체제를 갖추고 있었다. 이로써 남만주의 참의부와 서간도의 정의부, 북만주에는 신민부가 성립되어 3부가 정립되었다.

김혁은 신민부의 핵심기관인 중앙집행위원회의 최고 책임자인 위원장으로 민사부위원장 최호, 군사부위원장 김좌진, 참모부위원장 나중소, 외교부위원장 조성환, 법무부위원장 박성태, 경리부위원장 유정근, 교육부위원장 허빈, 선전부위원장 허성묵, 연락부위원장 정신, 실업부위원장 이일세, 심판원장 김돈, 총사령관 김좌진 등과 활동하였다.

신민부에서는 목릉현 소추풍에 성동사관학교를 설립하고 교장에 김

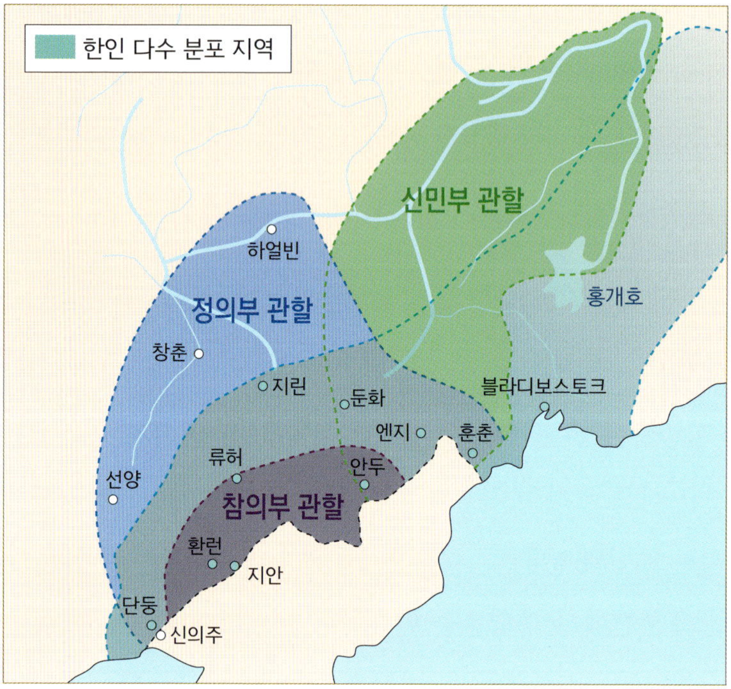

참의부 · 정의부 · 신민부 위치

혁, 부교장 김좌진, 교관 박두희 · 오상세 · 백종열 등을 통해 군 간부 양성에 진력하였다. 성동사관학교는 이후 5백여 명의 졸업생을 배출하여 독립군의 기간 요원으로 활동하게 하였다.

한편 신민부는 1928년 1월 25일 음력 정초를 기하여 위하현 중동선 석두하자 역 고려촌에서 신민부 총회를 열었다. 이곳은 조선인이 많이 사는 곳이며, 신민부의 중요 간부의 생활근거지였다. 또 중요 간부들의 출입이 잦았고, 한자리에 모일 수 있는 까닭으로 연락 편의도 제일 좋았으므로 신민부의 근거지로 활용하고 있었다.

이 정보를 입수한 일제는 일본총영사관의 순사부장과 순사 10명, 중국 순경 32명의 협조를 얻어 총회가 열리는 조선인 촌락을 급습하여 포위 수색하여 신민부 주요 인물 10명을 검거하고, 다수의 무기와 서류를 압수하였다. 때마침 마을로 순행을 나갔던 김좌진만은 화를 면했다. 체포된 인물은 다음과 같다.

김혁(54세, 김학소) 호: 오석

본적: 경기도 용인군 기흥면 농서리

현 주소: 북만주 석두하자

직책: 집행위원장

유정근(41세)

본적: 충청남도 천안군 갈전면

주소: 석두하자

직책: 경리부 및 민정부 심판부장

황처준(36세)

본적:평안남도 선천군 신창면 신창리

직책:별동대원

이춘섭(31)

본적: 함경남도 풍산군 천남면 유평리

현 주소: 석두하자

이원학(21세)

본적: 강원도 금화군 금화면

현 주소: 석두하자참

직책: 문화부장

윤영순(48세)

본적: 함북 회령군

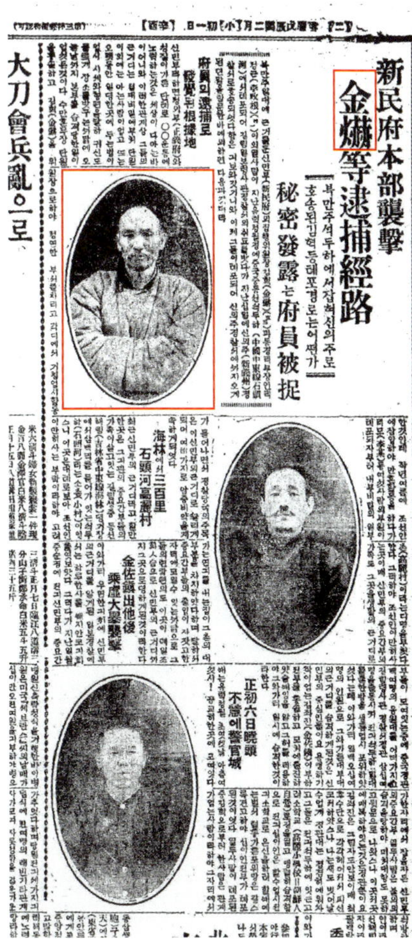

新民府本部襲擊 金爀等逮捕經路

秘密發露는府員被捉

大刀會兵亂으로

김혁 등 신민부 주요 인사 체포 기사
(동아일보, 1928. 3. 22)

현 주소: 석두하자

직책: 별동대장

김봉훈(43세)

본적: 평안북도 희천군 장동면 관동리

현 주소: 석두하자

박동춘(23세)

본적: 함경북도 고원군 상산면 봉현리

현 주소: 석두하자

박춘재(24세)

본적: 함경북도 경흥군 웅기면 연상동

김윤희(55세)

본적: 평안북도 후창군

현 주소: 석두하자

석두하자(흑룡강성 상지시)

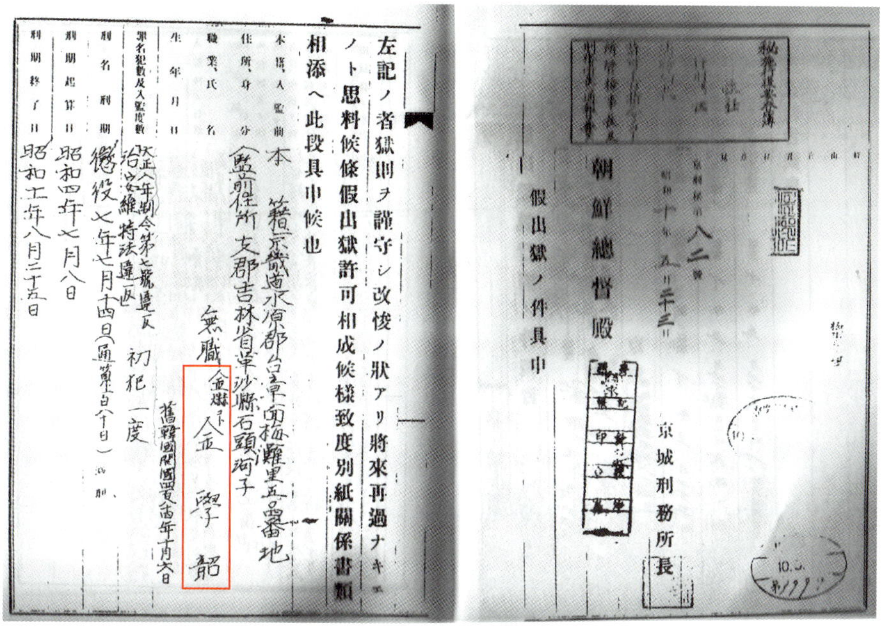

김혁 가출옥 문서

석두하자에서 하얼빈으로 잡혀간 김혁이 하얼빈 유치장에 갇혀 있을 때의 한 일화가 있다. 그는 부하 청년이 석두하자에서 체포되어 같은 감방에 들어오자 일경을 불러 크게 화를 내며 "내가 아무리 체포된 몸일망정 혁명 운동자도 아닌 청년을 같은 방에 가두느냐"하고 외쳤다. 일경도 이 말을 듣고 즉시 그 청년을 다른 방으로 옮겼다가 농민으로 알고 수일 후에 석방하였다고 한다.

체포된 김혁 등은 하얼빈에서 신의주경찰서로 이송되었다. 1929년 6월 12일 신의주지방법원에서 제령 제7호 치안유지법 위반으로 김혁은 징역 19년형, 유정근 15년, 김봉훈 6년, 박광원 · 남중희 각 4년, 서광수 · 김윤희 · 이춘하 각 2년의 형을 받았다. 김혁은 7년여의 수형생활 끝에 1936년 8월 25일 서대문형무소에서 가출옥하였다. 향리에 은

거하던 김혁은 고문의 후유증으로 1939년 4월 23일 용인 농서리 자택에서 순국하였다. 1962년에 건국훈장 독립장이 추서되었다.

2) 서간도지역

1910년을 전후하여 서간도지역에는 많은 독립지사들이 모여들기 시작하였다. 그 주축을 이룬 것은 앞서 살펴본 대로 신민회 인사들과 의병들이었다. 신민회 인사들의 주도하에 한인들의 이주가 시작되고 이회영, 이동녕, 이상룡, 김동삼 등은 삼원보에 정착하여 한인사회를 형성하였다. 이들을 중심으로 자치단체인 경학사가 설립되고 독립군 양성기관이라 할 수 있는 신흥강습소가 설치되었다. 경학사는 이후 공리회, 부민단을 거처 3·1운동 이후 한족회로 발전하였으며, 신흥강습소는 신흥무관학교로 발전하였다. 이를 기반으로 무장단체인 서로군정서가 조직되었다.

이러한 신민회 인사들 이외에 또 다른 세력인 의병들은 일제의 남한대토벌 등 국내에서의 활동이 어려워지자 1910년을 전후하여 서북간도로 이동해 왔다. 집안현에서 조직된 보약사를 비롯하여 관전현, 환인현 등지에서도 의병들이 주도하는 농무계, 향약계 등이 조직되었다. 이진룡, 조맹선 등은 포수단을 조직하여 장백현, 무송현 등지를 중심으로 무장 활동을 전개한 경우도 있다.

또한 3·1운동에 참여했던 학생 등 많은 인사들이 서간도 지역으로 이동하여 1919년 4월 만주 안동현에서 대한독립청년단을 설립했다. 대한독립청년단은 그 해 11월 대한청년단연합회로 조직을 확대, 발전시켰다.

3·1운동 직후 서간도지역에서는 한인자치기관으로 부민단을 확대한 한족회를 조직하고, 군사통치기구로서 군정부를 조직하였다. 그러나 상하이 임시정부의 권고에 따라 군정부를 서로군정서로 개편하였다. 서로군정서의 간부로는 독판 이상룡, 부독판 여준, 정무청장 이탁, 내무사장 곽문, 법무사장 김형식, 군무사장 양규열, 참모부장 김동삼, 사령관 이청천 등이 임명되었다.

오광선(吳光鮮)

서로군정서 의용대는 4개 중대로 편성되었으며, 신흥무관학교 출신을 중심으로 각 지방의 청년들로 구성되었다. 이들은 압록강 연안지방인 평안북도의 강계, 삭주 등지로 진입하여 본격적인 대일항쟁을 전개하였다.

여준은 임시정부의 개조를 주장하였으나 그 변화가 기대에 못 미치자 서간도로 돌아와 다시 교육활동에 전념하였다. 여준은 액목현 황지강자에 신흥무관학교를 계승한 검성학교를 세우고 교장을 맡았다. 이 학교의 체육은 삼악학교와 신흥무관학교 출신인 오광선이 가르쳤다. 당시의 체육은 군사훈련에 가까워 이 학교는 독립군 양성을 목표로 하였다. 허은은 검성학교금성학교에 대해 다음과 같이 증언하고 있다.

남만주의 난리경신참변 후에 신흥무관학교는 지린吉林성 액목현 교하에다 옮기고 금성중학교로 이름을 고쳤다. 교장에 여시당여준 선생님, 평교사에 오광선 선생님이 맡았다. 오광선 씨는 여준 선생의 처족 조카였던 것으로 기억된다. 그동안 남만청년동맹의 청년들이 금성중학교를 점령하려 했으나 홀홀히 그들 뜻대로 물려줄 리가 없었다.

이 검성학교에는 학생들이 7, 80명이었는데 많을 때는 1백여 명에 달하였다고 한다. 학제는 2년이었으며 학생 모두가 함께 유숙하고 생활하였으며, 반은 노동하고 반은 학습하였다. 교과는 이상룡이 지은 「대동역사」와 조선어문 · 영어 · 수학 · 지리 등을 가르치며 군사훈련을 병행하였다.

검성학교가 있었던 신안촌(중국 지린성 교하시)

여준과 이탁 등은 이 학교를 서로군정서의 새로운 산실로 생각하고 있었다. 학교에는 땅을 사서 개간한 농장이 있어서 둔전제를 실시하여 장기 항일 투쟁전략을 세워나갔던 것이다.

그러나 이 학교를 사회주의 청년들이 장악하고 이름도 청년강습소로 바꿨다. 여준은 1927년 경 교하의 검성학교를 떠나 오상현으로 가서 생육사에 가담하여 활동하였다.

용인 출신인 오광선은 신흥무관학교 교관으로 있다가 서로군정서의 제1중대장과 3중대장을 거쳐 제1대대장, 그리고 별동대장과 경비대장을 지냈다. 이청천의 참모로서 청산리대첩 등 각종 전투에 참전하였다. 이어 1920년 12월 러시아 국경인 밀산에서 각 독립군 부대가 대한독립군단으로 통합하여 총재 서일, 부총재 홍범도·김좌진·조성환 등과 부대원 약 3천 5백여 명으로 재발족하자, 오광선은 중대장에 임명되었다. 이 부대는 1921년 1월 이만을 거쳐 5월 중순경 자유시 러시아 스보보드니로 들어가게 되었다.

1921년 6월 대한독립군이 겪은 '자유시참변 흑하사변'은 한국 독립운동사상 일대 참극이었다. 1918년 제정러시아의 짜르정권을 무너뜨린 공산계 러시아군 적로군은 왕당파인 백계 러시아군 백로군 사이의 내전에 한인 독립군부대를 이용할 목적으로 자유시로 불러들였다. 이에 홍범도·이청천·김혁 등은 자유시로 이동, 신무기로 무장을 갖추고 만주와 러시아 지역 무장부대와 연합하기 위해 이곳으로 옮겨갔다. 이 와중에 한인 2세 출신으로 구성된 러시아 빨치산 출신 부대와 만주 독립군 간에 세력 다툼이 생겼다. 급기야 한인 독립군 부대의 무장을 두려워한 소비에트 정부의 배신에 의해 빨치산 출신 부대는 대한독립군을 공격

자유시 참변지
(러시아 스보보드니시)

하는, '동족간의 참변'이 벌어진 것이다. 이 사건으로 인해 대한독립군은 수백 명이 죽거나 행방불명 되었으며, 900명이 넘게 포로로 잡혀 시베리아로 끌려갔다.

자유시참변으로 인해 독립군 지휘관 이청천과 채영·오광선 등 간부급 84명은 중범자라 하여 적로군 제5군단 관할 하의 이르쿠츠크 군형무소로 이송되어 수용되었고, 대부분의 병사들은 탄광과 벌목장에 노역병으로 보내졌다.

당시 상하이에서 발간되고 있던 독립신문 1922년 7월 22일자도 '동포에서 읍고함'이란 기사에서 "더욱 급박한 일은 이르쿠츠크에 있는 채영, 이청천 등 장교 70여 명은 러시아 감옥에서 하루 검은 떡 한 근씩 먹으니 며칠 안에 말라죽을 것이외다"라고 보도하였다. 자유시에서 이르쿠츠크로 강제 이송된 독립군 간부 84명이 1년 만에 70명으로 줄어들 만큼 모진 학대와 시베리아의 혹한, 영양부족 등으로 희생된 것이다. 오광선은 당시 상황에 대해, "물도 없이 검은 빵 두 쪽으로 연명해야 했던 옥살이 아래 옆에 놓인 생나무 책상을 씹어 먹을 만큼 허기가 졌던 사형수였다"고 회고하였다.

이청천

이러한 러시아군의 만행이 계속되자, 이청천은 오광선을 탈출시킴으로써 수형생활의 참상을 동지들에게 전달하도록 하였다. 오광선은 야음을 틈타 운명을 건 탈출을 결행하였고 계속 걸어서 만주 국경에 도달했다. 이어 홍안령 북쪽을 돌아 시베리아 흑룡강변 우루강을 거쳐 밀산에 이르러 김좌진을 만날 수 있었다. 혹한과 배고픔을 참아내며 약 한 달만에 "얼음에 뒤덮인 바이칼호를 맨발로 걸어" 2만여 리나 되는 길을 헤치고 온 극한의 탈출이었다. 김좌진은 상하이 임시정부 김구에게 이를 보고하였고, 임정의 국제적 여론 환기 노력으로 레닌에 의해 1922년 8월, 1년만의 포로생활을 마감할 수 있었다.

용인 출신 맹철호*는 3 · 1만세운동 후 만주로 망명하여 대한독립단 결성에 참여하였으며, 집안 · 환인지역 총지단장으로 활동하였다. 대한독립단은 국내에서 의병활동을 주도했던 박장호, 조맹선, 백삼규, 조병준, 전덕원 등이 1919년 4월 15일 서간도 류허현 삼원보 서구 대화사에서 조직한 것이다. 초기 대한독립단에서는 군자금을 모금, 무기를 구입하여 무장을 하고, 장정들을 하얼빈 백계 러시아 군영으로 보내 군사

* 맹철호(孟喆鎬, 1889~1959)는 용인 처인구 김량장동 출신으로 알려져 있다. 이명은 맹공유이다.

훈련을 받게 하였다. 또 '일제의 관공리들에게 보내는 경고문' 등을 발송하고 친일관리들을 응징하였다. 이에 따라 일제에 동조하여 헌병보조원이나 면서기로 근무하던 친일 무리들이 일제의 관복을 벗어 버리고 도망하는 사태도 벌어졌다.

대한독립단의 국내 파견대인 구월산대는 대장 이명서를 중심으로 대원 8명이 황해도 구월산을 근거지로 유격전을 전개하면서 친일파를 응징하고, 주재소를 습격하는 등 일제에 큰 타격을 주기도 했다.

대한독립단은 의병 계열의 민족운동가들이 만주 이주 초기에 조직하였던 보약사, 향약계, 농무계 등을 통합 확대하여 조직한 독립군단이었기 때문에 설립 초기부터 방대한 조직을 가질 수 있었다. 이들은 만주지역의 한인뿐만 아니라 국내의 동포들로부터도 대단한 호응을 받았다. 처음부터 중앙본부와 각 지방에 지단을 설치하고 특파원을 국내로 파견하여 군자금 모금과 장정 모병에 주력하였다.

맹철호는 1923년 대한통의부가 설립되었을 때는 군수부장으로 집안, 임강, 관전현 등지에서 활약하였으며, 1925년 지린에서 정의부가 결성되었을 때는 자치분과위원으로 이진산, 최명수 등과 활동하면서 조선총독부 경무국의 요시찰 인물로 지목되기도 했다. 1931년 만주사변이 일어난 이후에는 주녕현 산간지역에 은신하여 영농에 종사하였다. 1977년 건국포장과 1990년 건국훈장 애국장이 추서되었다.

3) 만주사변 후 항일무장 투쟁

한국 독립군의 활동

1930년을 전후한 무렵 중국 만주의 정세는 일본군의 침략야욕과 공산주의자들의 발흥으로 매우 불안하게 변화하였다. 재만 한인들 역시 중국 관리의 횡포와 중국인 지주와의 대립과 일제의 직·간접적 압박 등 여러 가지 어려움에 직면하고 있었다.

1929년 액목에서 오상현으로 거처를 옮긴 여준은 홍진, 황학수, 이청천, 신숙 등과 함께 한인들의 생계 보장을 위한 생육사를 조직하였다. 생육사는 일종의 농업주식회사와 같은 것으로 생산과 저축을 장려하여 독립운동 자금을 확보하면서 나아가서는 혁명적 인재의 양성이 목적이었다.

생육사는 1930년에 이미 190주를 모아 농토를 빌려 경영하고 있었으며, 돈화·서란·오상·하얼빈 등 만주 각지에 분사를 설치하고 대표를 선임하여 운영하고 있었다. 2월 13일 지린吉林 춘등하에서 열린 생육사의 제2회 정기총회에는 하얼빈 대표로 용인 출신인 이영선이 이춘기라는 이름으로 참석하였다.

한편 북만주의 신민부 관할지역에서는 김좌진 등이 김종진·이을규 등 아나키스트들과 연합하여 한족총연합회韓族總聯合會를 결성하였다. 이 단체는 자유연합적 정치이념을 모색하였으나, 공산주의자들에 의해 김좌진·김종진 암살로 위기에 봉착하였다.

이 같은 상황에서 재만 한인 민족주의 세력은 각 진영의 대동단결과

중동선 철도(붉은 선)

무장투쟁 역량 강화의 필요성을 절감하게 되었다. 이에 따라 1930년 7월 생육사와 한족총연합회 주도세력이 중심이 되어 중동선 연변 위하현에서 한국독립당을 창당할 수 있었다.

한국독립당의 중앙위원장은 홍진이 맡았고 당 군사위원장은 이청천이 선임되었으며, 생육사에서 활동했던 여준은 고문 자격으로 참여하였다. 이들은 한인 교민의 자치운동, 교육 및 산업 진흥운동, 교민 보호 등의 활동을 추진하였다. 그 결과 1931년 경에는 당원만 수만 명에 이르고 군구도 36개 지구로 확대되는 등 크게 성장할 수 있었다.

1931년 9월 일제가 만주를 침략한 만주사변이 일어나자 한국독립당은 10월 길림성 오상현 대석하자에서 긴급 중앙위원회의를 열고 급박한 시국정세와 향후의 투쟁노선을 논의하였다. 이때 당내 모든 공작을 군사 방면에 집중하자는 결의에 따라 하얼빈 근교의 중동선 철도 연변을 중심한 각 군구에 총동원령을 내려 재향군인의 소집과 청장년들의 징집을 실시하였다. 이와 함께 군사위원장 이청천을 총사령으로 하는 한국독립군을 조직하고, 부사령관은 남대관, 참모장은 이장녕, 의용군 중대장은 오광선, 서기장은 홍진으로 편제를 마쳤다.

한국독립군은 효과적인 대일항쟁을 전개하기 위해 총사령 이청천이 최악 · 오광선 · 심만호 등과 함께 중국 항일의용군 사령부를 방문, 양군 연합의 구체적 조건을 논의하였다. 이때 양측에서 다음과 같이 3개항에 합의하고 양측이 연합하여 공동으로 투쟁키로 하였다.

1. 한 · 중 양군은 어떤 열악한 환경을 막론하고 장기항전을 맹세한다.
2. 중동철로를 경계로 하여 서부전선은 중국군이 맡고, 동부전선은 한국군이 담당한다.
3. 한 · 중 양군의 전시 후방교련은 한국군의 장교가 부담하고, 한국독립군의 소요일체 군수물자는 중국군이 공급한다.

이후 한국독립군은 총사령부의 위치를 흑룡강성 의란현으로 정하고 후방 각 군구의 조직들이 항일전선에 집중할 것을 촉구했다. 한편 한국독립당은 동만 · 북만의 각 지역을 현 단위로 구분하고 조경한 · 오광선 · 홍진 등 12명의 징집 책임자를 파견하여 한국독립군에서 활동할 청년 등 지원자들을 널리 모집케 하였다. 이처럼 한국독립군은 중국의용군과 교섭을 진행하는 한편, 모병 및 군사훈련에 매진하며 대일항전에 대비하였다.

북만주의 오상·서란 일대에서 모병하여 편성한 한국독립군은 중국 항일의용군을 개편한 길림자위군에서 무기를 지원받아 연합 투쟁하였다. 한국독립군과 길림자위군 양군은 1월 29일 밤 서란현을 공격하여 대승을 거두었다. 이후 양군은 2월 초 액목현을 공격하여 점령하였으나, 3월 말 오상현에서 일·만 연합군 대부대의 공격을 받고 물러났다.

한국독립군 사령부는 1932년 2월 초 연수현·방정·의란현 등지에서 길림자위군과 연합하여 싸웠지만, 일본군의 협공을 받은 중국군이 먼저 투항하는 바람에 부득이 패퇴하고 말았다. 이 과정에서 한국독립군 지도부는 흑룡강성의 방정과 통하현으로 퇴각하였으나, 길림자위군 산하 고봉림 부대에 합류하여 다시 공동작전을 펼 수 있게 되었다.

1932년 3월 2일 쌍성에 위치하고 있던 한국독립당 제3지부는 부근에서 병력을 모집하여 한 달만에 이전과 같은 규모를 갖출 수 있게 되었다. 이에 따라 한국독립군의 조경한·김창환 등 일부 간부들은 1932년 5월 1일 아성현 대석하에 있는 제1대대장 오광선의 농장에서 한국독립군 비상회의를 열었다. 여기서 부대를 다시 정비하여 대석하를 임시 중심지대로 정하고, 이청천 총사령과 그의 직속부대를 대석하로 불러들였다. 대석하 부근에 주둔하고 있는 길림자위군 고봉림 부대와 합작교섭을 전개하기로 결정하였다.

1932년 9월 전열을 정비한 400여 명의 한국독립군과 고봉림이 이끄는 길림자위군 연합부대는 쌍성보를 공격하였다. 이때 일·만군을 물리치고 쌍성보를 점령하여 2천여 명에 달하는 만주군이 투항해오고 많은 물자를 빼앗는 대승을 거두었다. 그 뒤 일본군과 만주군 연합군이 대규모로 반격해오자 한·중 연합군은 지형상 불리한 쌍성보를 두고

쌍성보 전투지(흑룡강성 쌍성시)

부근의 납림장으로 퇴각하여 부대를 재정비하였다.

한국독립군은 길림자위군과 함께 같은 해 11월 쌍성보를 공략하여 다시 탈환하였다. 그러나 이튿날 일본군은 폭격기와 대포 등을 동원한 대부대를 이끌고 반격해 왔다. 한·중 연합군은 피해를 입으며 계속 공방전을 벌였지만 수적 열세로 11월 20일 쌍성보를 버리고 퇴각할 수밖에 없었다.

퇴각 후 중국군은 적에 투항할 것을 통고하는 등 협조를 거부하여 한국독립군은 이들과 결별하고 남쪽 오상현으로 이동하였다. 11월 말 이청천·김창환·오광선·조경한 등 한국독립군 지도부는 군사 활동 지역을 동포들이 많이 사는 동만·북간도 일대로 옮겨가기로 결정하였다. 이 지역에서 활동하는 길림구국군과 새롭게 한·중합작을 논의하며 장병을 모집하기로 한 것이다.

한국독립군은 1933년 1월 북간도로 이동하여 길림구국군의 요진산·시세영 부대와 연합하여 한·중 토일연합군을 편성하고 영안현 남쪽에 있는 경박호 동쪽에 이르렀다. 이들 부대는 2월 일·만군이 경박호로 진격해 오자 그 통로로 예상되는 호수 주변 계곡의 양쪽 산기슭에 부대를 나누어 매복시켰다. 일·만군 부대가 호수 얼음 위를 행군하며 양군의 매복지점에 도달하자 연합군은 공격을 퍼부었다. 이 전투에서 한·중연합군은 적의 대대 병력을 거의 전멸시키고 많은 군수품을 빼앗는 대승을 거두었다.

한국독립군은 경박호에서 대승을 거두고 영안현 북쪽의 사도하자에 주둔하며 병사 모집과 훈련에 열중하였다. 1933년 4월 일·만 연합군은 사도하자를 공격해 왔지만 한·중연합군은 이들을 급습하여 크게 격파하였다. 이 전투에서 아군의 손실은 극히 적었으며 많은 물자를 빼앗았다.

한국독립군과 길림구국군의 한·중 토일討日연합군은 1933년 6월 3일 전 병력을 동원해 동경성을 공격하였다. 3시간 동안 격전이 벌어졌는데, 아군의 공격에 못 견딘 일·만 연합군은 퇴각하였다. 아군은 북문 밖에 매복하고 있다가 퇴각하는 적들 대부분을 전사시키고 나머지는 포로로 잡았다.

동경성을 탈환한 한·중연합군은 주민을 선무하는 한편 전리품을 수습하였다. 한·중연합군은 주력부대를 주변에 분산 배치하고 일본군의 공격에 대비하고 있다가 얼마 후 왕청과 동녕 사이의 산간지대로 부대를 이동하였다.

동경성 전투 이후 왕청현 동북의 산악지대에서 활동하고 있던 이청천과 조경한 · 오광선 등이 이끄는 한국독립군과 길림구국군 시세영 부대 연합군은 1933년 6월 25일 경 노송령을 넘어 동서검자에 이르렀다. 이곳에서 한 · 중연합군은 나자구 대전자에 주둔하고 있던 일본군이 연길현 방명으로 철수할 것이란 정보를 입수하였다. 이 일본군은 한국 주둔 제19사단의 '간도파견군'으로서 1,600여 명 규모였다.

한 · 중연합군은 일본군이 왕청쪽으로 가려면 반드시 대전자령을 지나간다는 사실을 알게 되었다. 그래서 유리한 지점에 매복하고 있다가 적을 공격하려는 계획을 세웠다. 한 · 중 연합군 2,500명 가운데 한국독립군 약 500명은 적의 통과 예상지점인 대전자령 서쪽 양편 계곡에 매복하였다.

매복 3일만인 6월 30일 일본군은 자동차와 우마차에 화물을 싣고 대전자령을 향해 출발하였다. 그 행렬의 선두는 화물자동차부대, 가운데

대전자령 주변(지린성 왕청현)

는 우마차대, 그리고 후방에는 다시 자동차 여러 대가 뒤를 따랐다.

오광선은 총사령 이청천의 참모로 참전한 이 대전자령 전투는 4~5시간에 걸쳐 치열하게 전개된 대격전이었다. 한・중연합군은 이 전투에서 일본군을 완전히 격파하는 빛나는 승전을 거두었다.

일본군은 이 전투에서 최소한 130여 명 이상이 살상되고 다수의 병력이 흩어져 도주하는 치명적 손상을 받고 일부 부대가 빠져 나가는 데 그쳤다. 뿐만 아니라 막대한 군수물자를 연합군에게 빼앗기는 커다란 손실을 입고 말았다.

대전자전투를 통하여 한・중연합군은 일본군의 각종 무기・탄약・피복・식량 등 엄청난 물량의 군용품을 노획하였는데, 그 내역은 다음과 같다.

> 박격포와 각종 포 8문, 경・중기관총 110자루, 소총 580자루, 탄약 300상자, 수류탄 5,000개, 권총 및 연발총 200자루, 도검 40자루, 만주 및 연해주의 군용 비밀지도 2,000여 매, 만주침략 관련 각종 비밀문서와 군용서류, 진중 장부 300여 부, 피복, 담요, 기타 군장비 부속품 등 2,000여 건, 장갑차 2량 등 기타 헤아릴 수 없을 정도의 잡화 등

이처럼 막대한 군수물자의 노획은 대전자대첩이라 할 수 있을 정도로 우리 독립전쟁사상 최대 전과라고 할 수 있다. 이 전투에서 입은 한국독립군의 피해는 정확히 알 수 없으나, 이 전투에 참가한 조경한이 1934년에 발표한 글에서는 모두 27명이 사상했다고 기록하고 있다.

일본군이 나자구에서 철수하다 대전자령에서 큰 피해를 입고 한반도

로 패퇴한 뒤 나자구 일대는 길림구국군과 한국독립군의 유력한 근거지가 되었다.

그 뒤 일본군은 나자구 일대를 장악하기 위해 추계 대토벌전을 벌였다. 이에 따라 그 해 10월 초순과 11월 중순에서 하순에 걸쳐 대부대를 동원하여 나자구에 대대적 공세를 펼쳤다.

이와 같이 한국독립군은 대전자령전투에서, 길림구국군 시세영 부대와의 합작 형태를 취하였다고는 하지만, 전투의 주역으로서 크게 활약하였다. 전과로 볼 때 대전자령전투는 청산리대첩·봉오동전투에 버금가는 빛나는 대첩이라고 할 수 있다.

그러나 이 전투의 전리품 분배관계로 독립군과 중국군 사이에 알력이 일어났다. 이로 인해 9월 1일 중국과 소련의 국경 부근인 동녕현에서 일어난 전투에서 중국군이 약속한 지원부대를 파견하지 않아 독립군은 3일 동안 막대한 손실을 입고 퇴각하고 말았다. 뿐만 아니라 중국군은 독립군의 이청천 총사령관 이하 수십 명의 고급간부를 구금하고 무장해제시켰다. 곧 화해가 되었으나, 독립군은 중국군과 관계를 끊고 관내로 이동하여 임시정부 등에 합류하였다.

이홍광의 항일 유격대 조직과 활동

1931년 만주사변 이후 만주 일대에서의 항일 무장투쟁은 일만군의 강력한 토벌작전으로 어려움을 겪었다. 이 같은 상황에도 불구하고 용인 출신인 이홍광*은 항일유격대를 조직하여 일제와 만주 친일세력의

---

* 이홍광(李紅光, 1910~1935)은 용인 처인구 포곡읍 신원리의 빈농 가정에서 태어났다. 본명은 이홍규였으며, 이후 이홍해·이의산 등의 이름을 쓰기도 했다. 일제의 수탈과 탄압이 심해 생

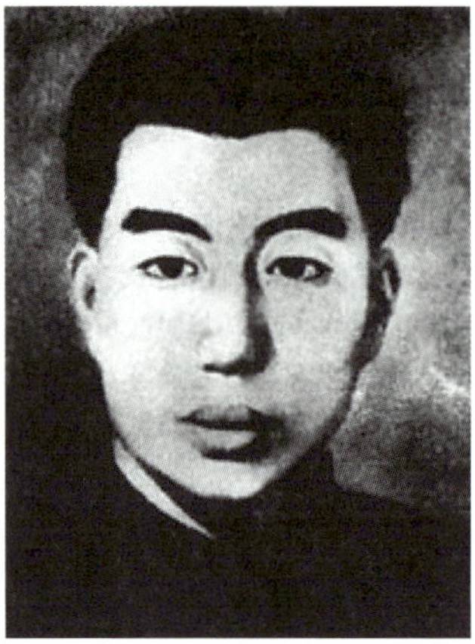

이홍광

이홍광 흉상(중국 신빈현)

간담을 서늘케 하였다.

이홍광은 1931년 10월 판쓰현에서 친일파나 밀정을 처단하는 타구대 개잡이 사냥대의 대장이 되어 본격적 항일 무장투쟁에 나섰다.

1932년 5월 판쓰현 하마허즈에서 농민 항일봉기를 주도하여, 친일주구를 처단하고 식량과 재산을 몰수하여 일제와 그 추종 세력에 상당한 타격을 주었다. 또 친일자위대를 공격하여 총과 탄약을 노획, 항일투쟁을 위한 물자도 확보하였다.

6월에는 타구대를 반쓰 반일 노농의용군으로 확대하였다. 겨울에는 중국공산당이 파견한 양정우에 의해 중국 노농홍군 32군 남만유격대로 개편하고, 이홍광은 교도대 정위직을 맡고 남만주의 항일 유격 근거지를 만들었다. 1933년 9월에는 판쓰현 · 류허현 · 허룽현 등 남만 일대의 유격대를 통합하여 동북인민혁명군 1군 독립사로 개편됐다. 병력 300여 명을 거느린 독립사의 사장 겸 정치위원에는 양정우, 참모장으

활이 곤란해지자 이홍광 가족은 1925년 중국 길림성 이통현으로 이주했다.

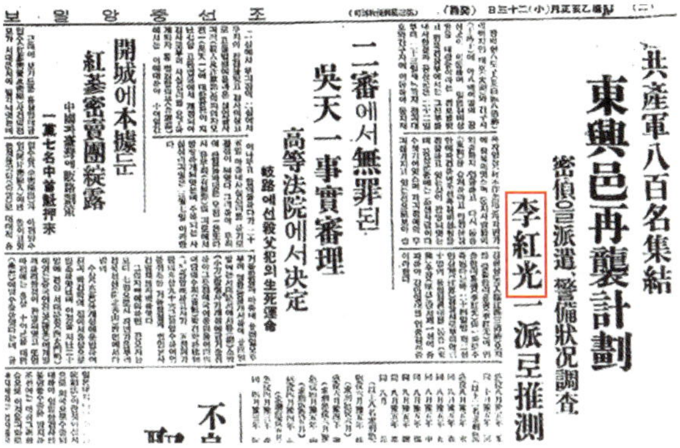
조선중앙일보

共産軍八百名集結
東興邑再襲計劃
密偵을派遣, 警備狀況調査
李紅光一派로推測

二審에서無罪된
吳天一事實審理
高等法院에서決定
岐路에선殺父犯의生死運命

開城에本據둔
紅蔘密賣團綻露

평안북도 후창군 동흥읍 국내 진격 전투를 소개한 조선중앙일보 기사

이홍광기념관 개관 기념식(판쓰시 홍광중학교)

이홍광기념관 내 흉상

로는 이홍광이 선출됐다. 11월 독립사는 200여 명의 병력으로 판쓰 남쪽의 삼원보를 기습 점령하여 많은 무기와 물자를 노획하는 큰 전과를 거뒀다. 1934년 11월에 동북인민혁명군 제1군이 정식 설립되고 이홍광이 제1사 사장 겸 정위직을 맡았다. 이때 양세봉이 이끄는 조선혁명군측에서 연합작전을 요구해와 1935년부터는 양군의 연합작전을 모색하고 이듬해부터는 공동작전을 수행하였다.

이홍광 부대는 국내 진입을 감행하여 큰 성과를 올리기도 했다. 1935년 2월 13일 압록강을 건너 평안북도 후창군 동흥시가에 진입하여 경찰서를 공격하고 친일 주구배의 집을 습격하였다. 철벽 방어를 자랑하던 일제의 국경수비대를 무너뜨리며 일제 경찰를 사살하고 군수물자를 노획하였다.

동홍읍 급격 이후 일제 군경이 집요하게 이홍광 부대 등 동북인민혁명군 1군을 토벌하기 시작했다. 그럼에도 이홍광 부대는 1935년 3월 15일 류허현 타요령에서 적의 열차대를 습격하고 통화현 팔구경찰서 관내로 가던 수송차량을 습격해 양곡 80석과 말 20여 필을 노획하고 만주국 호송경관 15명을 생포하는 전과를 거뒀다.

그해 5월 11일 본지·환런 등지에서 기병대 조직을 확대하기 위해 1사 부대원 200여 명을 이끌고 일본인이 경영하는 목재소를 습격해 80여필의 말을 노획했다. 그 말들을 몰고 신빈현과 환런현의 경계지점인 노령을 지나다가 200여 명의 일·만군 연합부대와 조우했다. 이 전투에서 이홍광은 총격을 받아 중상을 입고 쓰러졌다. 그는 동지들에 의해 다음날 밀영으로 후송돼 부대원들의 간호를 받았으나 결국 사망하고 말았다. 이때 이홍광의 나이는 불과 25세였다. 부하들은 그의 시신을 신빈현 홍묘자향 대청구 헤이싸즈에 묻었다.

이홍광은 중국에서, 특히 동북지역에서는 영웅적인 항일열사로 추앙받고 있다. 중국공산당 최고 지도자인 모택동까지도 "리홍광은 동북에서 유명한 의용군 영수領袖 중의 한 사람이다"라고 칭송하였다.

2. 중국 관내 무장투쟁

1) 만주 독립군의 중국 관내 이동

한국독립군은 만주사변 이후 중국군과 항일 공동작전을 펼쳐 쌍성보 전투, 경박호전투, 동경성전투, 대전자령 전투 등에서 승리하였다. 특히 대전자령 전투의 승리는 독립군 사상 3대 승첩의 하나로 기록될 만큼 매우 값진 승리였다. 그러나 한 · 중 연합군은 중국군 내 공산주의자들의 발호로 한국군 지도부가 무장 해제당하는 등의 위기에 직면하였다.

이 무렵에 일어난 윤봉길의 상하이 의거로 김구는 장개석 중국 국민당 위원장을 만날 수 있었다. 이를 통해 중국의 협조를 받아 낙양군관학교에 한인반을 만들어 독립군을 양성할 계획을 세웠다.

낙양군관학교(중국 하남성 뤄양시)

임시정부는 곧 통지를 보내 만주독립군을 관내로 이동해 달라고 요청하였다. 한국독립군 지도부는 임시정부의 요청을 승낙하고 이청천을 책임자로 결정하였다. 그리고 오광선 등 한국독립군 39명은 1933년 11월 노동자로 변장하여 2~3명씩 조를 이루어 산해관을 넘어 중국 관내* 로 이동하였다.

1934년 2월 28일 중국 중앙육군군관학교 낙양분교에서 중국 전역에서 모집된 한인 92명으로 특별반이 편성되어 본격적인 군관 양성이 시작되었다. 이청천이 총책임자로서 군사훈련을 지도했고, 오광선이 교관으로 초빙되었다. 그러나 낙양분교 한인반은 한국독립군 출신과 김구 계열, 김원봉 계열로 나눠져 세력간 분쟁이 일어나면서 갈등이 쌓임에 따라 2기생을 배출하고 이듬해인 1935년 4월 중단되고 말았다.

이후 오광선은 김구 주석의 지시에 따라 북경으로 파견되어 비밀공작대를 조직하였다. 김구는 만주에서의 독립기지를 재건할 목적으로 오광선으로 하여금 신흥무관학교 출신들을 규합하려 하였다. 이에 따라 오광선은 1936년 북경에서 금은방을 차리며 잠행하였다.

오광선이 낙양에서 북경으로 파견될 무렵, 그의 가족들은 이청천의 가족과 함께 북경에 남아 있었던 것으로 보인다. 부인인 정현숙** 과 남은 가족들은 북경에서 1년 정도 살다가 천진으로 옮겨 2년 정도 살았다. 천진에서 살던 오광선의 가족들은 남경으로 이동하여 임시정부와 합류하였다.

---

* 중국 관내는 만주 곧 동북 3성을 제외한 지역으로 중국 본토를 말한다. 경계는 만리장성의 동쪽 관문인 산해관이다.

** 정현숙(1900~92)은 용인 이동읍 화산리 출신이다. 독립군인 오광선과 결혼하고 만주로 망명하여 이름도 정정산에서 정현숙으로 개명하였다.

李靑天의 密使入滿
反滿工作을 劃策
三名이 北滿五常에서 暗躍
王德林代表와 秘密聯絡

【신경】 남경××동지회(南京××同志會) 이청천(李靑天)으로부터 반만단의 반만공작을 원조하라는 명령을 받은 그의 부하 오광선(吳光善)외 二명은 지난 八월경 북만(北滿)에 잠입하야 각 방으로 암약하든중 十월 一일 五상(五常)에서 왕덕림(王德林)대표 二명과 만나보고 아래와 같은 협의를 하엿다 한다.

오광선의 만주 파견 기사
(동아일보 1934.11.3)

북경에 홀로 남아 첩보활동을 펼치던 오광선은 마침 그 곳에 들른 일본 관동군 참모장인 도이하라土肥源 중장의 암살을 준비하였다. 그러던 중 국내에 침투한 다른 공작원의 체포에 따라 근거지가 노출되고 말았다. 1백여 명의 만주 보안대와 일본 경찰의 기습으로 오광선은 1937년 1월 2일 체포되고 말았다.

일제에 체포된 오광선은 약 11개월에 걸친 온갖 고문과 조사를 거쳐 1937년 11월 11일 3년형을 선고받고 신의주형무소에 수감되었다. 모진 고문에도 불구하고 중국인 행세를 하며 가명을 써서 살아남았다. 상시 상황을 아버지에게 직접 전해들은 둘째딸 오희옥*은 다음과 같이 증언하였다.

* 오희옥(吳熙玉, 1927~)은 오광선과 정정산 사이의 차녀이다.

김구 선생님이 우리 아버지한테 비밀공작 사명을 맡겼어. 청년 몇 명 데리고 가서 비밀공작하라라고.…아버지는 북경서 금은방을 잘 했는데, 어떤 한국인 스파이한테 걸려서 별안간 다들 자는데 한밤중에 우당탕 쳐들어 와 담을 넘어서 잠옷바람에 다 걸렸대요. 그 중에서 한 사람 주머니에서 조그만 칼이 있었대요. 창칼로 끈을 끊고 뛰어내렸는데, 50미터 간 후에 우리 아버지가 마지막 총을 옆구리를 맞았대요. 병원에 입원했다가 감옥으로 가신거죠. 고문을 받아서 일본 순사들이 가시로 막 찌르고 고문해서 정신을 몇 번 까무러쳤대요. 그래도 중국 낙양군관학교만 나왔다구. 끝끝내 다른 얘기를 안했대요. 여기 '오원지吳原之'는 중국 사람으로 행세한 거잖아요. 신흥무관학교 나왔다고 하면 죽이지 뭐, 한국 사람인데…. 그래, 3년 만에 풀려 나온거죠. 다 죽어 가는 것을 들판에 그냥 버렸대. 겨우 기어가 중국집으로 들어갔대요.

오광선의 체포 소식을 들은 남경의 임시정부 지도부와 가족들은 그가 처형당했을 것으로 여겼다. 생사를 확인하지 못한 가운데, 임정 요인들은 그의 아들을 유복자로 여겨 특별한 관심을 기울였다. 그의 수감 직후 부친인 오인수 의병장도 사망하여 가족의 고통은 매우 컸던 것이다.

2) 한국광복군 활동

1937년 7월 중·일전쟁이 터져 임시정부 요인들이 모두 피난길에 오르게 되자, 오광선의 가족들 역시 난징南京에서 창사長沙로, 광저우廣州에서 류저우柳州로, 치장綦江에서 다시 충칭重慶으로 이동하였다.

1938년 11월 류저우柳州에 도착한 임시정부에서는 이듬해 2월 군사조직으로 한국광복진선청년공작대를 결성하였는데, 이때 오희영* · 희옥 자매도 대원으로 참여하였다. 이 공작대의 단장은 고운기高雲基였으며, 임무는 독립군을 입대시켜야 하는 초모활동을 비롯해 일본과의 항전의식을 드높여 줄 선전활동을 펼쳤다.

당시 오희옥은 12살로 나이가 어렸지만, 인력이 부족한 탓에 나이어린 소년 소녀들도 참여해 일손을 도왔다. 항일의식을 고취시키는 문화공연이 있을 때에는 오희옥과 엄기선 등이 러시아 사마귀춤 등을 추어 박수갈채를 받았다. 그녀는 당시 무대에서 즐겨 부르던 노래인 〈반달〉을 지금

대한민국 임시정부 이동경로

* 오희영(吳熙英, 1924~69)은 오광선과 정정산 사이의 장녀이다.

한국광복진선청년공작대(류저우 유후공원)

도 기억하고 있다.

1939년 4월 임시정부 요인과 가족들은 버스를 타고 먼 길을 떠나 중국 깊숙이 사천성의 충칭으로 옮겼다. 토교土橋라는 작은 마을에서 임정 요인 식구들 10여 세대가 함께 살면서 요인들의 뒷바라지를 했다. 정성산 여사 식구들과 함께 토교土喬에서 피난생활을 했던 김가진의 며느리 정정화 여사는 다음과 같이 회고하였다.

> 토교에서도 정씨는 홀로 삼남매를 키우느라 늘 궁색한 처지로 형편 필 날이 없었고, 백범은 오광선의 가족들이 그렇게 고생하는 것을 안쓰럽게 생각하여 늘 관심을 가지고 지켜 보았다.…이들에 비하면 영걸 어머니 정씨는 아무래도 고생이 심했다. 내가 다른 이들보다 특히 영걸 어

머니에게 정을 쏟고 희영이나 희옥이에게 좀더 잘해 주려 한 것은 이런 이유에서였다. 영결 어머니는 만주에서 농사를 해본 경험도 있고, 몸도 건강해서 내 밭일을 많이 도와주었으며, 나는 그 대신 그집 삼남매의 옷가지 손질이며 이부자리 만들기 등 주로 바느질 일을 도와주었다.

정현숙은 1941년 한국혁명여성동맹이 결성되자 그 맹원으로 활동하였다. 이후 1944년에는 한국독립당 당원에 가입하여 임정 활동에 참여하다가 해방을 맞았다. 장녀 오희영은 먼저 광복군에 입대하여 초모공작 등에서 활약했고, 동생 희옥도 공립중학교 3학년에 다니다가 광복군에 지원하였다. 특히 희영은 광복군 징모처 제6분처에 소속되어 최전선인 부양埠陽으로 가 일본군에 맞서면서 선전활동과 초모공작에 투입되었다. 당시 16세의 오희영이 최전방에 자원하던 때를 지복영池復

중국 충칭에서 결성된 한국혁명여성동맹 창립대회(둘째줄 좌에서 5번째가 정정산, 1941.6.17)

榮은 다음과 같이 회고한다.

> 어느날 중경에 갔던 김학규 지대장이 서언 한국광복군 총사령부로 오희영을 데리고 왔다. 오희영은 나보다 여섯 살 아래로 이제 겨우 16세였다. 오희영은 만주로 아버지 오광선을 찾아가기 위해 최전방을 자원했다. 그것은 바로 적후적 점령지구 공작을 뜻했다. 어린 나이에 성패를 예측할 수 없는 그 험한 길을 어떻게 감당할 것인가. 참으로 한국의 딸로, 망국민으로 태어난 것이 너나없이 서럽고 또 서러웠다."

이후 오희영은 중경 임시정부로 가 1944년 김구 주석의 사무실 비서

임시정부 환국기념(충칭, 1945)

겸 선전부 선전원으로 활동했다. 이 무렵 김구 주석의 경호업무를 맡고 있던 신송식*과 혼인하여 '부부광복군'이 되었다. 신송식은 혼인 후 1945년 6월 임시정부 주석 비서로 임명돼 부부가 함께 활동하였다.

오광선은 1940년 11월 중순 신의주형무소에서 출옥하였다. 이후 그는 다시 중국으로 잠입해 흑룡강성 하얼빈 인근의 대석하와 홍안령지역에서 항일 빨치산들과 만나 활동하였다고 한다. 그는 만주 각 곳을 다니며 지하의 항일운동을 시도하였다. 1945년 8월 일제가 패망하자 귀국하여 한국광복군 국내지대를 만들었다.

오광선과 가족들은 1946년 2월 임시정부의 국내 환국에 따라 서울에서 다시 만날 수 있었다.

3) 학병 탈출 후 독립군 활동

용인 출신 정철수**는 보성전문학교를 다니다 학도지원병으로 일본군에 징집되었다.

그가 보전 2학년 때인 1943년, 전장은 중국 동북지방과 산동반도, 상해 등지를 넘어 동남아시아, 말레이 반도까지 확대되고 있었다. 정철수는 1943년 12월 하순에 학도병 입대 영장을 받았다. 그때는 이미 갓 결혼한 아내와 뱃속의 아이까지 있었다.

---

* 신송식(申宋植, 1914~73)은 평안남도 안주 출신이다. 1933년 중국 광둥정치학교를 졸업하였다. 조선의용대에 가입하였다가 한국광복군 제3지대에서 활동하였다.

** 정철수(鄭哲洙, 1921~89)는 포은 정몽주 선생의 24대 종손으로 용인 처인구 모현읍 능원리에서 태어났다. 모현공립보통학교와 수원보통학교를 마친 후 경복중학교를 졸업하고 1942년 보성전문학교 상과에 입학하였다.

정철수

당시 보성전문학교 교장을 비롯해 많은 친일 지식인들은 자신의 제자들을 강요하여 수많은 조선청년을 학병으로 입대하게 되었다.

정철수는 오히려 일본군에 입대하면 탈출해 독립군이 되어야겠다고 결심했던 것으로 보인다. 후일 그는 아들 래정에게 "학교에서 끌려 나갈 그 시점부터 탈출을 생각했고, 탈출 루트에 대해 미리 힌트를 받은 바 있다"고 얘기하였다. 또한 친척들로부터 전해지는 말에 의하면, 정철수는 입대 전에 마을 친척 어른들께 작별인사를 하며 자신은 꼭 탈출할 것이란 얘기를 했다고 한다.

정철수는 학도병들이 끌려가는 서울 남대문정거장에서 통곡하는 수많은 환송객들을 목격했다. 그는 이 날 정거장과 플랫폼이 "뱃속으로부터 울려나와 울음으로 끝을 맺는 차 안팎에서의 곡성, 서로를 외쳐대는 불안과 공포, 절망과 통분에 쌓인 작별의 울음소리, 고등계 형사 놈들과 헌병 놈들의 살기 찬 눈총"으로 아수라장이 되었다고 회고하였다.

가족들과 눈물의 이별을 한 후, 1944년 3월 정철수를 강제로 이끈 곳은 중국 산동성 제남의 관동군 부대였다. 일본군 훈련소에서 약 2개월간 이등병으로 훈련받으면서 그는 갖은 민족차별과 모욕을 참아가며 기회를 엿보았다.

정철수는 드디어 3월 25일 동료 평창우와 허섭 등과 함께 야밤에 탈출을 감행하였다. 그의 학병 탈출은 중국 서주徐州에서 1944년 3월 26

조선의용군이 쓴 구호(중국 허난성)

일 감행한 한성수 · 오건 · 이종무 등 3인의 탈출보다 하루 앞선 것이다. 또한 학병 탈출 1호로 평가받고 있는 김준엽의 1944년 3월 29일보다 4일 빠른 것이다.

천신만고 끝에 일행은 조선의용군과 중국의 팔로군이 주둔하고 있는 지역에 도착하게 되었다. 3인은 곧 팔로군 유격지역으로 안내되었다가 그해 6월경 조선독립동맹 조선의용군의 주둔지인 허난성 섭현 하남점에 도착하였다. 그는 곧 조선독립동맹에 가입하고 조선의용군이 되었다. 독립동맹 측에서는 정철수 일행을 환영하는 대회를 열어 그 상황을 항일신문에 실어 한인사회에 널리 알렸다. 이런 노력으로 일본군 내의 학도병들의 탈출도 줄을 이었고, 강제징용에서 탈출한 농민 · 노동자들과 지식인들도 늘어났다. 서울에서 청년학생들에게 존경받던 김태준金台俊 교수와 진보적인 필체로 일본문단에서 활동한 바 있는 김사량金史

良 등이 대표적이다.

항일투쟁의 근거지인 태항산에서 정철수는 무정과 김창만 등 많은 독립운동가들을 만나게 되었다. 정철수는 '고철'이란 이름으로 개명한 후 저명한 한글학자인 김두봉이 이끄는 조선독립동맹의 태항분맹원으로 활동하였다. 나아가 그는 태항산의 화북조선혁명군사정치간부학교 내에서 반장분대장 혹은 패장소대장 직을 맡았다. 정철수는 자신의 학도병 탈출과정을 주제로 한 연극대본을 집필하였고, 그의 문학적 재능을 아낀 무정과 김창만 선전부장 등의 적극적 후원 아래 선전활동과 문필활동에 전념할 수 있었다. 그는 「태양기 아래의 사람들」이란 주제의 연극을 비롯해 희곡 「조선은 살았다」와 「개똥이와 이쁜이」, 그리고 풍자극 「이발소」 등을 창작해 무대에 올려 큰 호응을 얻었다. 정철수는 이러한 연극대본 작성 등을 하면서 자신의 내면에 있던 문학적 재능을 맘껏

조선의용군 주둔 마을(하남성 섭현)

1945년 중국 태항산에서 정철수와 조선의용군 전우들

발휘하였다. 이에 따라 비교적 순탄히 의용군 생활을 하였다.

이러한 와중에 8월 15일 저녁, 정철수 일행은 일제가 무조건 항복했다는 소식을 듣게 되었다. 꿈인지 생시인지 어리둥절한 상황에서 꿈에도 그리던 해방을 맞았고, 마을은 온통 승리를 경축하는 북소리와 제금 소리로 우렁찼다.

하지만 그는 정치간부라는 중요 책임을 맡고 있어 곧장 귀국할 수 없었다. 그가 소속된 조선의용군 제5지대는 동포들이 많이 사는 지린성 동부군구인 연변으로 들어갔다. 5지대는 토비와 친일파 축출에 앞장서 동포들의 많은 호응을 받았다. 이후 조선의용군은 연길의 경비대와 자위대 등을 통합하여 길동보안군으로 전환하였다.

정철수는 연길에 도착한 후 고향으로 돌아가려고 상부에 여러 차례 건의한 것으로 보인다. 하지만 당시 상부에서는 민족 간부가 모자란다는 이유로 그의 귀국행을 막았다. 이후 1946년 5월부터 1948년까지 길동군분구 정치부의 선전교육부에서 선전과장을 맡았다. 그는 바쁜 와중에도 연변일보에 희곡을 투고하였고, 1948년 4월부터는 연변일보사에 입사해 편집을 담당했다. 그러던 중 그는 조선동포에 대한 민족교육의 중요성을 절감하고 1949년 4월 1일 길림중학교를 설립하고 초대 교장으로 부임하였다.

종장

용인 사람들의 구국 독립운동의 의의

한국인의 구국 독립운동은 19세기 말부터 1945년 8월 15일 해방될 때까지 청의 간섭과 제국주의 열강의 침탈에 저항하고, 일본 제국주의의 식민 지배를 극복하여 한민족의 주권 회복을 목표로 했던 민족해방운동이었다.

용인 사람들은 역사적으로 외세의 침입이 있을 때마다 침략자에 맞서 나라를 지키는데 앞장섰다. 특히 13세기 몽골의 살리타이 군을 격퇴한 처인성 승첩 이후 면면히 이어온 반외세 애국주의 정신은 일본 제국주의 침략에 적극적으로 저항하는 동력이 되었다.

구한 말 용인 사람들의 구국운동은 갑오변란과 을미사변 때 본격적으로 시작하였다. 일제의 야만적이 침략에 대항하여 항일 의병항쟁을 펼쳤다. 1905년 을사늑약과 1907년 고종의 강제퇴위에 이은 군대해산 때 용인 의병들은 보다 조직적인 항쟁을 하였다. 을사늑약을 전후하여 이한응은 이역만리 영국에서 일제 침략을 규탄하며 순국하였고, 유근은 황성신문에 논설을 실어 일제의 침략과 을사오적의 매국행위를 꾸짖었다.

용인에서는 일찍이 교육을 통한 구국운동도 전개되었다. 맹보순은 '명륜학교'를 세워 애국계몽 교육을 하였으며, 여준은 '삼악학교'를 설립하여 민족교육에 힘썼다. 이 학교 출신들 중에 독립운동에 투신한 사람들이 많았다.

1910년 일제가 우리의 국권을 강탈했을 때도 용인 사람들의 민족독립투쟁은 계속 이어졌다. 유근은 대종교 남도본사를 이끌었고, 정철화는 대한독립의군부에서 활약하였다. 일제의 식민지 통치 압박이 심해지자 여준, 맹보순, 김혁 등은 해외로 망명하여 독립운동을 계속하였다.

1919년에 길림에서 여준은 39명의 독립 운동가들과 함께 「대한독립선언서」를 발표하였다. 일본 동경에 유학 중이었던 오의선도 2·8독립선언에 가담하였고, 대한민국임시정부가 수립되자 임시의정원 경기도 대표로 의원이 되었다. 유근은 한성 임시정부 13도 대표 국민대회에 참여하였다.

1919년 3.1만세운동이 벌어지자 용인에서는 3월 21일 원삼면 좌찬고개에서 만세운동이 시작되었다. 이후 용인읍내와 양지면, 포곡읍, 기흥면, 수지면, 백암면, 남사면, 이동읍 등 거의 전 지역으로 들불처럼 번져갔다. 용인 사람들의 반일정신과 반외세 전통이 마침내 폭발한 것이다.

1920년, 30년대 용인 출신 독립운동가들은 중국과 만주에서 반일항쟁을 전개하였다. 국권피탈 후 만주로 망명한 김혁은 청산리 전투를 승리로 이끄는데 기여하고 신민부 중앙집행위원장으로 만주 독립운동을 지도하였다. 남정각과 오복영은 의열단에 가입하여 국내에서 의거 활동을 추진하였다. 오광선은 대한독립군단과 한국독립군으로 일본군과 전투를 벌였다. 이홍광은 항일유격대를 조직하여 국내 진공 작전을 펼치며 항일 무장투쟁을 전개하였다.

1940년대 충칭의 임시정부에서 여성광복군으로 활약한 정현숙과 오희영, 오희옥 모녀는 용인 출신 여성독립운동가였다. 학도병으로 징집되었던 정철수는 일본군 부대를 탈출하여 조선의용군으로 항일무장투쟁에서 활약을 하였다.

용인의 반외세 민족운동 전통은 일제 강점기 동안 배출된 용인 출신 독립운동가들을 통하여 확인할 수 있다. 이들 용인 사람들의 구국 독립운동은 몇 가지 특징적인 모습을 보이고 있다.

먼저 용인 사람들의 구국 독립운동은 대를 이어 가며 참여하는 경우가 많다. 오광선 가문은 아버지 오인수 의병으로부터 부인 정현숙과 딸 희영, 희옥 자매와 사위 신송식까지 3대에 걸쳐 구국 독립운동에 투신하였다. 이렇게 3대에 걸쳐 독립운동을 한 것은 한국독립운동사에서도 찾기 힘든 매우 특별한 사실이다.

2대에 걸쳐 부자가 구국 독립운동에 투신한 사실도 있다. 홍재설은 고종의 강제 퇴위에 항거하여 매국노 이완용의 집을 불태웠고, 그의 두 아들 종욱과 종엽 형제는 3.1운동 때 용인 포곡읍 지역의 만세운동을 주도하다가 체포되어 옥고를 치렀다.

한말 언론과 대종교를 통해 구국운동을 벌였던 유근의 아들 연수도 아버지의 뜻을 이어 독립운동을 하였다. 그는 상하이 임시정부에서 보내온 각종 문서와 신문을 배포하다 피체되어 옥고를 치렀다.

두 번째는 스승과 제자라는 학맥으로 구국 독립운동에 참여한 경우가 많다. 여준은 원삼면 죽릉리에 '삼악학교'를 세워 민족교육을 실시하였다. 이 학교 교사 중에는 여준의 평안북도 정주의 오산학교 제자인 김도태와 김공집이 있었다. 이들은 여준이 만주로 망명하자 스승을 따라 함께 망명하였는데, 서간도 신흥무관학교에서도 교사로 복무하였다. 삼악학교 출신인 오광선은 만주로 망명하여 신흥무관학교를 졸업한 후 교장인 여준 밑에서 교관으로 독립군을 양성하는데 심혈을 기울였다.

맹보순이 설립한 명륜학교에서 어대선이 교사로 학생들을 가르쳤다. 이 학교 출신 이영선은 스승인 맹보순과 만주에서 독립운동 지원 활동을 하였고, 임시정부에서 독립자금을 모금하다 어대선과 함께 체포되었다. 김혁도 맹보순과 관련을 맺으며 만주에서 독립운동을 하였다.

셋째는 용인 사람들은 항일 구국 독립운동 가운데 최초로 거사를 일으키는 경우도 눈에 띈다. 주영 외교관 이한응은 일본의 한국 침략을 용인하는 1905년 5월 2차 영·일동맹이 체결되자 영국정부를 규탄하고 런던에서 스스로 목숨을 끊어 항거하였다. 을사늑약 전에 일어난 최초의 순국이었다. 그해 11월 을사늑약에 체결되자 이한응에 이어 민영환과 조병세 등이 항거하며 순국하였다.

을사늑약이 체결되자 유근은 가장 먼저 황성신문에 격렬한 논조로 일제 침략과 을사오적의 매국 행위를 꾸짖는 논설 「시일야방성대곡」을 게재하여 민족의 분노를 대변하였다.

정철수는 강제 징집되어 산동 제남의 일본군 부대에 배치되었다. 호

시탐탐 기회를 엿보던 그는 1944년 3월 25일 병영을 탈출하여 태항산에 있는 조선의용군에 합류하여 일본군에 대한 무장투쟁을 전개하였다. 학병을 탈출한 사람들의 기록을 종합해 보면, 그가 최초로 학병을 탈출한 사례라고 할 수 있다.

이상에서 보았듯이, 한말에서 일제 식민지 치하를 거쳐 8·15독립 때까지 용인 사람들이 벌인 구국 독립운동은 격렬하고 규모가 컸으며 국내외를 넘나드는 성격을 가지고 있었다. 또한 2대나 3대에 걸쳐 독립투쟁을 하거나 사제가 함께 독립운동을 하는 등 혈연과 학연을 통해 지속적으로 독립운동을 전개하였다. 그리고 어느 지역보다 먼저 거사를 하는 경우가 많았다.

이처럼 용인 사람들의 항일독립운동은 반외세 애국주의라는 전통을 기반으로 전개된 것이다. 이러한 숭고한 전통은 오늘 날 100만이 넘는 용인시민들에게도 민주시민의식으로 면면히 계승되고 있다.

부록

용인 독립운동 유적지

- 용인독립항쟁기념탑
- 국립 서울현충원
- 국립 대전현충원
- 이한응 선생 묘소
- 외교부 외교사료관
- 민영환 선생 묘소
- 의병장 옥여 임경재 상
- 송병준 별저 터(용인 의병 전투지)
- 유근 선생 묘소
- 김혁 공원
- 삼악학교 터
- 용인향교 명륜학교 터
- 김석진 선생 묘소
- 의병장 해주오공 인수 3대 독립운동 기적비
- 대종교 남도본사 터
- 합니하 신흥학교 터
- 어대선 3.1만세운동 참가지
- 남정각 유허비
- 용인 3.1만세운동 기념탑
- 김량장 만세운동지
- 포곡면 만세운동 권종목 기념비
- 수지면(수지구) 만세운동 기념탑
- 내사면(양지면) 만세운동지
- 기흥면(기흥구) 만세운동지
- 외사면(백암면) 만세운동지
- 남사면 만세운동지
- 이동면 만세운동지
- 상하이 대한민국임시정부 구지
- 신민부 결성지
- 장형 선생 묘소
- 김상옥 의거지
- 한국독립군 쌍성보 전투지
- 홍광중학교
- 임시정부 피난지
- 정철수 묘소

용인독립항쟁기념탑

용인시 처인구 금령로 10(김량장동 326번지)

용인독립항쟁기념탑은 1995년 8월 15일 광복 50주년을 맞이하여 일제 잔재 청산과 독립운동 기념사업으로 건립되었다.

기념탑 구조는 화강암 좌대 위에 첨탑을 세우고 6인의 청동 입상을 배치하였다.

청동 인물상은 ① 항일의병의 표상, ② 3 · 1독립만세운동의 표상, ③ 일제강점기 국내외에서 독립운동에 투신한 애국지사들을 나타낸 것이다.

탑신 하단부가 함몰되어 있는 것은 36년간 겪은 피압박 민족의 고난이 종식되었음을 의미하며, 다시 위로 솟은 탑신은 용인 사람의 기상을 뜻한다.

① 기념탑 전면
② 기념탑 후면
③ 인물상 1
④ 인물상 2
⑤ 인물상 3

국립 서울현충원

서울특별시 동작구 현충로 210(동작동, 국립현충원)

국립 서울현충원에 안장된 용인 출신(관련) 독립운동가

- 애국지사 묘역

  남영득(정각) 34, 오광선 정현숙(정산) 36, 김혁(학소) 132, 김공집 142,

  신송식 · 오희영 147

- 무후선열제단

  여준 51

- 충혼당

  오의선 320실 036호

① 남영득(정각)
② 오광선 · 정현숙
③ 김혁(김학소)
④ 김공집
⑤ 신송식 · 오희영
⑥ 여준
⑦ 오의선

국립 대전현충원

대전광역시 유성구 현충원로 251(갑동 산 23-1)

국립 대전현충원에 안장된 용인 출신(관련) 독립운동가

- 독립유공자 1묘역 : 맹철호 54, 안종각 209, 최영철 273
- 독립유공자 2묘역 : 한영규 153, 김주원 358, 어대선 372, 이은표 686, 이인하 770
- 독립유공자 3묘역 : 이영선 113, 김영달 112
- 독립유공자 4묘역 : 류년수 518, 최상근 559

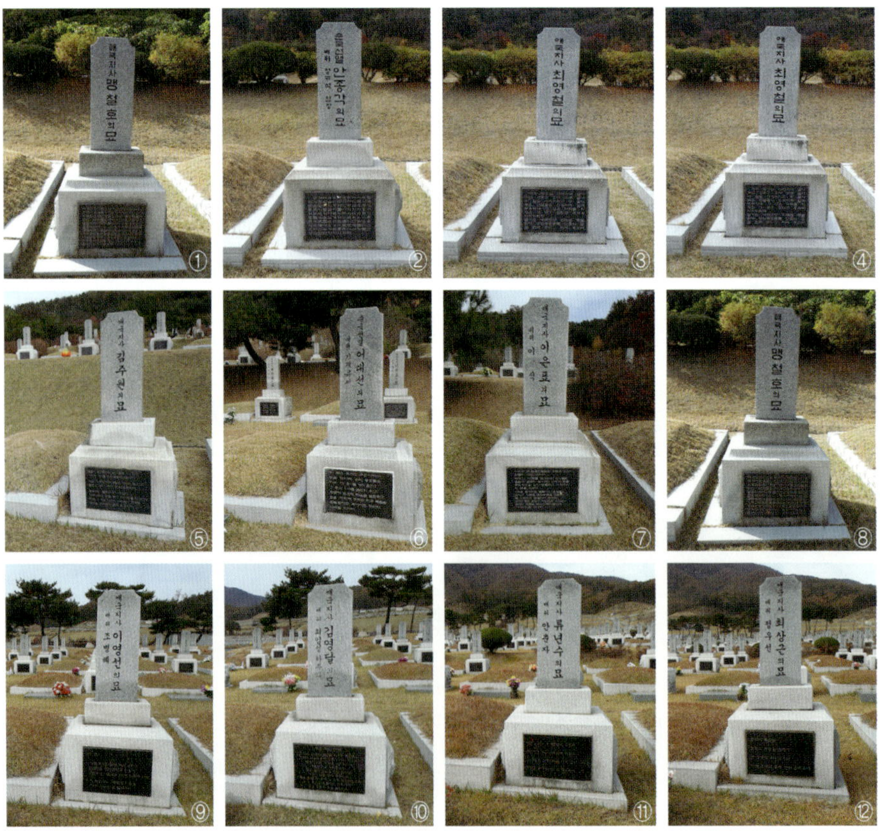

① 맹철호, ② 안종각, ③ 최영철, ④ 한영규, ⑤ 김주원, ⑥ 이대선, ⑦ 이은표, ⑧ 이인하, ⑨ 이영선, ⑩ 김영달, ⑪ 류년수, ⑫ 최상근의 묘

이한응 묘소

용인시 처인구 이동읍 덕성리 산70-1

이한응은 주한 영국 특명공사서리로 있다가 일본의 한국 침략을 영국이 승인하는 영·일동맹 개정에 항의하며 1905년 5월 12일 런던에서 순절하였다.
현재 서울 장충단에 기념비와 주영 대한민국대사관에 흉상이 건립되어 있다.

- 관련 유적지
  · 런던 이한응 순국지[옛 주영 공사관 자리 : 영국 런던 얼스코트(Earl's Court) 트레버로드(Trebovir Road) 4호]
  · 장충단 공원[서울 중구 동호로 261(장충동2가 197-34)]
  · 주영국 대한민국대사관[60 Buckingham Gate, London SW1E 6AJ]

① 이한응 묘소
② 주영 공사관 자리(이한응 순국지)
③ 장충단 기념비
④ 이한응 흉상(복제)

외교부 외교사료관(이한응)

서울특별시 서초구 남부순환로 2572 (서초동 1376-2)

외교부 사료관에는 이한응 열사의 사진, 유서, 고종황제 치제문, 친필 일지 등이 전시되어 있다.

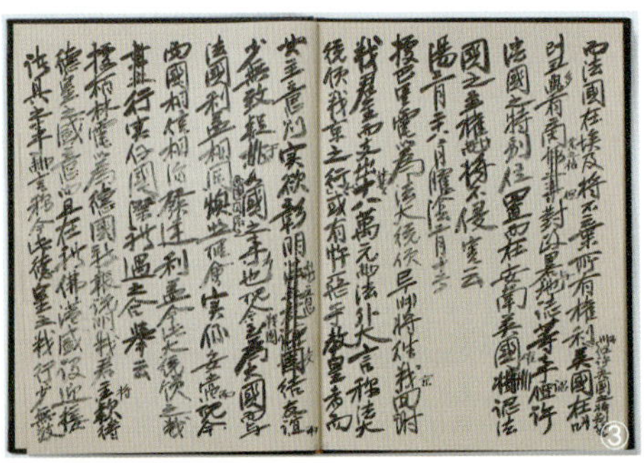

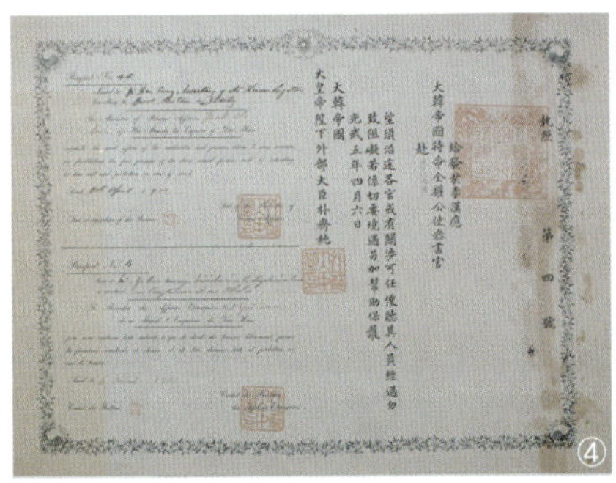

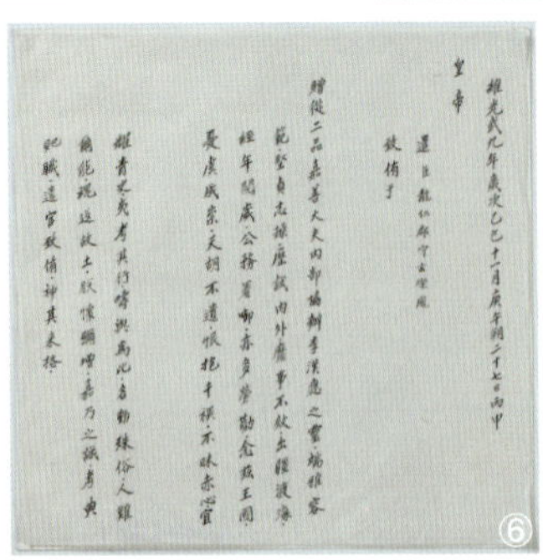

① 외교사료관 건물
② 이한응 유물 전시물
③ 이한응 친필 일지
④ 이한응 집조(여권)
⑤ 이한응 사진
⑥ 고종 치제문

민영환 선생 묘소

용인시 기흥구 마북동 544-4

민영환은 을사늑약이 체결되자 국민과 각국 공사에 고하는 유서 세 통을 남기고 순절하였다. 순절한 자리에 혈죽이 솟아났다.
선생의 유서와 혈죽은 현재 고려대학교 박물관에 기증, 보관되어 있다.

- 관련 유적지
  - 순국지[서울특별시 종로구 인사동 5길 41(공평동 1 하나빌딩 앞)]
  - 고려대박물관[서울특별시 성북구 안암로 145(고려대 백주년기념관)]

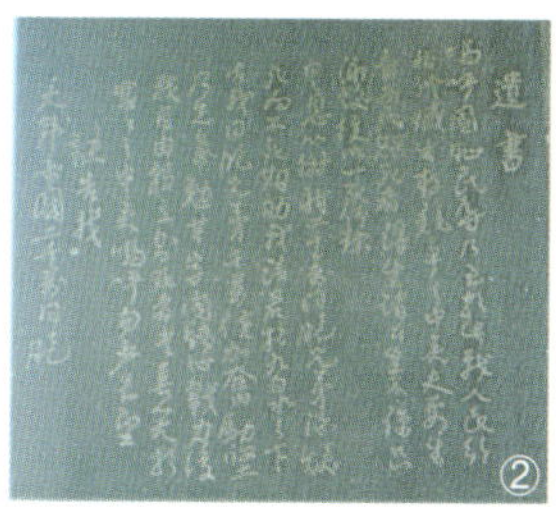

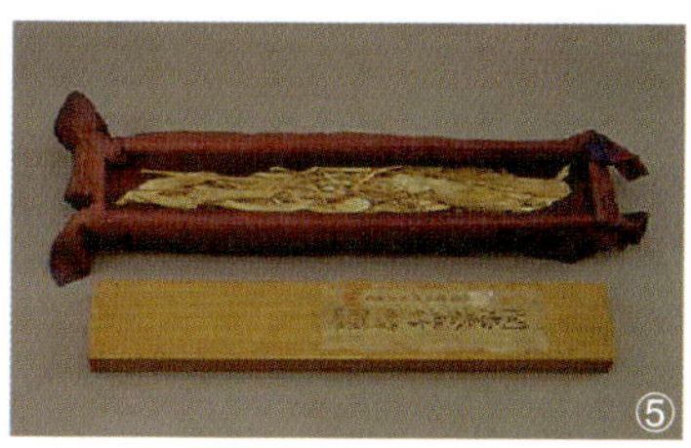

① 묘소
② 묘소 신도비에 새겨진 유서
③ 민영환 순국지
④ 고려대 박물관
⑤ 혈죽

의병장 옥여 임경재 상

용인시 처인구 양지면 평창리 313

의병장 임옥여가 이끄는 의병부대는 용인, 죽산에서 위세를 떨쳤는데 특히 정주원 부대와 연합하여 백암장, 능골, 굴암 등지에서 일본군과 전투를 벌였다.

임옥여 의병부대는 1907년 11월 일본군에 패하였고 의병장 임옥여는 자택에서 일제에 의해 피체되어 순국하였다.

- 관련 유적지
  - 백암장터[용인 처인구 백암면 백암리 447 일대]
  - 능골[용인시 처인구 원삼면 죽릉리 982]
  - 용덕사(굴암절)[용인시 처인구 이동읍 이원로 471-41(묵리 478-2)]

① 임경재 동상, ② 백암장, ③ 죽릉리 능골, ④ 용덕사(굴암절)

송병준 별저 터(용인 의병 전투지)

용인시 처인구 양지면 추계로 62번길 14 Acts 29비젼빌리지(추계리 239)

송병준은 1890년에 양지현감을 지낸 인연으로 추계리에 별저를 짓고 살았다. 이곳은 친일파의 거점이었기 때문에 의병의 공격 대상지가 되었다.

- 관련 유적지

  · 송병준 별저 이전 복원지[남양주시 평내로 9(평내동 420-1) 남양주 궁집]

① 송병준 별저 터
② 별저 담장 흔적
③ 영화지 옛 모습
④ 영화지 표석
⑤ 이전 복원한 송병준 별저

유근 선생 묘소

용인시 처인구 김량장동 산37-20(충혼탑 동편)

유근은 을사늑약이 체결되자 황성신문에 이를 성토하는 논설을 실었다. 이후 휘문의숙 숙장과 황성신문 사장을 지냈다.

- 관련 유적지

  · 황성신문사터[서울특별시 종로구 청계천로 41(서린동 33) 종각역 5번출입구 왼쪽]

  · 휘문의숙 터[서울특별시 종로구 율곡로 75(계동 144-1) 현대빌딩]

① 유근 선생 묘소
② 유근 선생 묘소 안내 표석
③ 석농길 표지판(현재는 도로명이 변경됨)
④ 황성신문 터 표석
⑤ 휘문의숙 터

김혁 공원

용인시 기흥구 구갈동 569(성지중학교 건너편)

김혁 공원은 2008년 3월 3·1절을 맞아 김혁 장군을 기리는 의미로 붙인 명칭이다.

김혁은 1900년 육군무관학교를 마치고 장교로 복무하였다.

1910년 국권피탈 후에는 대종교에 입교하였다.

- 관련 유적지

· 육군무관학교 터[서울특별시 종로구 새문안로3길 12(신문로1가 238)]

①② 김혁 공원, ③ 김혁공원 내 독립운동 기념비, ④ 육군무관학교 터

삼악학교 터(여준 선생)

용인시 처인구 원삼면 보개원삼로 1684번길 39(죽릉리 389-1)

여준은 이상설과 함께 중국 용정에 서전서숙을 세웠다. 귀국 후 오산학교에 근무하며 1908년 고향에 삼악학교를 세웠다. 건국훈장 독립장이 추서되어 오산중고등학교에서 보관하고 있다.

- 관련 유적지
  · 용정실험소학교(서전서숙 터)[吉林省 龍井市 安民街 文化路 91號]
  · 오산역사관[서울특별시 용산구 보광로7길 17(보광동, 오산고등학교)]

① 삼악학교 표석
② 삼악학교 터
③ 용정실험소학교 서전서숙 터 표석
④ 오산중고등학교 역사관
⑤ 여준 선생 훈장

용인향교 명륜학교 터(맹보순)

용인시 기흥구 용인향교로 12-6(언남동 335)

맹보순은 용인향교에 명륜학교를 열었으며, 수원향교로 옮겨 교육활동을 이어갔다. 말년에는 심곡서원에서 후학을 가르쳤다.

- 관련 유적지
  - 수원향교[수원시 팔달구 향교로 107-9(교동 43)]
  - 심곡서원[용인시 수지구 심곡로 16-9(상현동 203-2)]

① 용인향교 ② 용인향교 명륜당 ③ 수원향교 명륜당 ④ 심곡서원 강당

김석진 선생 묘소

용인시 처인구 원삼면 죽릉리 산99-1

김석진은 국권 피탈 후 작위를 거부하고 자결하였다. 묘소는 서울시 강북구 번동에 있었으나 현 위치로 옮겼다. 한국민속촌 내 충현서원에 배향하고 있다.

- 관련 유적지
  · 순국지[서울특별시 강북구 번동 93 창녕위궁재사]
  · 충현서원[용인시 기흥구 보라동 125 한국민속촌 내]

① 김석진 묘, ④ 순국지(창영위궁재사)
⑤ 충현서원 충절사

의병장해주오공인수 3대독립운동기적비

용인시 처인구 원삼면 죽릉리 324

의병장 해주오공인수 3대독립운동 기적비는 오인수, 아들 광선과 부인 정현숙, 손녀 희영과 희옥의 3대 독립운동을 기념하여 문중에서 건립한 것이다.

- 관련 유적지
  - · 오광선 생가터[용인시 처인구 원삼면 죽능리 827]
  - · 오희옥 지사 자택[용인시 처인구 원삼면 보개원삼로 1740-2(죽능리 527-5)]

① 3대독립운동 기적비와 오희옥 지사
② 오광선 생가 터
③ 오희옥 지사 자택

대종교 남도본사터(유근)

서울특별시 종로구 북촌로 70(가회동 10-3, 안국선원)

유근은 조선광문회에 몸담으며 대종교 남도본사의 교무를 전담하였다. 동아일보 초대 편집감독을 맡아 대종교 활동을 지원하였다.

- 관련 유적지
  · 조선광문회 터[서울특별시 중구 삼각동 7-1번지]
  · 동아일보사 창간사옥 터[서울특별시 종로구 화동 138-26(정독도서관 입구)]

①

②

③

④

⑤

① 대종교 남도본사 터
② 남도본사 터 표지판
③ 조선광문회 표석
④ 조선광문회 터
⑤ 동아일보 창간사옥 터

합니하 신흥학교 터(여준)

中國 吉林省 通化县 光华镇 光华村 第7村民小組

신흥학교는 합니하로 확장 이전하고 여준이 교장으로 취임하였다. 3·1운동 이후 동포의 지원이 늘어 고산자로 옮겨 신흥무관학교로 불렀다.

경신참변 후에는 액목에 검성학교를 세웠다.

- 관련 유적지
  - · 고산자 신흥무관학교[吉林省 柳河县 孤山子镇 大杜子 全勝鄉 勝喜村]
  - · 검성학교[吉林省 吉林市 蛟河市 新安村]

① 합니하 신흥학교 터
② 합니하
③ 고산자 신흥무관학교 터
④ 검성학교 터 우물
⑤ 검성학교가 있었던 신안촌

어대선 3·1만세운동 참가지

서울 종로구 종로 99(종로2가 38-1) 탑골공원

어대선은 1919년 3월 1일 탑골 공원에서 독립만세를 불렀다. 3월 5일에는 청량리 반우식에서 연설을 하고 만세 시위를 이끌었다.

- 관련 유적지
  - 청량리역 광장[서울 동대문구 전농동 591-53]

탑골공원 팔각정

청량리 역 광장

남정각 유허비

용인시 처인구 모현읍 갈담리 519

남정각은 수원에서 3·1만세운동에 참가하였으며 의열단에 가입하여 활동하였다.

남정각 유허비

용인 3 · 1만세운동 기념탑

용인시 처인구 원삼면 좌전로 183(좌항리 산21-1)

용인 3 · 1만세운동 기념탑은 1919년 3월 21일에 일어난 원삼면의 만세운동을 기념하여 2011년 4월에 건립하였다.

- 관련 유적지
  - 고당리 면사무소 자리[용인시 처인구 원삼면 고당리 67(시립어린이집)]
  - 백암천변[용인시 처인구 백암면 근창리 19 일대]

① 용인 3 · 1운동 기념탑, ② 좌찬고개, ③ 고당리 면사무소 자리, ④ 백암천변 비두리

김량장 만세운동지

용인시 처인구 김량장동 일대

김량장 지도

김량장 만세시위는 3월 24일 김량보통학교 졸업식 날 일어났다.

3월 28일에는 장날을 맞아 용인 군청 앞에 1,000여 명이 넘는 군중이 운집하여 만세를 불렀다.

- 관련 유적지
  - 김량장보통학교[용인시 처인구 금학로367번길 14(김량장동 228-1)]
  - 김량장(용인시 처인구 김량장동 133 일대)
  - 용인군청 자리[용인시 처인구 백옥대로 1103(김량장동 80-2)]

① 1930년 김량보통학교, ② 2019년 용인초등학교
③ 용인초등학교~김량장, ④ 용인군청 자리

포곡면 만세운동(권종목 기념비)

용인시 처인구 포곡읍 삼계리 163-1

포곡면 만세운동은 3월 28일 초부리에서 시작되어 김량장으로 향하다 유방동에서 일본 헌병의 발포로 해산하였다.

- 관련 유적지
  - 모현읍 초부리 삼거리[모현읍 초부리 73-1]
  - 포곡읍 둔전리 삼거리[포곡읍 둔전리 157-2]
  - 홍재설 홍종엽 묘[포곡읍 금어리 산195-3]
  - 처인구 유방동 햇골[처인구 유방동 515-2]

① 권종목 공적비, ② 초부리 만세시위지, ③ 둔전리 만세시위지, ④ 홍재설, 홍종엽 묘소,
⑤ 유방동 햇골 해산지

수지 3 · 1만세운동 기념탑

용인시 수지구 수지로 343(풍덕천동 689)

수지3 · 1운동기념탑은 수지면 지역 3 · 1만세운동의 독립정신을 기념하기 위해 2009년 11월에 건립되었다.

- 관련 유적지
  · 고기동 표석[용인시 수지구 고기동 755-45 고기초등학교 앞]
  · 이덕균 기념비[용인시 수지구 샘말로 153(고기동 424-1) 숭모재]
  · 언남동 발포 현장[용인시 기흥구 언남동 하마피]

① 수지3 · 1만세운동기념탑, ② 고기동 발상지 표석
③ 언남동 발포 현장, ④ 이덕균 기념비

내사면(양지면) 만세운동

용인시 처인구 양지면 남곡리 72

내사면의 만세운동 1919년 3월 29일 남곡리에서 일어나 양지리까지 이어졌다.

남곡리

양지 사거리

기흥면(기흥구) 만세운동

용인시 기흥구 신갈로 58번길 11(신갈동 60-3) 신갈동 주민센터

기홍면의 만세운동은 3월 30일 하갈리에서 일어나 신갈리 면사무소까지 진출하였다.

- 관련 유적지
  - · 김구식 묘[용인시 기홍구 하갈동 산34-4]

기흥면사무소 터

김구식 묘

외사면(백암면) 만세운동

용인시 처인구 백암면 백암로201번길 16
(백암리 374-3)

3월 31일 백암리에서 3천여 명이 면사무소와 헌병주재소를 습격하였다.

구 외사면사무소 터

남사면 만세운동

용인시 처인구 남사면 내기로 22

3월 31일 남사면에서는 시위대가 면사무소를 습격하였다.

남사면사무서 터

이동면 만세운동

용인시 처인구 이동읍 송전리 756-7

3월 31일 이동면 송전리에서 약 200명의 주민이 만세를 부르다가 해산되었다.

이동읍 송전 삼거리

상하이 대한민국임시정부구지(오의선, 이영선)

中國 上海市 黃浦区 马当路 306弄 4号

오의선은 상하이 임시정부 임시의정원과 적십자에서 활동하다 1931년 죽릉리 생가에서 체포되어 서대문감옥에서 순국하였다.
이영선도 임시정부의 재무부에서 활동하다 귀국 후 체포되어 서대문 감옥에서 복역하였다.

- 관련 유적지
  · 오의선 생가[용인시 처인구 원삼면 어현로 184-8(죽능리 659-2)]
  · 서대문형무소 역사관[서울 서대문구 통일로 251(현저동 101)]

① 임시정부 청사, ② 임시정부 청사 내부, ③ 오의선 생가지, ④ 서대문형무소

신민부 결성지(김혁)

中國 黑龍江省 牧丹江市 寧安市 寧安站(영안역)

김혁은 청산리 전투에 참전하였으며 신민부의 중앙집행위원장에 선임되어 활동하였다.

1927년 석두하자에서 체포되어 하얼빈 총영사관에 수감되었으며 징역 10년형을 선고받고 복역하였다.

- 관련 유적지
  - · 청산리대첩기념탑[中國 吉林省 和龙市 青山里 林场 入口]
  - · 석두하자[中國 黑龍江省 尙志市 石頭河子鎭]
  - · 하얼빈 총영사관지[黑龙江省 哈尔滨市 南岗区 花园街 351号]

① 영안역, ② 청산리전투 기념탑, ③ 석두하자 피체지, ④ 하얼빈 총영사관지

장형 선생 묘소

용인시 기흥구 마북로 247번길 109 (마북동 655) 단국대학교 내

장형 선생(張炯, 1889~1964)은 평안북도 용천에서 태어났으며 호는 범정이다. 1910년 보성전문학교를 마치고 만주로 건너가 독립운동 군자금을 조달하였다. 대종교에 입교, 이듬해 원로원 참의에 이르렀다. 해방후 단국대학교를 설립하였다.

장형 묘

김상옥 의거지(의열단원 오복영)

서울특별시 종로구 종로 65 장안빌딩(종로2가 8-4)

오복영은 1923년 김상옥의 종로경찰서 투탄을 위한 거사자금을 지원하였다.

- 관련 유적지
  - 김상옥 동상[서울특별시 종로구 대학로 104 마로니에 공원]

김상옥 의거 자리(구 종로경찰서)

김상옥 동상

한국 독립군 쌍성보 전투지(오광선)

中國 黑龙江省 双城市 承恩门(西门)

오광선은 한국독립군에서 쌍성보, 경박호, 사도하자, 동경성, 대전자령 전투 등에서 활약하였다.
중국 본토의 낙양군관학교 교관으로 임명되어 독립군 장교를 양성하였다.

- 관련 유적지
  - 대전자령 전투지[중국 吉林省 汪清县 太平岭]
  - 낙양군관학교 구지[중국 河南省 洛阳市 西工区 凯旋西路 18号]

① 쌍성보 전투지, ② 대전자령 일대, ③ 대전자령, ④ 낙양군관학교

홍광중학교 이홍광 기념관

中國 吉林省 磐石市 阜康街 康庄路44號 紅光中學

이홍광은 1931년 개잡이대를 조직하여 친일파를 처단하고 다음해 반석유격대로 개편하였다. 동북인민혁명군에서 동홍읍을 공격하였으며 신빈현 홍묘자에서 일본군과 싸우다 전사하였다.

- 관련 유적지
  - 신빈현 흉상[辽宁省 抚顺市 新宾满族自治县 抗日烈士陵院 内]
  - 희생지[辽宁省 抚顺市 新宾满族自治县 红庙子乡 查家村 黑瞎子望]

① 홍광중학교, ② 이홍광 기념관, ③ 이홍광 흉상(기념관)
④ 신빈현 이홍광 흉상, ⑤ 희생지의 묘소(추정)

임정 피난지(정현숙, 오희영, 오희옥)

中國 重庆市 渝中区 七星岗 莲花池 38号

오광선의 부인인 정현숙과 두 딸 오희영, 오희옥 등 일가족은 임시정부와 함께 난징을 떠나 창사 · 광저우 · 류저우 · 치장으로 옮겨 다니다 토교를 거쳐 충칭에 정착하였다. 류저우에서는 한국광복진선청년공작대에서 활동하였다.

- 관련 유적지
  - 창사 임정청사 터[湖南省 长沙市 开福区 西园北里 2号]
  - 대한민국임시정부 치장청사 구지[重庆市 綦江区 古南镇 上升街 27号(陀灣街)]
  - 류저우 유후공원[广西壮族自治区 柳州市 柳候公园]
  - 푸양 한국광복군 3지대 주둔지[安徽省 阜阳市 阜南县 三塔集 后赵棚庄 58号 一带]
  - 토교 한인촌 터[重庆市 巴南区 花溪村]
  - 한국광복군 총사령부[重庆市 渝中区 邹容路 37号]

① 충칭 연화지, ② 충칭 연화지 내부, ③ 창사 임정터, ④ 치장 청사 터

⑤ 류저우 유후공원, ⑥ 푸양 한국광복군 3지대 주둔지, ⑦⑧ 토교 한인촌, ⑨ 한국광복군 총사령부
⑩ 한국광복군 총사령부 복원 건물

정철수 묘소

경기 용인시 처인구 모현읍 능곡로 45(능원리 산 3)

정철수는 일본군 학병에 징집되었지만 탈출하여 태항산의 조선의용군에서 항일 투쟁을 하였다.

- 관련 유적지

  · 조선혁명군정학교 구지[河北省 邯郸市 涉县 河南店镇 南庄村 유치원]

  · 조선의용군 주둔지[河北省 邯郸市 涉县 河南店镇 南庄村 五指山]

  · 조선의용군 주둔지[山西省 左权县 麻田镇 云头底村]

  · 호가장 전투 기념비[河北省 石家庄市 赞皇县 黑水河乡 胡家庄村]

① 정철수 묘소, ② 조선혁명군정학교 구지, ③④ 조선의용군 주둔지
⑤ 조선의용대 호가장 전투 기념비

참고 문헌

1. 자료

《독립신문》, 《대한매일신보》, 《매일신보》, 《용인시민신문》, 《황성신문》

『도산안창호 전집』, 도산안창호기념사업회, 2000

『독립유공자공훈록』, 국가보훈처, 1986.

맹보순, 『東田文集』, 三槐堂, 2001.

『殉國烈士義兵將 玉汝任景宰 略史』, 1993.6.

「범죄인명부」, 수지구청 소장

「수형인명부」, 원삼면사무소 소장

「倭政人物錄」, 국사편찬위원회 소장

2. 단행본

강만길 외, 『한국사 · 연표(2)』 26, 한길사, 1995

국사편찬위원회, 『日帝侵略下 36년사』, 국사편찬위원회, 1970.

____________, 『한국사 · 48 임시정부의 수립과 독립전쟁』, 탐구당, 2013.

____________, 『한민족독립운동사 · 7: 대한민국임시정부』, 1990.

김도태, 『남강이승훈전』, 文敎社, 1950.

김병기, 『대한민국임시정부사』, 이학사, 2019.

______, 『100년만의 만남 신흥무관학교』, 국가보훈처, 2011.

김석영, 『선구자 이동녕 일대기』, 을유문화사, 1979.

김승학, 『한국독립사』 上 · 下, 독립문화사, 1965.

김영범, 『한국근대민족운동과 의열단』, 창작과비평사, 1997.

김용달,『농민운동』, 독립기념관 한국독립운동사연구소, 2009.
김정인 · 이정은,『국내 3 · 1운동 · 1-중부 · 북부』, 독립기념관 한국독립운동사연구소, 2009.
김학민, 이병갑 주해,『정본 백범일지』, 학민사, 1997.
김희곤,『대한민국임시정부 연구』, 지식산업사, 2004.
______,『중국관내 한국독립운동단체 연구』, 지식산업사, 1995.
독립기념관 한국독립운동사연구소,『한말의병자료3-6』, 독립기념관 한국독립운동사연구소, 2000.
머내여지도 팀,『머내여지도 연구자료집 』, 경기문화재단, 2018.
민영환지음 · 조재곤 편역,『해천추범-1896년 민영환의 세계일주』, 책과함께, 2007.
민족사 바로찾기 국민회의,『언론 · 학예 투쟁』 독립운동 총서 · 7, 민문고, 1995.
______________________,『종교 교육투쟁』, 독립운동총서 · 6, 민문고, 1995.
박숙현,『여성독립운동가 오희옥의 마지막 증언』, 북스토리, 2019.
박찬승,『언론운동』, 독립기념관 한국독립운동사연구소, 2009.
박철하,『청년운동』, 독립기념관 한국독립운동사연구소, 2009.
박환,『만주한인민족운동사』, 일조각, 1991.
____,『항일무장독립운동가 김혁』, 학민사, 2003.
박태원,『약산과 의열단』, 백양단, 1947.
서중석,『신흥무관학교와 망명자들』, 역사비평사, 2002.
손세창,『순국렬사 이한응 유사』, 文藝弘報社, 1958.
송재용,『구한말 최초의 순국열사 이한응』, 제이앤씨, 2007.
염인호,『김원봉 연구』, 창작과비평사, 1993.
용인군지편찬위원회,『용인군지』, 1990.
용인문화원 향토문화연구소,『수지읍지』, 용인문화원, 2002.
용인항일독립운동기념사업회,『한국독립운동사 속의 용인』, 용인항일독립운동기념사업회, 2009.
윤대원,『상해시기 대한민국임시정부 연구』, 서울대학교출판부, 2006.
이경남,『분단시대의 청년운동(하)』, 삼성문화개발, 1989.

이병헌,『3 · 1운동비사』, 시사시보사출판국, 1959.
이인영,『내고장 용인 독립항쟁사』, 용인군, 1995.
이종구 · 정양화 · 우상표,『내고장을 빛낸 사람들-용인근현대인물열전』, 용인시민신문, 2017.
이현주,『한국광복군 총사령 지청천』, 역사공간, 2019.
임해봉,『망국대신 송병준 평전』, 선인, 2013.
정병준,『광복직전 독립운동세력의 동향』, 독립기념관 한국독립운동사연구소, 2009.
정재철,『식민지교육정책사』, 일지사, 1985.
정정화,『장강일기』, 학민사, 1998.
정진석,『한국언론사』, 나남, 1990.
정철수(홍순석 엮음),『나의 청춘-한 학도병이 걸어온 길』, 채륜, 2013.
한국독립유공자협회,『중국동북지역 한국독립운동사』, 집문당, 1997.
한시준,『의회정치의 기틀을 마련한 홍진』, 탐구당, 2006.
______,『대한민국임시정부의 지도자들』, 역사공간, 2016.
한시준 외,『범정 장형의 독립운동과 단국대학교』, 단국대출판부, 2014.
허은 기술, 변창애 기록,『아직도 내 귀엔 서간도 바람소리가』, 정음사, 1995.
홍순석 엮음,『나의 청춘 고철 정철수선생의 삶과 자취』, 한국문화사, 2014.
홍인근,『대한제국의 해외공관-일본외무성 기록』, 나남, 2012.
황민호,『재만 한인사회와 민족운동』, 국학자료원, 1998.

3. 논문

고숙화,「대한민국임시정부 연표」,『대한민국임시정부수립 80주년기념논문집(하)』, 국가보훈처, 1999.
구대열,「이한응과 한 · 영관계-그의 한반도 중립화 방안을 중심으로」,『성곡논총』 16, 1985.
김도형,「이한응의 외교활동과 순국지의 활용방안」, 독립기념관 주최 이한응열사 순국 110주기 국제학술회의, 2015.5.12.
김두찬,「오광선 장군」,『신동아』, 1971. 5월호.

김명섭,「용인지역 3대독립운동가연구 서설-오희옥 여사 인터뷰」,『용인향토문화연구』5집, 2003,
______,「한말 용인 항일의병의 활동과 그 특징」,『인문과학논집』15, 2006.
______,「일제의 남한산성침탈과 주민들의 저항 사례연구」,『동양학』59, 2015.,
김병기,「참의부 연구」, 단국대학교 박사학위논문, 2005.
김순덕,「의병전쟁의 전개」,『경기도사 6. 한말편』, 경기도사편찬위원회, 2004,
김태근,「여준의 민족운동 연구」, 아주대 석사학위논문, 2006.
______,「한말 용인의 근대교육과 국채보상운동」,『용인향토문화연구』7집, 2008.
박환,「용인지역의 3·1운동과 항일유적지」,『한국독립운동사 속의 용인』, 용인항일독립운동기념사업회, 2009.
______,「용인 출신 여자독립군 吳姬玉여사 면담록」,『용인향토문화연구』6집, 2006.
박수현,「일제강점기·1920~30년대 용인의 농민운동과 그 특성」,『용인 독립운동 학술대회 자료집』, 2017.
송우혜,「대한독립선언서(세칭 무오독립선언서)의 실체」,『역사비평』2, 1988.
윤영천,「일제강점기 한국 현대시와 만주」,『동양학』45집, 2009.
李鎔建,「명륜학교 일기」,『구성면지』, 용인향토문화연구소, 1998.
이원명,「1930년대 재만항일운동가 이홍광(본명 이홍규)의 전사연도와 가계에 대한 일고찰」,『동북아문화연구』38, 2014.
이용락 편저,「3·1운동 실록」,『용구문화』6호, 1986.
이재호,「대한민국 임시의정원」, 단국대학교박사학위논문, 2011.
지청천,「광복군과 나의 투쟁」,『희망』, 1953. 2월호.
한규무,「상동청년회에 대한 연구 1897~1914」,『歷史學報』126, 1990.

4. 인터넷 자료
공훈전자사료관
국가기록원 독립운동 관련 판결문
국립중앙도서관 대한민국 신문아카이브
국사편찬위원회 삼일운동데이타베이스

국사편찬위원회 한국사데이터베이스

독립기념관 국내외독립운동사적지

독립기념관 한국독립운동정보시스템

한국학중앙연구원 한국역대인물종합정보시스템

naver 지식백과

5. 사진

독립기념관

남양주시청

찾아 보기

[ㅈ]

[ㅊ]

집필

서장 한시준(단국대학교 교수)

1장 김태근(용인문화원 용인학연구소장)

2장 김태근(용인문화원 용인학연구소장)

3장 김명섭(단국대학교 연구교수)

김창희(대한민국 임시정부기념관 건립위원)

4장 김병기(광복회 학술연구원 원장)

장두식(단국대학교 헝가리연구소 연구실장)

5장 김태근(용인문화원 용인학연구소장)

김명섭(단국대학교 연구교수)

종장 김태근(용인문화원 용인학연구소장)

감수

김학민(경기문화재단 이사장)

이인영(전 용인문화원장)